Grand Livre de l'Oracle du Cercle

Illustrations de Céline Cailleux
Mise en page : Caroline Robin

ISBN : 978-2-84197-850-2

Éditions Trajectoire
Une marque du groupe éditorial Piktos.
355, rue de la Montagne-Noire – 31750 Escalquens

contact@piktos.fr
www.editions-trajectoire.fr
@editionstrajectoire
Éditions Trajectoire

Catherine Sorolla Menassieu

Grand Livre de l'Oracle du Cercle

Se recentrer pour habiter son espace sacré

Éditions TrajectoirE

Céline Cailleux, artiste peintre, graphiste et illustratrice.

Catherine Sorolla Menassieu, auteur, comédienne et metteur en scène.

Elles se sont rencontrées en 2014 autour d'une collaboration sur le chamanisme, qui avait révélé leurs affinités communes, tant sur un plan humain que sur un plan artistique. Dotées d'un tempérament curieux et d'une imagination débordante, exaltées, indépendantes, aimant les défis, elles avaient constaté un intérêt semblable pour la nature, le symbolisme, les mystères de la vie, et un goût prononcé pour les recherches. Abordant l'Art de manière intuitive et spontanée, elles s'interrogent sur la dimension magique de l'existence. De cette alchimie professionnelle sont nées une gamme de neuvaines totémiques, l'oracle des *Animaux Guides*, ainsi qu'une amitié. C'est donc tout naturellement que Catherine a proposé à Céline d'illustrer *L'Oracle du Cercle*.

Se retrouver autour d'un nouveau projet est toujours très enthousiasmant, et l'envie de plonger corps et âme dans une thématique a été, une nouvelle fois, la plus forte. La création de cet oracle exigeant fut une expérience enrichissante et astreignante, intense, parfois fatigante, toujours surprenante par les synchronicités qui se sont manifestées ! Travailler sur l'énergie du cercle demande beaucoup de centrage et de fluidité, d'ouverture aussi. L'écoute des ressentis de chacune pour conjuguer une demande parfois précise de l'une avec l'inspiration de l'autre fut au centre de l'aventure, entraînant quelques fois de longs échanges en vue de croiser les perceptions.

Afin que cet oracle voie le jour comme il semblait le souhaiter, elles se sont mises à la disposition des 50 cercles pendant près de deux ans, en se connectant à chaque symbolique pour trouver le mot juste, la bonne proposition graphique, avec ténacité et engouement, jusqu'à trouver l'évidence. Chaque cercle fut l'occasion de découvertes et une initiation incroyable.

Elles sont heureuses de partager aujourd'hui le résultat de cette création passionnante.

AVANT-PROPOS

Le Cercle, figure sacrée

Le Cercle, figure sacrée depuis la nuit des temps, est présent dans toutes les civilisations et à toutes les époques. Il semble traverser les âges et les cultures, portant toujours la même signification : il est le symbole du Tout, de l'unité, de l'harmonie, de la continuité, de la matrice et de la Vie.

Il est la forme géométrique la plus répandue, sans doute parce qu'il existe à l'état naturel, contrairement au carré qui a été inventé par l'homme. Il est donc logique que le Cercle représente à la fois l'Univers, l'œuf cosmique et l'origine du monde, mais aussi les origines de la Vie sur la Terre puisqu'il est le symbole du Soleil, sans lequel aucune vie ne serait possible, et, enfin, le symbole de l'atome.

Le Cercle incarne à la fois la vie atomique microscopique, la vie humaine cellulaire et la vie cosmique macroscopique. Il représente un Tout parfait qui est cycle de vie, mort et renaissance. Il n'a donc en soi ni commencement ni fin, il est une vision universelle de l'éternel renouvellement et de l'infini.

Qu'il soit roue de la Fortune au Moyen Âge et dans l'Antiquité, arcane du tarot, mandala bouddhiste, roue tibétaine du Dharma, calendrier aztèque ou celte, représentation de la voûte céleste et du zodiaque, roue de médecine amérindienne, ouroboros, Yin Yang chinois ou fleur de vie, le Cercle est mystérieux, fascinant, magique. Par ailleurs, dans de nombreuses croyances, il représente l'œil divin omniprésent et omniscient, qui veille et nous surveille.

On attribue au Cercle depuis toujours le pouvoir de protéger et de réunifier. C'est peut-être pour cette raison que, dans de nombreuses traditions ancestrales, les habitats étaient circulaires, comme les tipis, les igloos, les yourtes, les wigwams, les huttes, les tulous… Réputés pour permettre une bonne circulation de l'énergie et une aération bénéfique, ces lieux offraient à leurs occupants la sensation à la fois d'être protégés et d'avoir une place équitable. En effet, les sociétés primitives se rassemblaient en cercle pour que la parole soit fluide, que les échanges soient harmonieux et que la communion entre tous les participants devienne possible, puisque, en cercle, tout le monde se voit. Être en cercle permet d'être « ensemble » dans une synergie de respect, de concertation et de réunion. Propices à l'introspection et au calme, les assemblées circulaires offrent la possibilité de méditer et de prier à plusieurs en optimisant la force de chacun. La Table ronde constitue un exemple fort de rassemblement pour un idéal, de discussion pour la paix, où tous siégeaient dans l'égalité et pour servir la même cause.

Si l'on y réfléchit, il paraît effectivement logique que le fait de vivre dans un environnement circulaire entre en résonance avec notre identité profonde : le Cercle offre un alignement vibratoire par rapport à notre architecture moléculaire.

La circularité est une ligne sans début ni fin, c'est une boucle sans démarcation. Elle est la manifestation de l'Univers, de la complétude, d'une dimension holistique, d'une immuabilité, et offre aux humains les guidances dont ils ont besoin, notamment sur les plans temporel et directionnel.

Le Cercle, c'est la Roue de la Vie dont nous sommes les joyeuses particules, libres et dansantes.

Le Cercle dans nos vies aujourd'hui

Ce livre et cet oracle ont pour but de vous permettre de retrouver la connexion à l'énergie du Cercle. En conscientisant tous les cercles qui vous entourent, reprenez contact avec cette figure sacrée et magique !

Les cercles n'ont pas disparu de notre paysage quotidien, au contraire. Symboliques ou réels, ils sont présents en nombre dans nos vies. Ainsi, on parle de cercles d'amis, du cercle de la famille, de cercles de parole, de femmes ou d'hommes, de prière...

De manière concrète, nous en croisons plusieurs chaque jour, des plus communs, presque triviaux (assiettes, dessous-de-plat, couvercles, panneaux de signalisation, disques, pièces de monnaie, élastiques à cheveux, biscuits, etc.), aux plus ésotériques : halo autour de la Lune, corolles des fleurs, arènes, amphithéâtres, médailles, tambours, bols tibétains, gongs...

La forme circulaire est partout, tout le temps.

Albert Einstein a dit :

« Un être humain est une partie d'un tout que nous appelons "Univers", une partie limitée dans le temps et l'espace. Il fait l'expérience de lui-même, de ses pensées et de ses sentiments comme quelque chose de séparé du reste. C'est une sorte d'illusion d'optique de la conscience. Cette illusion est une sorte de prison pour nous, qui nous limite à nos désirs personnels et à l'affection de quelques proches. Ainsi, notre tâche doit être de nous libérer de cette prison en élargissant notre cercle de compréhension et de compassion pour embrasser toutes créatures vivantes et la nature entière dans sa beauté. »

Je trouve intéressant de vous faire partager l'idée que le Cercle peut être perçu d'une manière rassurante, sécurisante, ramenant à l'unité, mais aussi comme une limitation, un enfermement, voire une exclusion...

Il nous appartient donc de réactiver « nos » cercles dans leurs fonctions d'expansion et de protection ! Pour cela, nous pouvons pratiquer des rituels simples : disposer des bougies en cercle sur une table, nous asseoir avec d'autres en cercle pour communier, peindre des mandalas, contempler la pleine lune, tracer des cercles dans le sable, et, bien sûr, tracer un cercle autour de nous dès que nous en avons l'occasion.

Ainsi « encerclé » délibérément, revenez à vous et à votre puissance intérieure. Vous êtes le centre du Cercle !

Cinquante, un nombre magique

Lors de la création de cet oracle, de nombreux cercles se sont présentés à moi, beaucoup plus que 50, à vrai dire. Certains se sont imposés, d'autres m'attiraient, mais j'ai vite perçu qu'il fallait arrêter un nombre de cartes, et que ce nombre ne pouvait pas être le fruit d'une sélection aléatoire. Il me paraissait assez évident que ce serait un nombre qui se terminerait par un zéro, d'une part pour représenter visuellement le Cercle, d'autre part pour toutes les similitudes symboliques que le zéro partage avec lui, à savoir : le Tout et le rien, la régénération cyclique, le début et la fin, l'énergie réalisatrice, la matrice, l'œuf originel ou cosmique, l'infini, l'éternité, le mystère de l'Univers, la plénitude et la perfection.

Pour trouver le nombre de cercles présents dans ce jeu, je suis partie de la réflexion suivante : le Cercle étant une représentation du Tout, pour nous, utilisateurs humains, l'idéal serait d'avoir un nombre en résonance à la fois avec le Cercle et avec l'homme. Et puis, bien sûr, un nombre qui symboliserait l'harmonie, la perfection.

J'avais en tête cette image de l'*Homme de Vitruve*, cette représentation, par Léonard de Vinci, de l'homme aux proportions parfaites dans un cercle.

Naturellement, j'ai trouvé la confirmation que le chiffre 5 caractérise l'être humain dans sa corporalité. On le retrouve à travers les cinq sens (ouïe, toucher, odorat, goût et vue), les cinq saveurs que nos récepteurs gustatifs sont capables de distinguer (salé, sucré, amer, acide et umami), les cinq couleurs primaires qui offrent la palette de nuances à l'œil humain (rouge, bleu, jaune, noir et blanc), les cinq sons fondamentaux (les voyelles), les cinq éléments qui constituent notre équilibre énergétique (l'air, le feu, l'eau, la terre et l'éther ou, dans la cosmologie chinoise, le métal, le bois, l'eau, le feu et la terre), les cinq extrémités du corps (deux pour les bras, deux pour les jambes, plus le sommet de la tête), les cinq doigts des pieds et des mains, et même les cinq continents et les cinq océans sur lesquels nous évoluons.

Par ailleurs, de nombreux textes de référence le citent comme chiffre de perfection, d'union, d'harmonie et d'expression de la volonté divine. Que ce soit pour Hildegarde de Bingen, pour les pythagoriciens ou même pour la Kabbale et la Bible, le chiffre 5 représente l'homme parfait, l'homme déifié. Mais aussi, par la somme du 2 (la dualité, la Terre) et du 3 (la divinité, le Ciel), le 5 représenterait l'homme dans sa complétude, alliance des principes terrestres et célestes : « animal incarné » ayant intégré sa part divine.

La symbolique du nombre 50 comporte donc les vibrations du chiffre 5 et du 0.

Le nombre 50, c'est l'homme total, dans un cercle, la représentation graphique du pentacle. Il est le nombre du monde harmonieux et harmonique, à la fois microcosme et macrocosme.

Dans la Kabbale, il y a 50 Portes de l'Intelligence, appelées les 50 Portes de Binah, qui ouvrent sur les sentiers de la grande sagesse.

Avec *L'Oracle du Cercle*, partez à la découverte de 50 mondes magiques, faites-en l'expérience comme en un voyage qui ne finirait pas, un retour aux sources, une arrivée à Soi…

« Einstein, voyageur solitaire d'un photon à l'autre,
cherchant "la plénitude de tout ce qui est"
cherchant la plénitude
La plénitude
voilà c'est ça
regardez
on est bien
on est si bien
il fait à la fois jour et nuit
on voit et on ne voit pas
on existe et on n'existe pas
on ne peut plus rien décrire
on ne peut plus rien prévoir
la vie n'est plus une vallée de larmes,
mais une profondeur bleue
une vallée de l'étonnement —
un claquement de doigts
et toutes les portes s'ouvrent ! »

Zéno Bianu (*Un Magicien*, troisième *Soliloque*)

PRÉSENTATION DE L'OUVRAGE ET UTILISATION DU JEU

SE RECENTRER, HABITER SON ESPACE SACRÉ ET DÉVELOPPER SES POTENTIALITÉS

En mars 2019, lors d'un voyage en Afrique du Sud, j'ai reçu la vision de cet oracle. Je dois dire que c'était à la fois très plaisant et presque amusant d'« accueillir » ces cercles qui se sont, pour la plupart, « présentés » à moi. Durant plusieurs nuits, des cercles sont venus me rendre visite comme pour passer une audition, sous forme d'images parfois très précises et avec des « arguments ». Je salue d'ailleurs ici le Vinyle, l'Atome et le Petit Carrousel que je n'ai finalement pas retenus dans le jeu ! J'ai commencé à prendre quelques notes pendant mon séjour, puis, à mon retour en France, je me suis interrogée sur mon envie d'écrire cet « Oracle des cercles sacrés », puisque tel était le premier nom que j'avais « entendu ». À vrai dire, je n'avais pas du tout prévu de créer un nouvel oracle, et je travaillais sur un autre sujet qui me tenait à cœur ! Mais, assez vite, j'ai senti que je devais accepter cette proposition (de l'Univers ?) et je m'y suis attelée. En commençant par le commencement, c'est-à-dire en répondant à ma propre question : pourquoi un *Oracle du Cercle* ? S'il a été rapidement évident que cette figure parfaite avait des propriétés fascinantes, au fur et à mesure de la création du jeu, j'ai pu en tester sur moi-même l'énergie incroyable et magique !

Voici donc une liste non exhaustive des différentes aides qu'il peut apporter et des pistes de travail et de réflexion qu'il suggère :

- Il favorise le recentrage, l'ancrage, la connexion à son monde intérieur, son « espace sacré », et la conscience de la connexion au grand Tout.
- Il aide à se remettre au centre de sa vie, à définir les priorités, à poser les bonnes limites, à conscientiser la frontière entre Soi et les autres.
- Il permet également d'activer des protections, de faire circuler l'énergie, de se renouveler et de rayonner.
- Il possède aussi des propriétés d'orientation dans le temps et l'espace, et donc aide à s'orienter ou à se réorienter, à ressentir le temps autrement, à comprendre les processus de répétition.
- Il invite à créer des boucles de possibilités infinies, à « rouler sa bosse », à prendre de l'expansion.
- Il ramène à l'unité, répare et restaure l'harmonie.

En intégrant la vibration du Cercle, vous pourrez activer tout ce qui a été nommé ci-dessus, et bien plus encore.

Pour ma part, j'ai réalisé, quelques mois plus tard, que si j'avais été mise en relation avec cet oracle en Afrique du Sud, ce n'était pas un hasard. Au contact de cette terre si puissante, j'étais profondément ancrée, loin de l'agitation de ma vie en France, et je me sentais particulièrement bien, dans ma « bulle », dans mon centre. J'habitais pleinement mon espace intérieur, tout en étant reliée à une immensité forte et sauvage. Je faisais, sans le savoir, l'expérience de l'un des pouvoirs du Cercle.

LES CARTES : MESSAGES, UTILISATION ET INTERPRÉTATION

Vous trouverez dans cet oracle, pour chaque carte :

- Une introduction au cercle concerné : son histoire, sa signification et sa symbolique.
- Un petit encadré présentant les principales caractéristiques de la carte.
- Le message de ce cercle si la carte est tirée à l'endroit.
- Le message de ce cercle si la carte est tirée à l'envers.

Chaque carte peut être utilisée seule, en message du jour, pour une guidance spontanée, ou bien en réponse à une question simple.

Des tirages plus complexes sont proposés, pour des questionnements et sujets spécifiques ou pour une guidance à plus long terme (*voir « Propositions de tirages », p. 15*).

Vous pouvez aussi « inventer » vos propres tirages, en commençant par des « mini-tirages » en deux ou trois cartes afin de vous approprier cet oracle, pour affiner les interprétations et développer votre ressenti.

Par exemple, en deux cartes l'une à côté de l'autre, on peut étudier : le pour/le contre, moi/l'autre, le soutien/le danger, le présent/le devenir, l'espoir/le lâcher-prise, etc.

Et en trois cartes, voici un petit tirage en triangle : à gauche, ce sur quoi vous devez travailler personnellement ; en haut, le message de l'Univers ; à droite, la résultante dans le monde extérieur. On pourrait dire : « Ce qui m'appartient », « Ce qui est au-dessus de moi », « Ce qui est dans le monde extérieur », etc.

Vous pouvez aussi interroger votre prénom, pour connaître les énergies qui sont en jeu à l'instant même (utilisez le nombre de cartes correspondant au nombre de lettres de votre prénom).

Association de plusieurs cartes

Lors des grands tirages, vous devrez comprendre la corrélation entre les cartes, observer s'il y a des liens entre elles. En effet, certaines cartes se présentant ensemble donnent des messages combinés. Ainsi, elles peuvent mettre l'accent sur le matériel, l'affectif, la santé ou des aspects plus spirituels. Elles « insistent » sur certains points. Demandez-vous toujours s'il y a un domaine mis en évidence dans le tirage : qu'est-ce qui attire votre attention ? Certaines cartes associées renforcent un avertissement ou, au contraire, un encouragement.

En fonction de certaines cartes présentes dans le tirage, vous pourrez avoir une atténuation ou une accentuation du message global.

Par exemple, le Tunnel ou le Supplice amèneront toujours une connotation négative, il faudra en tenir compte dans l'interprétation. Associées à des cartes positives, elles apporteront un bémol, une mise en garde, une ombre au tableau. Inversement, la Fleur de Vie ou le Sceau de Salomon véhiculent une énergie positive qui atténuera le côté sombre des autres cartes. Ces cartes assurent une protection même si la réponse à la question posée n'est pas engageante.

Enfin, sachez que plus vous utiliserez cet oracle, plus il deviendra un véritable outil avec lequel vous développerez votre propre affinité. C'est en pratiquant que la compréhension des messages deviendra de plus en plus claire, non seulement parce que vous vous familiariserez avec le contenu, mais aussi parce que vous développerez votre intuition.

Cet oracle est un outil de divination, de guidance et de développement personnel qui a été canalisé pour délivrer son sens au plus grand nombre. À vous, maintenant, de tisser votre « relation » avec lui en vous l'appropriant, en le faisant « vôtre ». Chacun d'entre nous a une façon unique et originale d'utiliser et d'interpréter un jeu.

Rencontrez *L'Oracle du Cercle* et laissez-le vous amener à lui, vous permettre de le découvrir, puis de lui apporter votre dimension personnelle !

PROPOSITIONS DE TIRAGES

Cet oracle vous propose douze tirages répondant à des questionnements ou besoins spécifiques, mais aussi de guidance annuelle ou de rituel magique.

- La Roue de l'année, grand tirage pour la guidance annuelle (13 cartes).
- Le Zodiaque, grand tirage en lien avec les symboles des signes du zodiaque (12 cartes).
- La Table ronde, tirage concernant la quête, la mission du consultant (12 cartes).
- La Roue de l'Âme, tirage pour comprendre les expériences terrestres liées au parcours de l'âme (9 cartes).
- Le Bouclier, tirage de protection (9 cartes).
- Le Cercle de Loi, tirage de résolution des difficultés, pour aider à se positionner, à prendre une décision (9 cartes).
- Le Petit Cirque de la vie, tirage pour répondre à n'importe quelle question, dans n'importe quel domaine, de manière approfondie (8 cartes).
- La Roue celtique de Taranis, tirage Wicca pour assister les rituels magiques (8 cartes).
- La Roue de Hudson, tirage pour accompagner les différentes étapes d'un projet (7 cartes).
- La Roue de Médecine, tirage de guérison (5 cartes).
- Le Cercle de prière, tirage pour faire une demande particulière (5 cartes).
- Le Cercle toltèque, tirage de libération des peurs, pour soutenir l'évolution personnelle (5 cartes).

LISTE DES 50 CARTES

- La Fleur de Vie - *Créativité*
- Cosmos (Air) - *Intelligence/Chaos*
- Gaïa (Terre) - *Fécondité/Stérilité*
- Le Soleil (Feu) - *Rayonnement/Aveuglement*
- La Lune (Eau) - *Intuition/Désillusion*
- Le Tunnel - *Passage/Vacuité*
- Le Halo de Lumière - *Illumination/Ombre*
- La Boucle du Temps - *Renouvellement/Répétition*
- Le Cycle karmique - *Mission/Épreuves*
- L'Horloge - *Régularité/Patience*
- La Boussole - *Orientation/Égarement*
- Le Gouvernail - *Direction/Dérive*
- La Roue des Possibles - *Opportunités/Blocages*
- Fortuna - *Chance/Infortune*
- L'Écu - *Gain/Perte*
- La Charrue - *Productivité/Stagnation*
- Le Chariot - *Mouvement/Inertie*
- La Couronne - *Consécration/Humilité*
- Le Tambour - *Appel/Silence*
- Le Bouclier - *Protection/Adversité*
- La Cible - *Objectif/Indécision*
- Le Cercle de Feu - *Initiation/Danger*
- Le Labyrinthe - *Quête/Errance*
- Le Puits - *Connaissance/Oubli*
- Le Cratère - *Jaillissement/Bouillonnement*
- Le Supplice - *Tourments/Torture*
- La Roue de Médecine - *Guérison/Déséquilibre*
- Le Royaume des Rêves - *Aspirations/Fantasmes*
- Le Berceau des Ancêtres - *Héritage/Secrets*
- Le Médaillon - *Reconnaissance/Exclusion*
- Le Miroir - *Vérité/Mensonge*
- L'Iris - *Clairvoyance/Illusion*
- Le Paon - *Affirmation de soi/Repli*
- Le Sceau de Salomon - *Sagesse/Pouvoir*

- Le Cercle de Sorcières et de Fées - *Magie/Maléfice*
- Yin Yang - *Harmonie/Opposition*
- La Rosace - *Épanouissement/Fragilité*
- L'Anneau - *Engagement/Renoncement*
- Le Sceau de la Justice - *Loi/Injustice*
- La Ronde - *Rassemblement/Division*
- L'Engrenage - *Synergie/Dépendance*
- La Spirale - *Évolution/Involution*
- Le Cerceau - *Insouciance/Immaturité*
- Le Yoyo - *Lâcher-Prise/Fluctuations*
- La Galette - *Partage/Avidité*
- La Grande Roue - *Élévation/Agitation*
- Le Serpencercle - *Transmutation/Enfermement*
- La Porte céleste - *Spiritualité/Matérialité*
- Le Monde - *Exploration/Intériorisation*
- Le Pentacle - *Conscience/Sensorialité*

PROPOSITIONS DE TIRAGES

LA ROUE DE L'ANNÉE

Tirage de guidance annuelle à partir des maisons astrologiques

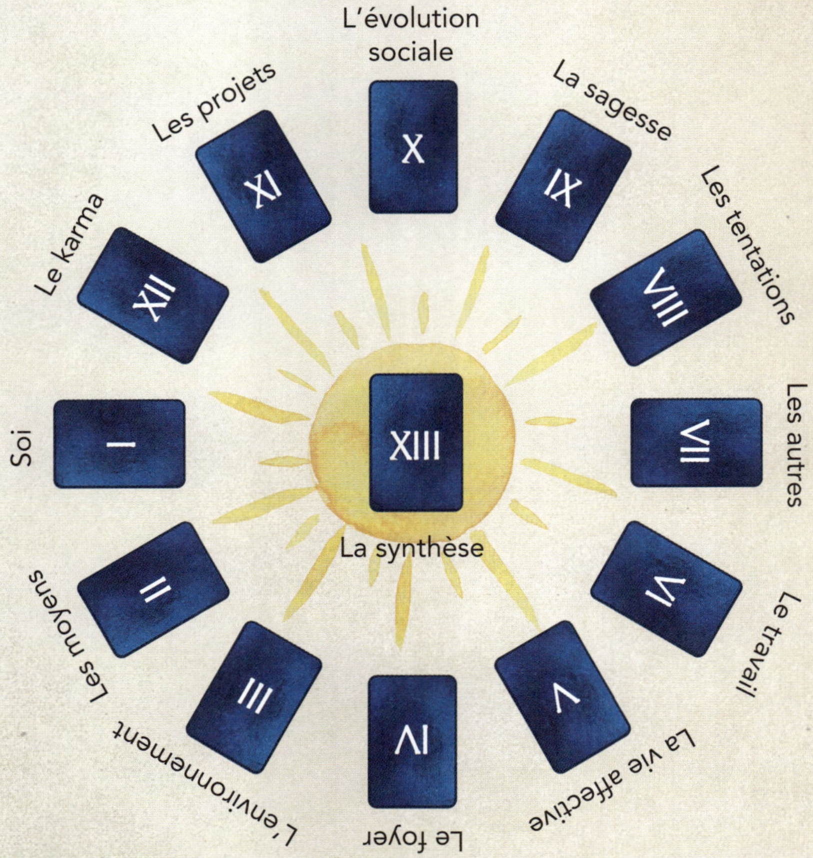

Ce grand tirage se fait une fois dans l'année, de préférence début janvier, pour interroger l'année universelle, ou le jour de votre anniversaire, pour interroger l'année individuelle. Il faut prendre en compte que sa prédiction dure un an. Il vous donnera un aperçu de votre année grâce aux différents symboles des 12 maisons astrologiques et à sa synthèse. Il peut être complété par le tirage du Zodiaque pour apporter d'autres précisions.

MAISON I : SOI

Cette maison représente le consultant, sa personnalité, son état d'esprit, l'ego et la vie intérieure. C'est ce qu'il y a à initier individuellement, et « l'humeur » globale de l'année.

MAISON II : LES MOYENS

Cette maison représente les acquis, les moyens, les bases, l'argent. C'est ce que l'on possède et ce sur quoi on va pouvoir s'appuyer toute l'année.

MAISON III : L'ENVIRONNEMENT

Cette maison représente l'entourage, l'enseignement, les expériences et l'adaptation à l'environnement et au contexte. C'est ce qu'il y a à comprendre et à apprendre dans l'année.

MAISON IV : LE FOYER

Cette maison représente le foyer, le lieu d'habitation et de ressourcement, l'ancrage et la famille. C'est la manière dont vont se dérouler le quotidien et l'organisation familiale.

MAISON V : LA VIE AFFECTIVE

Cette maison représente l'amour, les liens affectifs, les plaisirs, les loisirs, l'épanouissement et la créativité. C'est ce dans quoi on peut s'impliquer émotionnellement.

MAISON VI : LES ACTIVITÉS

Cette maison représente le travail, les activités professionnelles, sociales et sportives, la discipline, la vitalité et la santé. C'est l'hygiène de vie et les différentes activités.

MAISON VII : LES AUTRES

Cette maison représente la vie du consultant au milieu des autres, les rencontres, les relations, les associations, les collaborations, les officialisations (contrats, mariages, etc.) et la vie extérieure. C'est la projection sociale.

MAISON VIII : LES TENTATIONS

Cette maison représente les tentations dangereuses, le pouvoir, la sexualité, les situations de crise, les grandes transformations, les conséquences de l'inconséquence et des imprudences. C'est un avertissement sur ce qui est risqué pendant l'année.

MAISON IX : LA SAGESSE

Cette maison représente les aides supérieures, la spiritualité, la sagesse, la philosophie, les voyages, les grandes études, l'évasion et les hautes aspirations. C'est la manifestation des aides et outils que nous recevons pour grandir.

MAISON X : L'ÉVOLUTION SOCIALE

Cette maison représente l'ambition, l'évolution sociale, la position publique, le développement de la carrière et les événements majeurs qui bousculent le destin. C'est la position sociale que l'on peut espérer atteindre avant la fin de l'année.

MAISON XI : LES PROJETS

Cette maison représente les projets, les protections, la solidarité, les appuis, les guides, les opportunités, les espoirs et l'ouverture. C'est le projet central de l'année et tout ce qui le soutient.

MAISON XII : LE KARMA

Cette maison représente le karma de l'année, les épreuves à passer, les examens à réussir, les luttes et le bilan. C'est ce qu'il y a à dépasser pour aller vers la réussite. C'est à la fois le défi et le but.

XIII : LA SYNTHÈSE

La synthèse représente l'arrivée à la « case finale ». Elle résume l'initiation des douze maisons. Elle symbolise en quelque sorte le résultat que vous pouvez espérer atteindre au terme de l'année, l'aboutissement du parcours.

LE ZODIAQUE

Tirage à partir des 12 signes

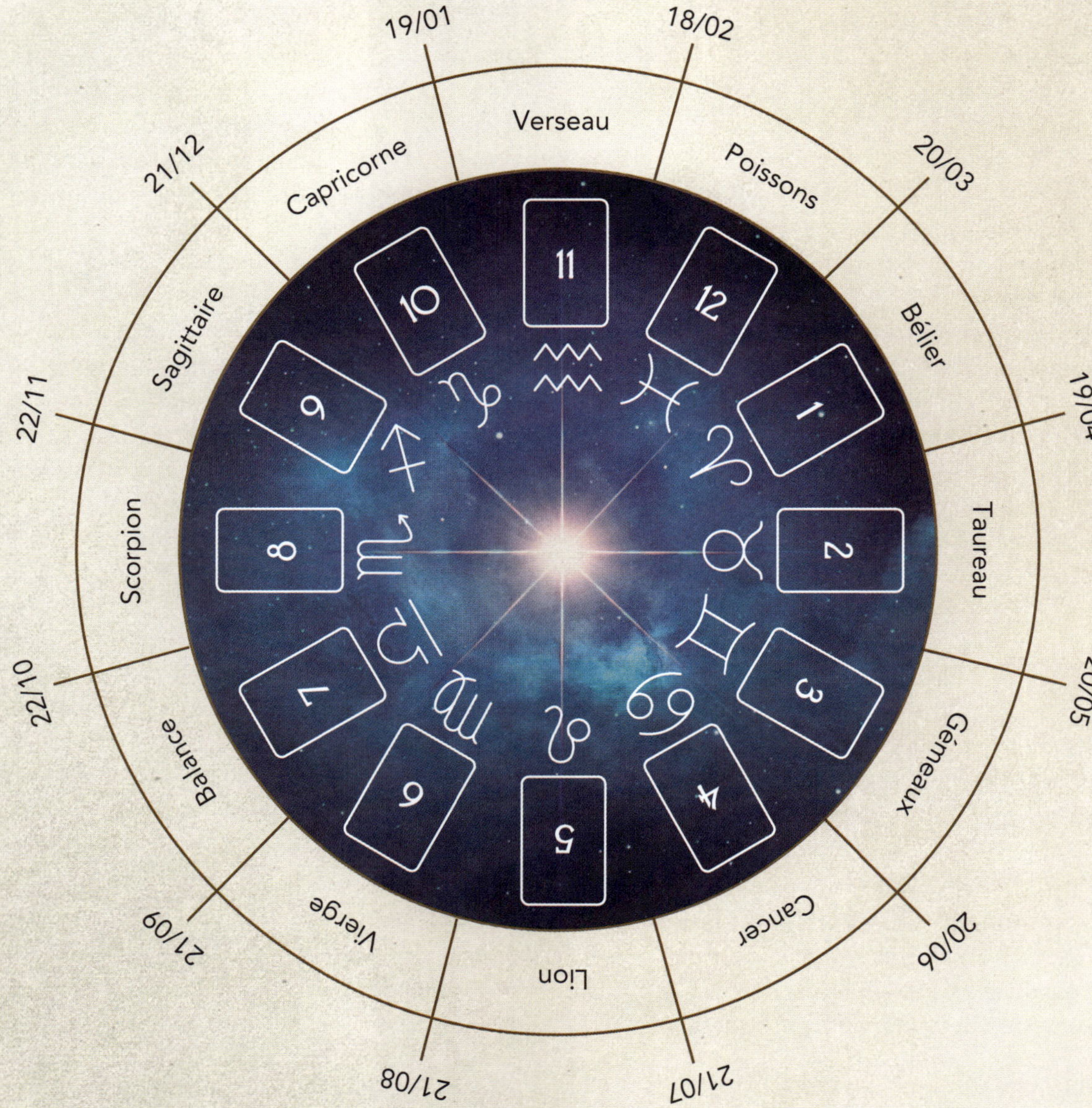

Ce tirage accompagnera votre année en interrogeant les signes du zodiaque et leurs caractéristiques. Il peut se faire en complément de la Roue de l'Année. Le meilleur moment pour l'effectuer est à l'équinoxe de printemps, vers le 21 mars, début du signe du Bélier, qui est le premier signe du zodiaque et donne l'impulsion de l'année astrologique universelle.

1 - BÉLIER

Il représente l'énergie vitale, l'élan, l'impulsion, le dynamisme, la motivation, la volonté, l'action et les commencements.

C'est l'envie d'y aller, de foncer, ce qu'il faut débuter cette année.

2 - TAUREAU

Il représente la matière, la stabilité, la solidité, la protection, la sécurité, la fécondité, l'endurance, la patience, l'incarnation, l'ancrage, les plaisirs et la sensualité.

C'est la voie de l'épanouissement et de l'accomplissement.

3 - GÉMEAUX

Ils représentent la communication, les échanges, le mouvement, le changement, l'adaptation, la curiosité, les contacts, les relations, la recherche de l'autre, du double.

C'est la relation aux autres, la qualité des rencontres et des échanges.

4 - CANCER

Il représente la famille, le foyer, les origines, la sensibilité, la réceptivité, la connexion à l'enfant intérieur, les énergies féminines, la mère et l'intériorité.

C'est ce qui est en gestation.

5 - LION

Il représente l'ambition, l'orgueil, la puissance, le rayonnement, l'autorité, la générosité, la créativité et la victoire.

C'est ce qui a besoin de s'affirmer dans le monde extérieur.

6 - VIERGE

Elle représente l'analyse, la méthode, l'organisation, le sens pratique, la structuration, la logique, la raison, le perfectionnement et le discernement.

C'est ce qui se structure cette année, ce qui prend forme plus précisément.

7 - BALANCE

Elle représente l'équilibre, la justice et la justesse, la mesure, la paix, la quête d'harmonie et de beauté, la lucidité et les choix.

C'est ce qui doit se trancher dans l'année.

8 - SCORPION

Il représente la ténacité, la résistance, les transformations, l'instinct, la passion, les pulsions, le mystère, les crises, l'inconscient, les grandes mutations et la mort/renaissance.

C'est ce qui doit se terminer cette année pour renaître plus fort et plus passionnant.

9 - SAGITTAIRE

Il représente l'indépendance, le besoin de liberté, l'aventure, l'exploration, l'évolution spirituelle et intellectuelle, la philosophie, les aspirations et le dépassement.

C'est la force de l'idéal à poursuivre, l'aventure à vivre.

10 - CAPRICORNE

Il représente l'ambition de réalisation, le sommet à atteindre, la solitude, la persévérance, la détermination, la prudence et la profondeur.

C'est ce qui doit être atteint coûte que coûte.

11 - VERSEAU

Il représente l'altruisme, l'humanisme, l'amitié, l'utopie, le génie, la spiritualité, le futur, la modernité, l'inventivité et la nouveauté.

C'est ce qu'il faut réinventer dans votre vie avec originalité.

12 - POISSONS

Ils représentent l'hypersensibilité, l'intuition, les émotions, le mysticisme, l'imagination, la communion et l'infini.

C'est l'intuition qui vous guide cette année.

LA TABLE RONDE

Tirage pour approfondir votre mission

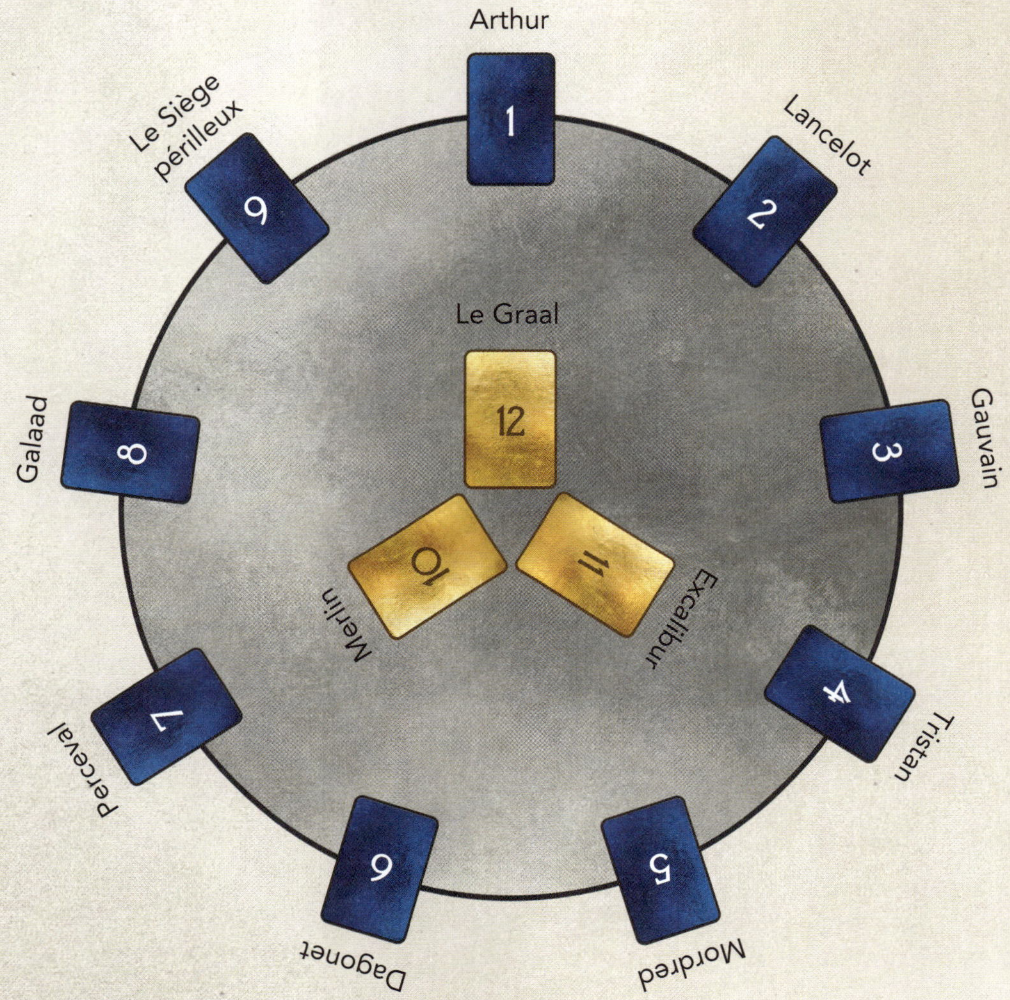

Ce tirage vous sera utile pour vous connecter à votre mission, la comprendre ou la préciser. La « mission » que vous interrogez correspond à ce que vous avez à entreprendre maintenant. Ce n'est pas la mission de toute une vie, mais plutôt la quête que vous poursuivez et qui vous anime, le but que vous souhaitez atteindre par-dessus tout. Il est possible également que le tirage mette en évidence un objectif de vie auquel on vous demande de vous rallier : la mission est parfois un appel auquel on ne peut se soustraire et qu'il faut honorer.

1 - ARTHUR, l'Élu - la quête de la paix

Le roi Arthur incarne la dignité, le pouvoir souverain et l'âme du guerrier. Il est le seul à avoir pu retirer l'épée Excalibur du rocher dans lequel elle était plantée, se voyant ainsi attribuer la mission de ramener la paix sur le royaume.

Il correspond à la question : « Comment dois-je prendre les rênes de ma vie à présent et me diriger vers ma mission ? »

2 - LANCELOT, l'Illustre - la quête de la renommée

Lancelot est le chevalier le plus populaire de la légende arthurienne. Promis à un brillant avenir, parfois plus célèbre qu'Arthur lui-même, il est considéré comme le meilleur des chevaliers et celui qui cherche la perfection. Sa réputation sera entachée par son amour pour la reine Guenièvre, qui causera sa perte.

Il correspond à la question : « Qu'est-ce qui peut mettre en jeu ma réputation ? »

3 - GAUVAIN, le Glorieux - la quête de l'aventure

Gauvain incarne la force, le courage et le goût du risque. Il a marqué les *temps aventureux* par sa bravoure, ses nombreux combats et ses multiples exploits. La légende raconte que sa force grandissait avec le soleil.

Il correspond à la question : « Quel grand défi suis-je en mesure de relever ? »

4 - TRISTAN, le Sensible - la quête de l'amour

Tristan incarne la sensibilité, la fidélité, la mélancolie et le romantisme. Il aurait des origines surnaturelles et une sensibilité artistique, notamment pour le chant, la musique et la poésie, qui font de lui une figure proche du barde celtique. C'est surtout son amour tragique pour la belle Iseult qui l'a rendu tristement célèbre.

Il correspond à la question : « Que suis-je prêt à sacrifier par amour de mon idéal ? »

5 - MORDRED, l'Ennemi - la quête de la vengeance

Mordred incarne la traîtrise et la perfidie. Chevalier sans foi ni loi, fils incestueux d'Arthur qui envisagea de le supprimer à sa naissance, il tua son père lors de la bataille de Camlann.

Il correspond à la question : « De quoi dois-je me méfier ? »

6 - DAGONET, le Conseiller - la quête du sens de la vie

Dagonet incarne le fou du roi devenu chevalier suite à une plaisanterie. Il est le conseiller d'Arthur, loufoque mais dévoué. Selon les versions, il est décrit comme simplet ou parfois même comme un personnage inquiétant.

Il correspond à la question : « Qu'est-ce qui me paraît insensé à ce jour et qui pourtant peut m'arriver ? »

7 - PERCEVAL, le Naïf - la quête de la simplicité

Perceval incarne la naïveté, l'insouciance et le mérite. Alors que sa mère le cacha pendant des années pour qu'il ne devienne jamais chevalier, il fut rattrapé par son destin et en devint un éminent et l'un des trois seuls qui parvinrent jusqu'au Graal.

Il correspond à la question : « Jusqu'où ma vérité intérieure peut-elle me mener ? »

8 - GALAAD, le Vainqueur - la quête de la réussite

Galaad incarne la jeunesse, la pureté et l'humilité qu'un chevalier doit posséder pour recevoir les honneurs et le succès. C'est le fils de Lancelot du Lac. Il est le seul à pouvoir s'asseoir sur le siège périlleux et c'est lui qui ramène le Graal.

Il correspond aux questions : « De quoi puis-je triompher à présent ? Qu'est-ce qui s'accomplit enfin ? »

9 - LE SIÈGE PÉRILLEUX, le Danger

Le Siège périlleux est, dans la légende, un siège vide de la Table Ronde. Maudit, il a le pouvoir d'engloutir celui qui oserait s'y asseoir sans en être digne ou suffisamment pur.

Il correspond à la question : « Qu'est-ce qui pourrait mettre en péril ma quête ? »

10 - MERLIN, l'Enchanteur

Merlin incarne la sagesse, le don de métamorphose et la prophétie. Puissant devin et magicien, il est lié aux cycles et forces de la nature, et particulièrement de la forêt.

Il correspond à la question : « Que dois-je transformer pour parvenir à mes fins ? »

11 - EXCALIBUR, l'Arme des fées

Excalibur est l'épée magique et indestructible dont Arthur est le gardien. Selon les versions, elle lui a été personnellement confiée par La Dame du Lac ou bien il a réussi à la sortir du rocher dans lequel Merlin l'avait plantée. Elle symbolise la protection et l'invincibilité.

Elle correspond à la question : « Qu'est-ce qui me protège par-dessus tout dans ma mission ? »

12 - LE GRAAL, la coupe sacrée

Objet de toutes les convoitises, but ultime de la quête du même nom, le Graal est un récipient d'abondance, qui peut avoir été représenté sous la forme d'un vase, d'un plat, d'un petit chaudron inépuisable de nourriture et de breuvages. Associé dans un second temps au Saint Calice, il est devenu le « Saint Graal », qui serait la coupe mythique ayant reçu le sang du Christ.

Il correspond à la question : « Quelle merveilleuse récompense m'attend au bout du chemin ? »

LA ROUE DE L'ÂME

Tirage pour comprendre votre évolution dans le cycle d'incarnation

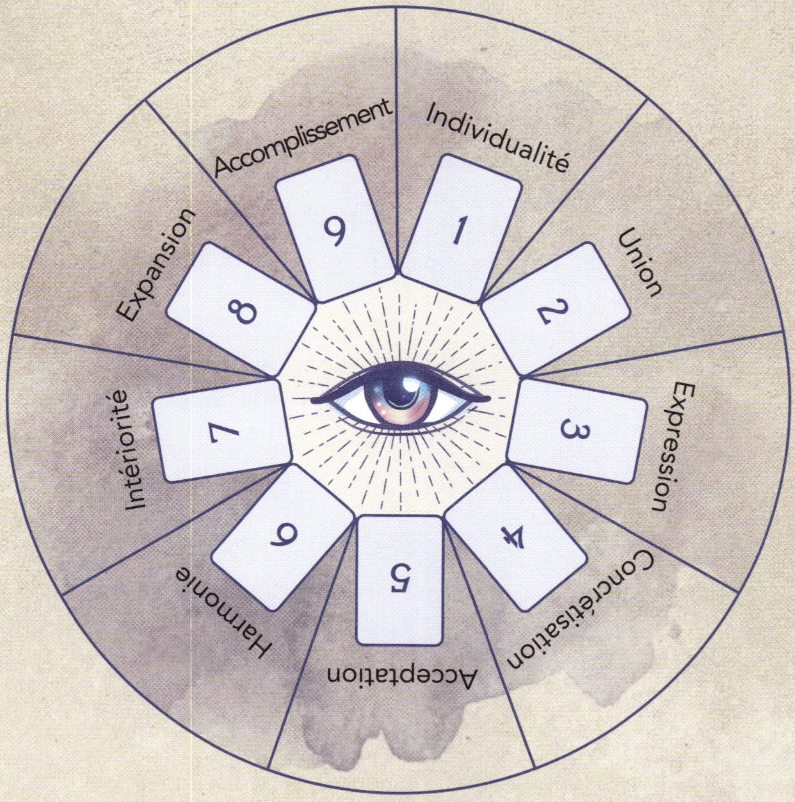

Ce tirage est très particulier puisqu'il relie le plan terrestre au plan atmique. Il s'inspire de la Roue karmique d'Incarnation, appelée aussi Roue de Vie, et des neuf chemins de vie en numérologie.

Il permet de mettre en lumière le parcours de votre âme dans la matière et apportera un éclairage sur les expériences que votre âme souhaite faire. Lorsque l'âme s'incarne, c'est dans le seul but d'évoluer. Pour cela, elle va apprendre, travailler, et grandir en quelque sorte. On dénombre neuf cycles d'incarnation.

Ce tirage, unique en son genre, propose de vous accompagner quand vous sentez que vous êtes dans une problématique karmique ou que vous avez des difficultés à dépasser certains schémas ou épreuves. Il vous aidera à identifier où vous en êtes dans votre parcours terrestre et à comprendre les initiations de la vie, afin de permettre à votre âme de les intégrer et de les transcender. Par ailleurs, il peut vous aider à mieux cerner la mission qui vous a été confiée et que vous avez acceptée, ainsi que les enseignements qui lui sont associés.

Il pourra vous guider plusieurs années durant, puisqu'il représente une transposition des cycles de l'âme à l'échelle d'une vie. Pour mieux l'interpréter, vous pouvez vous référer à la carte Le Cycle Karmique.

CYCLE 1 : INDIVIDUALITÉ

Il favorise la compréhension des aides ou des blocages relatifs à l'autonomie, à l'individualité, aux commencements, à la capacité d'agir par soi-même, à l'affirmation de soi, à l'autorité, à l'énergie yang, au principe actif et masculin.

Votre âme souhaite faire l'expérience de votre pouvoir créateur et de meneur.

CYCLE 2 : UNION

Il favorise la compréhension des aides ou des blocages relatifs à la complémentarité, à la dualité, aux associations, au couple, aux relations à l'autre, aux accords, aux réconciliations, à l'énergie yin, au principe réceptif et féminin.

Votre âme souhaite faire l'expérience de toutes les formes de collaboration.

CYCLE 3 : EXPRESSION

Il favorise la compréhension des aides ou des blocages relatifs à l'expression de soi, à la communication, aux contacts, aux échanges, à la créativité, à la diversité, à la sociabilité, à l'originalité et à l'équilibre.

Votre âme souhaite faire l'expérience de l'expression sous toutes ses formes.

CYCLE 4 : CONCRÉTISATION

Il favorise la compréhension des aides ou des blocages relatifs à la matière, au travail, à la concrétisation, à la structuration, au pragmatisme, aux fondations et à la stabilité.

Votre âme souhaite faire l'expérience de la construction et de la matérialisation.

CYCLE 5 : ADAPTATION

Il favorise la compréhension des aides ou des blocages relatifs au mouvement, au changement, à l'adaptation, à la liberté, au voyage, à l'aventure, à la curiosité et à la mobilité.

Votre âme souhaite faire l'expérience de nouveaux horizons.

CYCLE 6 : HARMONIE

Il favorise la compréhension des aides ou des blocages relatifs à l'amour, à la famille, au sens des responsabilités et du devoir, à la protection, au pardon, au sacrifice, à la conciliation, à la beauté et à la paix.

Votre âme souhaite faire l'expérience du don de soi.

CYCLE 7 : INTÉRIORITÉ

Il favorise la compréhension des aides ou des blocages relatifs à la réflexion, à l'analyse, à la maîtrise de l'esprit et de la matière, à la sagesse, à la spiritualité, à la solitude et à la vie intérieure.

Votre âme souhaite faire l'expérience de la foi et de la connexion à une vérité profonde.

CYCLE 8 : EXPANSION

Il favorise la compréhension des aides ou des blocages relatifs à la notion de justice, au pouvoir, à l'énergie, à l'utilisation des potentialités, à l'ambition, à l'expansion et à la domination.

Votre âme souhaite faire l'expérience de la réussite matérielle et du pouvoir.

CYCLE 9 : ACCOMPLISSEMENT

Il favorise la compréhension des aides ou des blocages relatifs à la conscience universelle, à l'altruisme, à l'accomplissement, à l'aboutissement, au dévouement, à l'idéal, à l'absolu et à la générosité.

Votre âme souhaite faire l'expérience de la compassion et de la complétude.

LE BOUCLIER

Tirage de protection et de défense

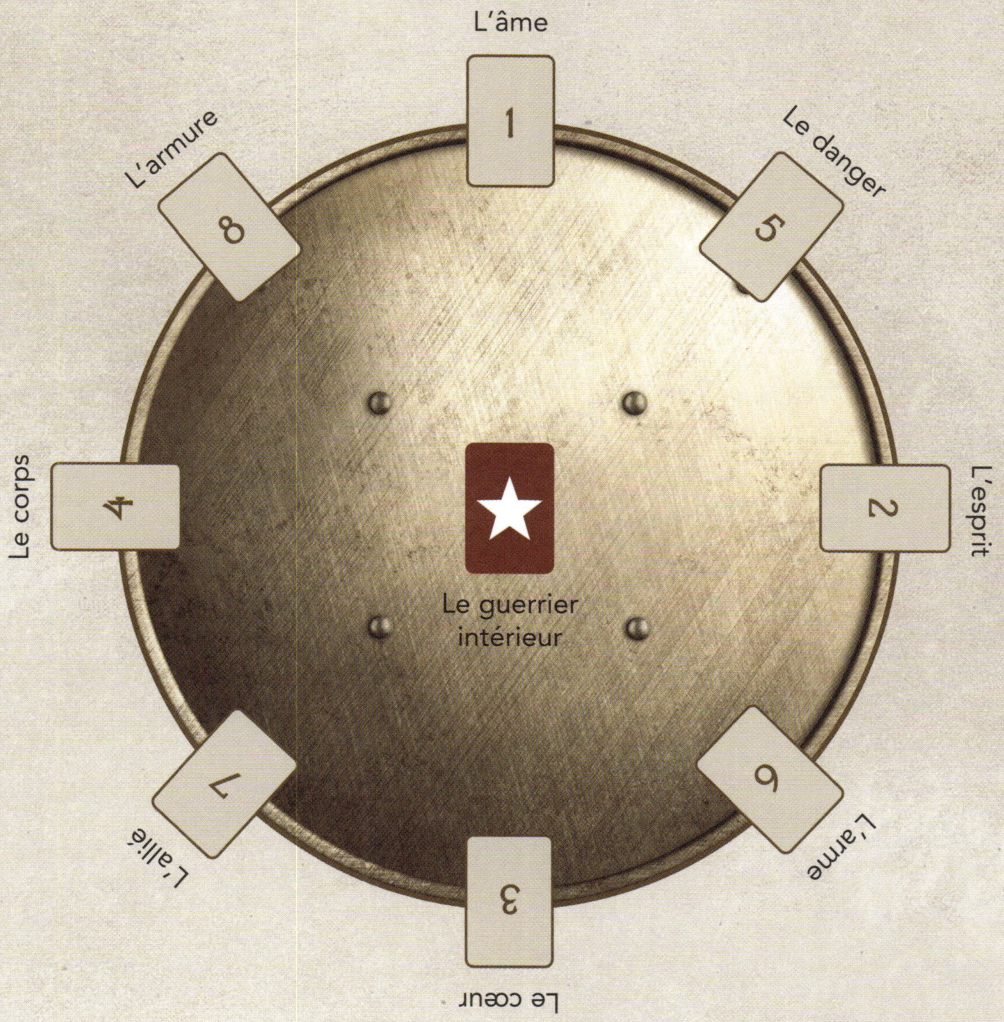

Ce tirage peut être effectué à tout moment, quand vous vous sentez fragilisé, attaqué, ou que vous avez besoin de savoir ce qu'il y a à mettre en place pour défendre votre territoire, votre vie privée ou vos intérêts.

Il vous aidera à identifier les pièges, à poser les bonnes limites, à activer les bonnes stratégies de riposte ou de défense, et, ainsi, à vous sentir en sécurité.

1 - LE BOUCLIER DE L'ÂME

Qu'est-ce qui va m'aider à protéger mes rêves, mes aspirations et mon inspiration ?

2 - LE BOUCLIER DE L'ESPRIT

Qu'est-ce qui va m'aider à protéger mes idées, mes projets et ma détermination ?

3 - LE BOUCLIER DU CŒUR

Qu'est-ce qui va m'aider à protéger mes émotions, mes relations et mon épanouissement ?

4 - LE BOUCLIER DU CORPS

Qu'est-ce qui va m'aider à protéger ma santé, mon intégrité physique et mon énergie vitale ?

5 - LE DANGER

Quel est le danger insoupçonné qui me guette ?

6 - L'ARME

De quelle arme secrète dois-je me servir sans plus attendre ?

7 - L'ALLIÉ

Dans la situation actuelle, qui est mon meilleur allié, sur qui puis-je compter ?

8 - L'ARMURE

Quelle énergie dois-je activer pour être inattaquable et opérer un « retour à l'envoyeur » ?

★ LE GUERRIER INTÉRIEUR

Quel est le grand pouvoir qui renforce mon guerrier intérieur ?

LE CERCLE DE LOI

Tirage de résolution des difficultés

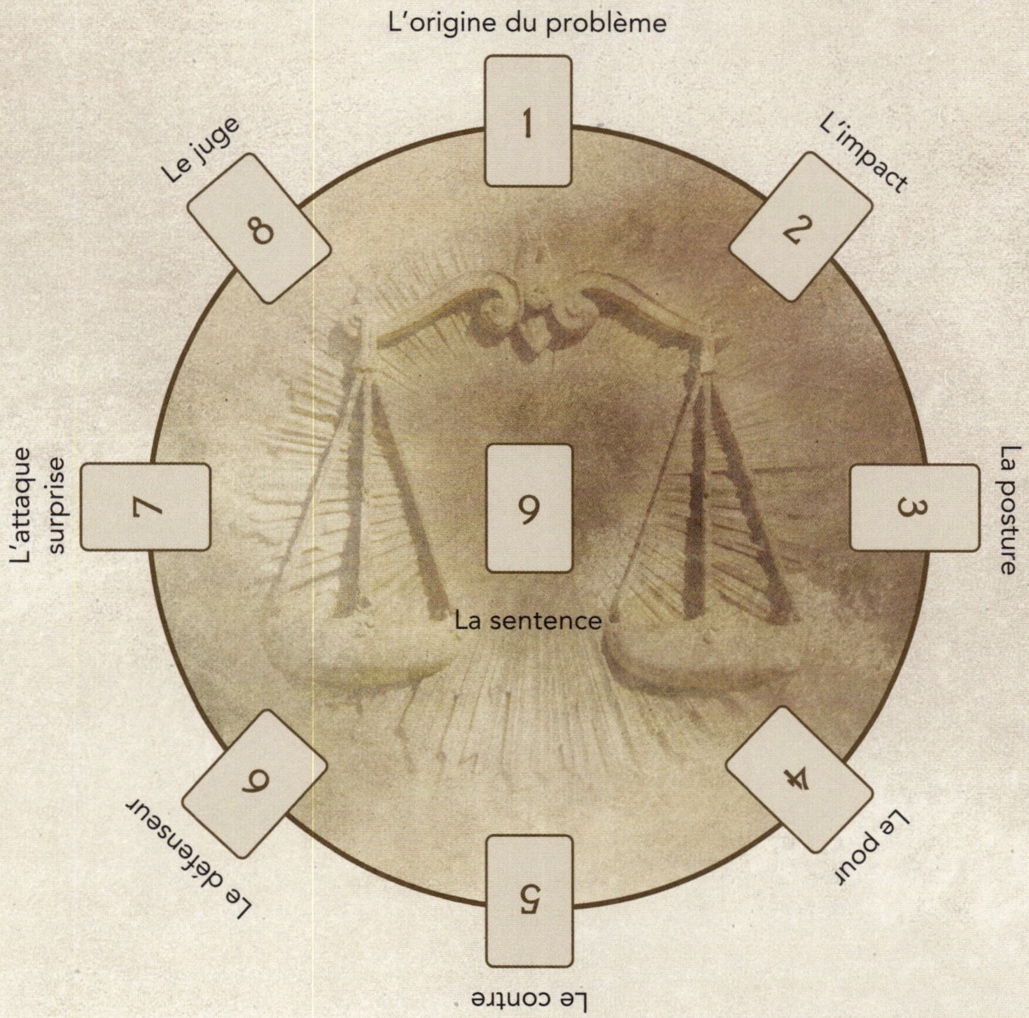

Ce tirage est inspiré de ce que l'on appelle « le cercle de détermination de la peine », ou « le cercle de sentence » pratique ancestrale autochtone, qui consistait à réguler les conflits et appliquer une justice en tenant compte de l'avis des membres de la communauté concernée par le délit commis. Cet avis était énoncé devant toutes les parties : plaignants, infracteur, victime, accusé, voisins, proches, etc. et d'un juge présent pour entendre la parole de tous et trancher en finalité. Le but étant de permettre l'échange autour de la naissance du conflit, la prise de conscience des conséquences de l'acte et son impact sur l'individu concerné mais aussi sur toute la communauté, d'en juger la gravité et les possibilités de réparation ou de dédommagement, de permettre à chaque personne désireuse de s'exprimer sur les faits, d'exposer son point de vue et de coresponsabiliser l'ensemble de la communauté concernant l'acte délictueux. Par ailleurs, cette pratique s'intéresse à tous les paramètres de l'histoire de chaque protagoniste, dans le respect des droits de chacun. Seul le juge, à la fin du cercle de parole, est habilité à rendre la sanction. Sa décision finale est prise dans un souci de renforcer les valeurs de la communauté.

Vous pouvez utiliser ce tirage quand vous faites face à une situation qui vous demande de vous positionner, d'arrêter de tergiverser, de résoudre une question ou une affaire, de comprendre des enjeux, d'adopter la bonne posture, ou de défendre votre vérité. Il peut également vous aider à éclaircir une situation conflictuelle, délicate ou embrouillée.

1 - L'ORIGINE DU PROBLÈME

C'est ce qui représente l'origine de la situation problématique que vous vivez. Cette carte vous renseigne également sur la nature et/ou la gravité de la difficulté rencontrée (conflit, préjudice, hésitation, perturbation, difficulté de positionnement, querelle, abus, etc.)

2 - L'IMPACT

C'est ce qui vous renseigne sur la manière dont cette situation, si elle perdure, pourrait impacter votre vie.

3 - LA POSTURE

C'est le conseil qui vous est donné concernant la meilleure posture à adopter dans la présente situation.

4 - LE POUR

C'est ce qui va jouer en votre faveur, qui s'annonce bon pour vous quoi qu'il arrive.

5 - LE CONTRE

C'est ce qui peut jouer contre vous, qui vous est défavorable d'une manière ou d'une autre.

6 - LE DÉFENSEUR

Ce sont les éléments de votre côté, les soutiens extérieurs, ce qui va témoigner et plaider pour la clémence.

7 - L'ATTAQUE SURPRISE

C'est ce que vous ne voyez pas arriver, des éléments à charge qui pourrait vous déstabiliser et vous mettre en porte à faux.

8 - LE JUGE

C'est la vibration ou l'état d'esprit de « l'instance supérieure » (autorité, personne de loi, guide, univers....) qui reçoit votre requête et entend les différents avis.

9 - LA SENTENCE

C'est la déclaration du juge, de l'instance supérieure. Ce peut être un conseil, un sursis, une mise en demeure, un non-lieu, une sanction ou un acquittement.

LE PETIT CIRQUE DE LA VIE

Tirage pour faire le tour d'une question

Ce tirage a pour but de vous aider à répondre à une question, quel que soit le domaine concerné. En faisant un « tour de piste », vous interrogez chaque figure emblématique du cirque pour obtenir des réponses, conseils ou avertissements.

Vous pouvez utiliser ce tirage chaque fois que vous ressentez le besoin d'obtenir des éclaircissements.

1 - MONSIEUR LOYAL : Honnêteté, Bienveillance, Avertissement, Protection

Quel conseil me donne-t-on ?

2 - LE PRESTIDIGITATEUR : Illusions, Potentiel caché, Déni, Confusion

Qu'est-ce que je ne vois pas tel que c'est en réalité ?

3 - LE FUNAMBULE : Équilibre, Centrage, Écoute de soi, Reliance

Quelle ligne de conduite intérieure dois-je suivre sans me laisser déconcentrer ?

4 - LE JONGLEUR : Dextérité, Rapidité, Adresse, Coordination

Qu'est-ce que je ne dois surtout pas laisser tomber ?

5 - LE DOMPTEUR : Sang-froid, Autorité, Pouvoir, Discipline

Qu'est-ce que je maîtrise dans la situation ?

6 - LE VENTRILOQUE : Paroles, Manipulation, Dépendance, Opinion extérieure

Par quoi suis-je influencé malgré moi ?

7 - L'ACROBATE : Force, Souplesse, Prouesse, Confiance

Quel risque m'invite-t-on à prendre ?

8 - LE CLOWN : Espièglerie, Dédramatisation, Spontanéité, Jeu

Qu'est-ce que je dois relativiser ou prendre avec plus de légèreté ?

LA ROUE CELTIQUE DE TARANIS

Tirage Wicca

Ce tirage n'a pas pour but d'être prédictif, mais de vous assister dans les rituels magiques ancestraux. Il s'inspire de la roue solaire celte, emblème du dieu Taranis, dieu du ciel, du soleil, de la foudre et maître du cycle des existences, ainsi que du calendrier celtique.

Ce dernier est rythmé par huit sabbats, quatre majeurs et quatre mineurs. Les sabbats dits majeurs correspondent aux fêtes celtes les plus anciennes destinées à célébrer les moments les plus importants de l'année et les plus chargés en énergie, à savoir : Imbolc, Beltane, Lughnasadh et Samhain. Ces fêtes sont associées aux cycles lunaires et au culte de la Déesse. Les sabbats considérés mineurs sont les solstices et équinoxes : Yule, Ostara, Litha et Mabon, associés quant à eux aux cycles solaires et au culte du Dieu. Chaque sabbat possède sa propre symbolique, qu'il vous est proposée de rencontrer à travers ce tirage. Chaque carte posée sur les sabbats représentera l'influence qui accompagne la symbolique de celui-ci, pour l'année en cours.

1 - YULE ou la renaissance

Yule correspond au solstice d'hiver, c'est donc la journée la plus courte et la nuit la plus longue de l'année. C'est la célébration de la fin d'un cycle, de la transformation, du renouveau, du retour de la lumière dans nos vies, des réjouissances, de la naissance et de la tempérance. On est invités à réfléchir à la notion de sacrifice et à ce à quoi on est prêt à renoncer.

2 - IMBOLC ou la purification

Imbolc se situe entre le solstice d'hiver et l'équinoxe de printemps. Cette fête est en lien avec la déesse nordique Brighid. C'est la célébration de l'éveil, des graines, de la fécondité, du lait maternel (période de lactation du bétail), du renouvellement, du nettoyage et de la bénédiction du foyer. Bien sûr, cette fête correspond aussi à la Chandeleur, qui, en dehors de sa relation aux chandelles qu'on allume, était au Moyen Âge « le chant de l'ours » qui se réveille de son hibernation…

3 - OSTARA ou la fertilité

Ostara correspond à l'équinoxe de printemps et cette fête a été reprise par les chrétiens qui ont créé Pâques. À l'origine, on vénérait une déesse germanique du nom d'Éostre, déesse de la Lune et de la Fertilité. Les emblèmes de fertilité — la poule, les œufs, le lapin et le lièvre de mars — y sont associés. C'est la célébration du réveil du féminin sacré, des commencements, de Mère-Nature et de l'amour.

4 - BELTANE ou la croissance

Beltane est fêtée la nuit du 30 avril ; elle est aussi communément appelée nuit de Walpurgis dans les pays germaniques. C'est la nuit des sorcières, réputée pour être « la plus dangereuse de l'année ». La porte qui sépare les mondes s'entrouvre alors sur le monde des esprits de la nature : les gnomes, elfes et fées, et le petit peuple de la forêt. Beltane, c'est la célébration de l'amour, de la sexualité, des unions et des vœux renouvelés, la fin de la saison sombre et le début de la saison claire. On y allume des feux pour purifier et fertiliser. C'est le début de l'été celte.

5 - LITHA ou la prospérité

Litha correspond au solstice d'été, c'est donc la journée la plus longue et la nuit la plus courte de l'année. C'est la célébration du soleil, de la lumière, du feu, de la créativité, de la vitalité, de l'abondance et de la vie arrivée à son apogée. On est invités à réfléchir à la manière dont on jouit des plaisirs de la vie.

6 - LUGHNASADH ou la maturité

Lughnasadh marque le début de l'automne dans le calendrier celte, cette fête est liée au dieu Lugh. C'est la célébration de la maturité, de la prise de conscience du travail accompli, de l'affirmation de soi et de ses productions, de la moisson, des récoltes et de la gratitude. On est invités à manifester de la générosité, à faire des offrandes.

7 - MABON ou l'équilibre

Mabon correspond à l'équinoxe d'automne et partage sa symbolique. C'est aussi l'entrée dans le signe de la Balance… C'est la célébration de l'harmonie et du bien-être dans le foyer où l'on va passer plus de temps, de la justesse et de la mesure, le moment du bilan. On y demande protection et sécurité.

8 - SAMHAIN ou la sagesse

Samhain est l'un des plus importants sabbats, rendu populaire avec la nuit d'Halloween, le 31 octobre, et juste avant le jour des Défunts, le 2 novembre. Durant cette période, la frontière entre le monde incarné et le monde des esprits est presque abolie. La rencontre des deux mondes peut se faire pour qui désire recevoir les messages de ses ancêtres. C'est la célébration de la fin d'un cycle, des Ancêtres et de leurs conseils, des arts divinatoires et de l'introspection. On y affronte ses peurs et on reçoit les guidances pour avancer vers le nouveau cycle qui se prépare.

LA ROUE DE HUDSON

Tirage pour accompagner les étapes d'un projet

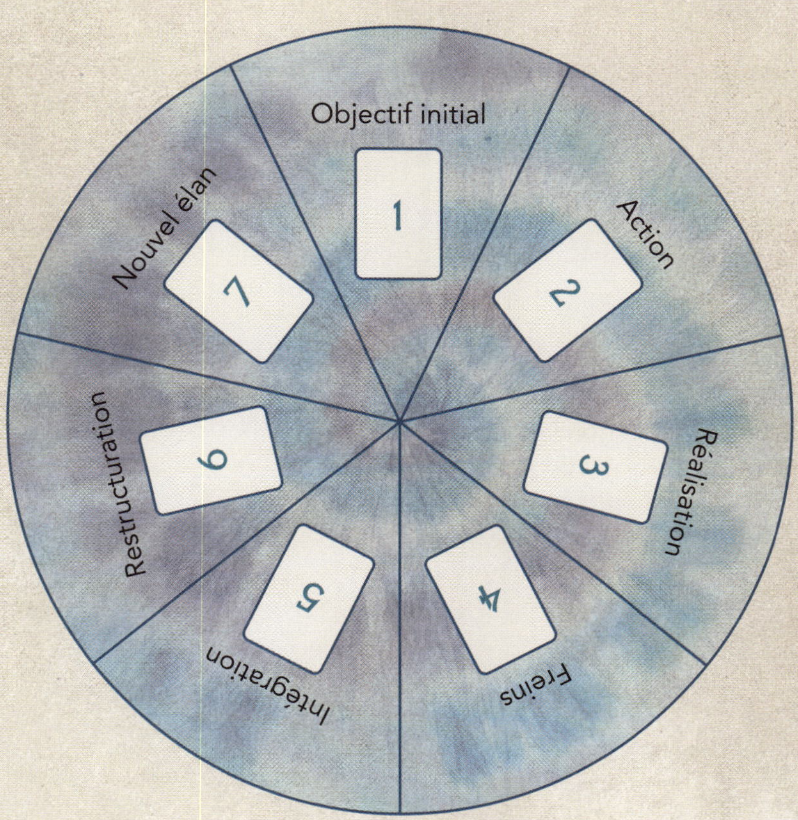

Ce tirage est inspiré du modèle d'Hudson ou roue de Hudson, créé par Frédéric Hudson célèbre coach américain contemporain, expert en changement continuel. Ce modèle est basé selon la théorie du changement permanent, et propose de comprendre les quatre cycles de la vie d'un projet. À l'intérieur de ces quatre phases inhérentes à tout projet se découpent dix étapes incontournables. La théorie de Hudson propose également d'aborder les valeurs fondamentales à la réussite des entreprises individuelles et professionnelles. Le tirage « La Roue de Hudson » est une adaptation synthétisée et optimisée de ces concepts.

Vous pouvez l'utiliser pour vous accompagner dans la construction et la réalisation de votre projet (personnel, professionnel, changement de vie…). Il vous aidera à mener à bien votre projet en identifiant les étapes indispensables à la mise en route de tout projet, mais aussi et surtout les changements nécessaires à l'aboutissement de celui-ci. Il vous invitera à prendre conscience du processus de création et des transitions et remaniements qui permettront son succès.

1 - OBJECTIF INITIAL : le lancement du projet

Cette première étape vous permet de recevoir un conseil concernant l'intention et l'élaboration du projet en question. Il vous permettra de savoir sur quoi vous concentrer, bien définir l'objectif de départ avant d'impulser votre projet.

2 - ACTION : la mise en place du projet

Cette étape vous permet d'identifier les actions à mener en priorité. C'est un conseil sur les initiatives à prendre, dans quel ordre, quel mouvement permet la mise en marche cohérente du projet et ce que vous devez acter en premier lieu.

3 - RÉALISATION : la mise en œuvre du projet

C'est l'étape de vérification que la méthode employée est la bonne et qu'elle peut être fructueuse. Elle vous renseigne sur la matérialisation de vos efforts et la production qui en découle. C'est la manière dont tout se déroule concrètement.

4 - FREINS : les entraves au projet

Cette étape met en lumière ce qui pourrait ralentir ou même arrêter votre projet. Elle vous permet d'identifier les éventuels blocages ou obstacles, leur nature (intérieure ou extérieure à vous), ce qui vous mettrait des bâtons dans les roues.

5 - INTÉGRATION : la maturation nécessaire au projet

Cette étape est celle du bilan. On vous demande d'observer, de faire le point avant d'aller plus loin. Vous devez réfléchir sur ce que vous avez compris à ce stade et comment votre idée du projet a évolué en se confrontant à la réalité. C'est un temps de pause indispensable pour que votre projet gagne en maturité.

6 - RESTRUCTURATION : la redéfinition du projet

Cette étape correspond au moment de la reprise en main du projet suite aux étapes précédentes. C'est une mise à jour, une réinitialisation de votre projet en tenant compte des indications et paramètres reçus lors des étapes 4 et 5. Elle vous montre sur quelles bases et à travers quel angle de vue vous pouvez à présent repartir et rebâtir.

7 - NOUVEL ÉLAN : le redémarrage du projet

Cette étape vous donne des indications sur l'énergie nécessaire pour apporter du renouveau. Elle correspond à un activateur de créativité et de potentialités. Elle vous montre à quoi votre projet ressemblera « en finalité » avec les nouvelles intentions nées du cycle de vie du projet.

LA ROUE DE MÉDECINE

Tirage de guérison

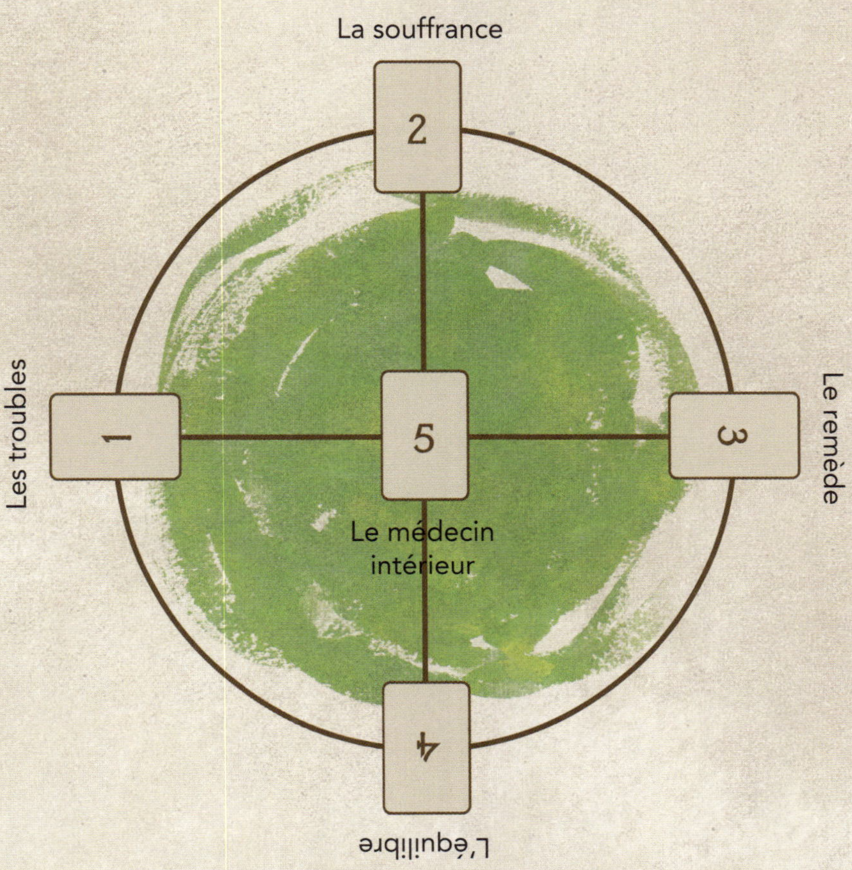

Ce tirage vous sera utile si vous souffrez de problèmes de santé. Il vous aidera à identifier ce qui perturbe vos énergies et vous fragilise. Il mettra en lumière ce qui, peut-être, est souffrant en vous au-delà de la simple manifestation symptomatologique. Enfin, il vous aidera à entrer en contact avec votre médecin intérieur, afin qu'il vous fasse connaître son avis sur votre état et sur le traitement approprié.

1 - LES TROUBLES

Par quoi sont provoqués les troubles qui altèrent mon harmonie vitale ?

2 - LA SOUFFRANCE

Que traduit cette souffrance ?

3 - LE REMÈDE

Qu'est-ce qui pourrait m'aider à remédier à mes ennuis de santé ?

4 - L'ÉQUILIBRE

Que dois-je faire en priorité pour rétablir un équilibre et me sentir mieux ?

5 - LE MÉDECIN INTÉRIEUR

Quel est le diagnostic de mon médecin intérieur ?

LE CERCLE DE PRIÈRE

Tirage pour activer une demande

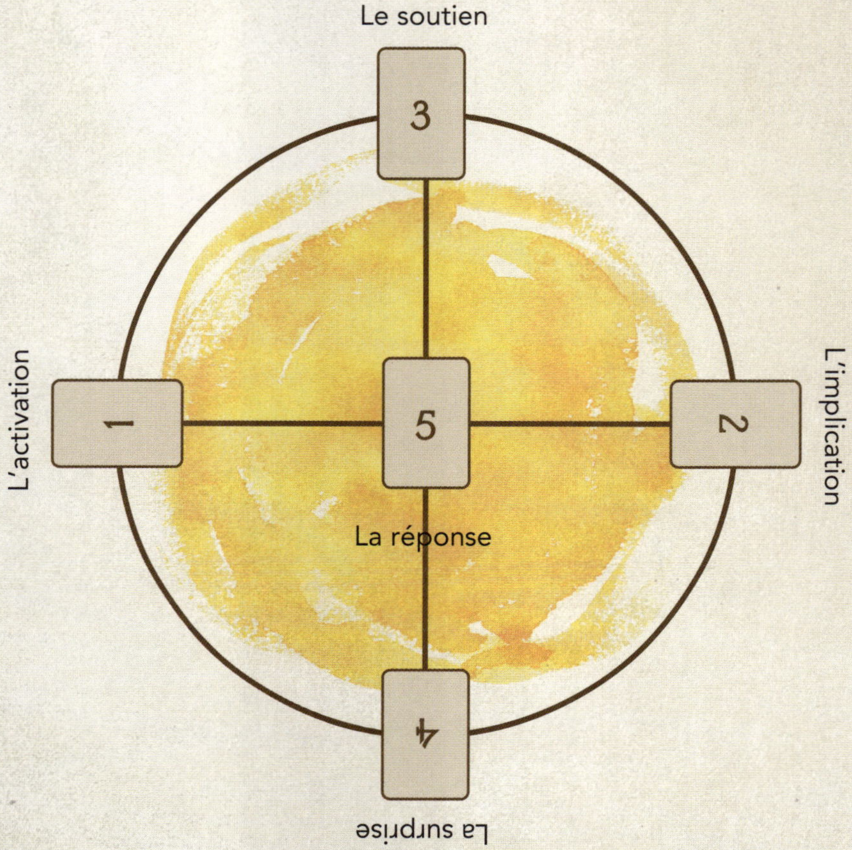

Ce tirage peut être fait à chaque fois que vous avez une demande qui vous tient à cœur. Il vous guidera pour activer les énergies nécessaires à la réalisation de votre souhait et pour conscientiser comment cette demande est perçue sur un plan supérieur.

1 - L'ACTIVATION

Qu'est-ce qui peut m'aider à activer ma demande ?

2 - L'IMPLICATION

Qu'ai-je à mettre en œuvre pour permettre à ma demande de se réaliser ?

3 - LE SOUTIEN

Quel soutien m'est envoyé et sous quelle forme se manifeste-t-il ?

4 - LA SURPRISE

À travers cette demande, que puis-je recevoir d'inattendu ?

5 - LA RÉPONSE

Quelle est la réponse de l'Univers face à cette demande et quel résultat puis-je espérer ?

LE CERCLE TOLTÈQUE

Tirage pour se libérer de la peur

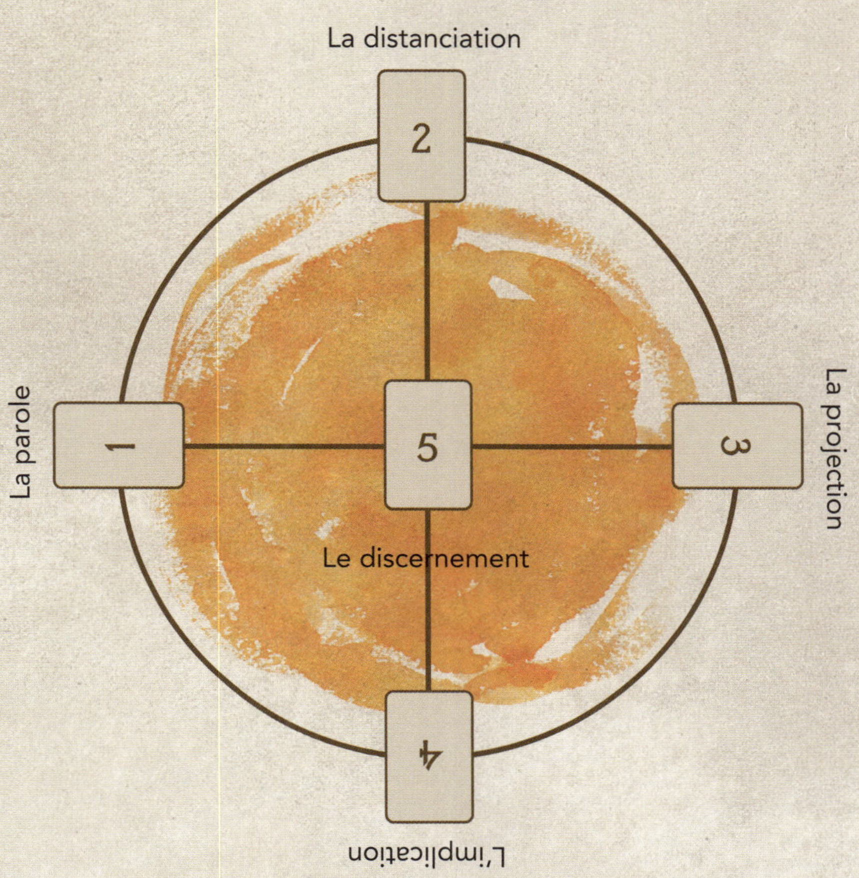

Ce tirage s'inspire des principes de vie issus de la transmission chamanique des Quatre Accords toltèques de Don Miguel Ruiz. Il a pour but de vous accompagner dans votre désir de transformation, de libération et de guérison. Il peut être utilisé à chaque fois que vous ressentez le besoin d'avancer sur votre chemin de sagesse, en apaisant toutes les parties de vous-mêmes, sans jugement et dans l'amour. Il pourra vous aider à identifier les souffrances qui sont présentes, à dépasser des blocages ou schémas limitants et à apprivoiser les peurs du moment.

Le Cercle toltèque est un tirage d'évolution et d'élévation qui vous guidera vers la voie de l'épanouissement, en vous autorisant à vivre libre et heureux, en toute simplicité.

1 - LA PAROLE ou le premier Accord toltèque

« Que votre parole soit impeccable. »

Apprendre à ramener de la justesse, de l'intégrité et du non-jugement dans chaque mot. Parler avec bienveillance. Prendre conscience que le verbe s'incarne, que la parole peut se révéler autant créatrice que destructrice.

Qu'est-ce que ma parole crée actuellement dans ma vie (ou dans la situation que vous interrogez) ?

2 - LA DISTANCIATION ou le deuxième Accord toltèque

« Quoi qu'il arrive, n'en faites pas une affaire personnelle.»

Apprendre à ne pas se laisser atteindre par les actes et paroles d'autrui, prendre du recul, conscientiser que chacun est responsable de lui-même et qu'il nous appartient de nous protéger contre les croyances de l'ego qui s'approprie les intentions des autres en les prenant pour soi. Ériger les bonnes barrières, poser des limites claires et saines entre soi et les autres. Savoir que tout ce que nous percevons et recevons, ne nous est pas forcément destiné.

Que dois-je relativiser parce que ça ne m'appartient pas ?

3 - LA PROJECTION ou le troisième Accord toltèque

« Ne faites pas de suppositions. »

Mesurer les dangers des interprétations hâtives, des ressentis personnels, des déductions émotionnelles qui nous amènent à penser à la place de l'autre. Apprendre à conserver une neutralité d'esprit et de cœur, ne pas chercher « une vérité ». Permettre à l'autre d'être qui il est sans fabriquer une réalité à partir de nos propres avis et perceptions. Se méfier des croyances, bannir les conclusions basées sur des opinions.

Dans cette situation (ou dans ma vie en ce moment), quel jugement induit ma pensée et me conditionne ?

4 - L'IMPLICATION ou le quatrième Accord toltèque

« Faites toujours de votre mieux. »

Prendre conscience que faire de son mieux est un défi de soi à soi, où il faut à la fois se libérer de l'attente d'autrui mais également du jugement que l'on pose sur soi-même. Ce dont nous sommes capable évolue avec le temps et les apprentissages de la vie, c'est pourquoi il faut sans cesse réévaluer nos objectifs, sans pression mais avec ambition.

Que dois-je améliorer dans ma vie maintenant car j'en suis capable ?

5 - LE DISCERNEMENT ou le cinquième Accord toltèque

« Soyez sceptique mais apprenez à écouter.»

Cet accord, rédigé après les quatre autres et relaté dans un livre du même nom, invite à ne pas croire sans remettre en question, à chercher à comprendre au-delà des évidences, à être dans une quête de vérité tout en conscientisant qu'elle est, au fond, illusoire, car il n'existe pas de réalité unique. Développer toutes les qualités nécessaires à une écoute subtile : l'intuition, l'empathie, l'attention aux messages de l'univers.

Quel message se trouve au cœur de moi-même et qui chercherait à me révéler une information importante concernant la compréhension de ma vie (ou de la situation interrogée) ?

LES CARTES :
MESSAGES,
UTILISATION
ET INTERPRÉTATION

La Fleur de Vie

CRÉATIVITÉ

La création du monde n'a pas eu lieu au début, elle a lieu tous les jours.

Marcel Proust

Histoire, signification et symbolique

La Fleur de Vie est un symbole très ancien (certaines sources citent des Fleurs de Vie de plus de six mille ans) et très puissant qui synthétise plusieurs concepts, éléments et modèles prédominants pour l'homme. Cela commence par la cellule, puisque la construction géométrique de la Fleur de Vie part de son centre pour se déployer telle une division cellulaire à partir d'un point originel. Ce cercle central symbolise la source de vie. De plus, la Fleur de Vie se compose de plusieurs figures qui, chacune, représente une étape dans le développement de la vie. Ainsi on distingue la Graine de Vie, qui représente la fertilité ; l'Œuf de Vie, qui représente le processus de création ; la Fleur de Vie, qui incarne l'harmonie, l'abondance et la créativité ; le Fruit de Vie, symbole d'énergie et de maturité ; la Fleur de Vie libre, qui est la métaphore de l'évolution et de l'expansion spirituelle ; et l'Arbre de Vie, qui symbolise l'enracinement et la vitalité. On observe que le motif de la Graine de Vie est semblable à un embryon de trois jours. La Fleur de Vie à proprement parler est, quant à elle, entourée d'un cercle qui peut être comparé à la membrane qui protège la cellule.

La Fleur de Vie incarne donc la création, l'énergie vitale, la croissance, l'expansion et toutes les formes de vie présentes dans l'univers.

Le symbole de la Fleur de Vie se retrouve dans toutes les civilisations et religions majeures, ainsi qu'à toutes les époques de par le monde, en Europe, Afrique, Inde, Amérique latine… Sa trace la plus lointaine conservée et attestée est exposée au musée du Louvre, et remonte au VIe siècle av. J.-C. C'est un seuil de porte d'un temple assyrien. On la trouve également en Égypte dans le temple d'Osiris à Abydos, en Israël dans les anciennes synagogues de Galilée et sur le site de Massada, en Chine, sous la patte du lion à l'entrée de la Cité interdite…

Léonard de Vinci l'a étudiée avec beaucoup d'intérêt et cette figure géométrique est souvent représentée dans son œuvre.

La Fleur de Vie incarne, dans certaines croyances *New Age*, un portail entre le monde cosmique et le monde terrestre, un pont entre le microcosme et le macrocosme. Elle aurait le pouvoir, pour qui sait l'utiliser, de régénérer, réharmoniser et potentialiser les énergies, car elle aurait un lien avec notre ADN. Son action serait tout autant purificatrice que dynamisante, voire protectrice, puisqu'elle permettrait d'augmenter le taux vibratoire de celui qui porte ce symbole ou travaille avec lui en méditation. Elle agirait comme un vortex ascensionnel capable d'entrer en contact avec nos différents plans, du plus matériel au plus spirituel, permettant aux énergies de circuler aussi bien au niveau physique, émotionnel, intellectuel qu'atomique.

Les Fleurs de Vie peuvent être représentées de différentes couleurs en fonction de la symbolique recherchée, et notre choix s'est porté sur l'une des illustrations les plus répandues, l'arc-en-ciel, qui rassemble la vibration des 7 couleurs. La Fleur de Vie arc-en-ciel travaille spécifiquement sur des influences positives telles que l'épanouissement, la créativité, l'infini des possibles, la relation à soi et à l'autre et le sentiment de plénitude. Les articles et documentations disponibles concernant la Fleur de Vie sont très nombreux, mais je me permets de vous recommander particulièrement l'article intitulé « La Fleur de Vie : origines, signification et propriétés » sur le site *Vibratis*. Il est très complet et absolument passionnant. J'aimerais terminer cette introduction à la Fleur de Vie avec ce très simple mais tellement joli proverbe vietnamien : « L'homme est la fleur de la Terre. »

La Fleur de Vie représente la source de nos origines,
le cycle de la Création, les infinies possibilités et potentialités
de notre créativité, l'esthétisme, l'absolu, la dimension universelle,
le développement, l'énergie vitale, l'expansion, la réunification,
la guérison et la perfection.

Cette carte n'a pas d'envers. Dans cet oracle, elle représente ce que l'on appelle la « carte du ciel », c'est-à-dire la protection absolue. En tant que cercles dans le cercle, elle synthétise les messages des autres cartes et vous replace au centre de votre vie. À une question donnée, elle apporte toujours une connotation lumineuse et positive. Dans un tirage, elle atténue les aspects négatifs des autres cartes et signifie qu'au bout du compte tout est protégé et parfait face au plan de l'Univers.

La Fleur de Vie est un symbole très particulier.

Si vous l'avez tirée, c'est que vous êtes dans une phase de guérison profonde, de réinitialisation de vos cellules, d'élévation. Votre plan personnel est en train de s'accorder avec le plan universel. Vous quittez la 3D pour entrer pleinement dans la 5D. Être traversé par des énergies aussi puissantes, bien que bénéfiques, peut se révéler perturbant pour le corps physique. Durant les phases d'ascension, il est normal de perdre certains repères, d'avoir des goûts et des envies qui se modifient, parfois d'éprouver un besoin de s'isoler, de jeûner, de se centrer sur soi-même.

Vous pouvez également ressentir une faiblesse passagère. Ne vous inquiétez pas, elle n'est que la manifestation de cette évolution. Vous êtes en train de changer de plan… Et quand nous changeons jusque dans la matière, il nous faut un peu de temps pour nous « reparamétrer ». N'essayez pas de « comprendre » les phénomènes avec votre mental. Accueillez-les simplement en remerciant pour ce cadeau. Car ce qui est certain, c'est que l'expérience de la Fleur de Vie est transcendante. Elle vous délivre des messages d'Amour, de Paix, de Sagesse et d'Harmonie. Comme le dit cette très belle citation de Jean Genet, « On ne peut supposer une création n'ayant l'amour à l'origine ». La Fleur de Vie connecte au cœur et vous relie à la dimension universelle. Elle ajuste vos différents corps et vous réunifie dans vos différentes temporalités. Elle englobe le passé, le présent et le futur et agit sur des plans interdimensionnels. Elle résonne sur les cordes de votre destinée comme un souffle d'espoir : « Tout est parfait dans le meilleur des mondes, celui que vous vous apprêtez à créer. »

La Fleur de Vie est venue jusqu'à vous pour vous porter l'invitation de l'Univers à travailler avec sa puissante énergie de guérison. Vous pouvez entrer en contact avec cette dernière en la regardant et en méditant. Elle possède une onde de forme dont le taux vibratoire est à la fois très élevé et très apaisant.

Utiliser la Fleur de Vie, figure de géométrie sacrée, vous aidera à vous recentrer pour optimiser vos énergies autant qu'à les déployer. Elle augmentera votre source d'énergie vitale et créatrice et vous permettra de la mettre à contribution dans tous les domaines de votre vie.

Ainsi, la visualiser mentalement permet aussi d'activer et de développer votre pensée créatrice. Elle vous accompagnera dans l'ouverture de votre champ de conscience. Elle vous replacera en tant qu'unité appartenant à un tout. Elle révèle votre individualité au sein de l'ensemble.

La Fleur de Vie nous accompagne dans nos aspirations les plus belles et les plus prometteuses. Elle active la possibilité de nous rapprocher de notre idéal de vie. Faites-lui confiance et suivez ce mouvement originel de vos cellules en pleine expansion !

Soyez prêt à vivre pleinement le miracle de la Vie !

Cosmos

INTELLIGENCE/CHAOS

Le cosmos est une pensée qui ne se pense pas, suspendue à une pensée qui se pense.

Nicolas de Malebranche

Histoire, signification et symbolique

Le mot cosmos provient du grec et signifie « bon ordre, ordre de l'univers ». Dans l'Antiquité, les philosophes grecs y voyaient un monde clos ordonné, par opposition à la notion de chaos.

L'idée du cosmos est née des premières observations astronomiques mésopotamiennes. Il commence à être conceptualisé au VIe siècle av. J.-C. par des savants comme Thalès, Pythagore ou Parménide, et le sujet sera développé par Aristote et Platon deux cents ans plus tard. Son origine serait néanmoins plus ancienne si l'on se réfère à *L'Iliade* d'Homère, où le bouclier d'Achille forgé par Héphaïstos est décrit comme une représentation du monde circulaire entouré de l'univers. Quoi qu'il en soit, la science de la Grèce antique tente d'offrir une explication rationnelle des observations des phénomènes célestes et terrestres. Les scientifiques de l'époque essaient d'approcher une vérité du monde qui les entoure et de son fonctionnement, et leur vision de la nature obéit à des lois physiques et des codes mathématiques. Pour les pythagoriciens par exemple, les nombres préexistaient à l'univers et le cosmos dépendait de « l'harmonie des sphères », c'est-à-dire des sept planètes connues à ce moment-là, Soleil et Lune compris — le chiffre 7 étant pour eux un chiffre majeur de l'expression de la totalité de l'univers (7 jours de la semaine, 7 notes de la gamme, 7 métaux, 7 couleurs de l'arc-en-ciel, etc.).

Ainsi, selon la définition grecque, le cosmos était un ensemble d'éléments régis par des lois basées sur la géométrie, la physique et la musique, le tout s'accordant à un ordre établi et à une harmonie.

La pensée et la réflexion s'articulent à cette époque-là autour de plusieurs principes dominants comme l'esthétique, la concordance, l'harmonie. L'étude de l'univers n'y fait pas exception, comme en atteste une citation d'Héraclite d'Éphèse, philosophe grec du VIe siècle av. J.-C. : « Parmi les choses répandues au hasard, le plus beau : le cosmos. L'harmonie invisible plus belle que la visible. Nature aime se cacher. »

D'un point de vue religieux, le cosmos a été envisagé de différentes manières. La description qu'en fait le théologien franciscain Bonaventure au XIIIe siècle a retenu mon attention. Pour lui, nous nous relions au cosmos par notre imaginaire. Conscient que la réalité est multidimensionnelle et que la perception humaine de cette réalité l'est aussi, il s'efforça de démontrer que le cosmos était en réalité une relation de l'homme avec le divin, une métaphore d'une conscience supérieure que nous arrivons à imaginer sous l'appellation « cosmos ». Pour lui, le cosmos est la parole divine qui s'est matérialisée ; il le perçoit comme un cercle intelligible et le compare à « une fenêtre ouverte sur le divin ». Il était persuadé que si l'on arrivait un jour à décrypter « le livre du cosmos », on percerait le mystère de la beauté, de la sagesse, de l'amour et de la puissance de Dieu. Si l'approche religieuse du cosmos vous interpelle et que vous souhaitez en savoir plus sur la vision de Bonaventure, je vous conseille l'article « Le Cosmos, symbole du Divin » de Zachary Hayes.

Aujourd'hui, le terme Cosmos désigne l'univers ou une partie de l'univers, toujours considéré comme un ensemble ordonné, parfois décrit comme des systèmes à l'intérieur de systèmes. Malgré les avancées de la science, le cosmos continue de fasciner les mystiques comme les scientifiques de par sa nature impénétrable, son immensité dans l'espace et le temps, sa dynamique à la fois imprévisible et ordonnée… Il apparaît de plus en plus évident que dans son développement et son évolution, l'homme partage des dimensions (minérales, végétales, animales) relatives au cosmos de même que la double nature matière/esprit. Comme si le lien homme/microcosme – univers/macrocosme était une évidence absolue.

« Tout individu collabore à l'ensemble du cosmos », avait dit Friedrich Nietzsche…

Pour terminer, je souhaite partager avec vous la définition qu'André Barbault, astrologue contemporain, fait du cosmos dans *De la psychanalyse à l'astrologie*, en 1961 : « *Le cosmos astrologique […] fait de l'homme un petit monde microcosme semblable au grand monde macrocosme. Le cosmos est un être immense dont toutes les parties sont connexes, sont soumises aux mêmes lois et fonctionnent de façon semblable.* »

La carte Cosmos représente l'esprit, l'intelligence,
la source d'énergie ordonnée, la pensée, les messages énergétiques,
la force cosmique, l'infini de l'Univers, l'immensité,
la diversité et la conscience.
Mais aussi l'instabilité, la confusion, le mélange,
le dérèglement et le chaos.
Elle est associée à l'élément Air.

Si vous avez tiré la carte à l'endroit

La carte Cosmos indique que votre esprit est bouillonnant d'activité. Votre mental est en pleine expansion et il a besoin de créer. Soutenues par Cosmos, vos facultés intellectuelles sont décuplées. Ainsi, face aux situations les plus complexes, vous faites preuve de discernement et d'une grande sagacité. Vous sentez que vous avez besoin de donner un sens profond à votre vie, peut-être de lui apporter une nouvelle dimension. Vous abordez les choses qui vous entourent avec une compréhension accrue et une conscience différente. Faites confiance aux perceptions de votre mental et soyez à l'écoute des messages qu'il vous envoie. Votre raisonnement vous guide de manière logique et rationnelle vers votre plan personnel, en accord avec le plan de l'Univers.

Si vous avez tiré la carte Cosmos, c'est que la période est favorable à la réflexion, à l'élaboration et aux apprentissages. Votre besoin de nourriture intellectuelle s'accroît. Il faut vous donner les moyens d'y répondre. Que ce soit par des lectures, des formations ou des échanges stimulants, vous serez avide de recevoir des enseignements et comblé d'emmagasiner de nouvelles connaissances. Votre Être est en attente d'absorber de nouvelles données.

Cette carte annonce un déploiement de vos aptitudes psychiques et psychologiques. Votre intellect est à la fois riche et clair, capable de s'adapter aux propositions de la vie de manière perspicace et ordonnée.

Avec Cosmos, vous allez vers plus de souplesse et d'ouverture d'esprit tout en structurant votre matière, votre réalité concrète. L'organisation et la communication sont actuellement facilitées.

Vous êtes dans une phase d'éveil sensé.

Si vous avez tiré la carte à l'envers

À l'envers, Cosmos vous met en garde contre une suractivité intellectuelle. Votre cerveau est un « organe ». Il n'est pas infatigable et vous l'avez trop sollicité ces derniers temps. À présent, il est possible que vous vous sentiez confus intellectuellement et instable psychologiquement. À force de trop réfléchir dans le vide, vous vous épuisez. Cosmos vous conseille de lâcher votre mental pour l'instant. Votre réflexion est chaotique et désordonnée, vos idées sont diffuses, si bien que vous ne savez plus ni quoi penser ni où donner de la tête. Attention au risque de *burn-out*! Votre mental est puissant, mais mal employé, il est totalement énergivore et improductif. Votre esprit est nébuleux? Tout se mélange dans votre tête? Vous vous faites des nœuds au cerveau pour un oui ou pour un non? Vous vous sentez embrouillé? Votre jugement est altéré? Vous avez des absences? Des pertes de mémoire à court terme? Vous ressentez des ondes dans votre crâne comme des interférences?

Toutes ces manifestations sont le résultat d'un surmenage mental. Votre esprit ne peut plus suivre le rythme que vous lui imposez. Soumis à trop de pression, il est prêt à imploser. Comme un ordinateur qui surchauffe, il a besoin d'être « débranché » le temps que vous retrouviez « la tête froide ». Prenez conscience du fait que vous êtes exténué et que vous avez simplement besoin de repos pour pouvoir reprendre vos esprits. Laissez le temps nécessaire à votre « machine » pour se réinitialiser en vue d'un fonctionnement normal.

Pendant cette pause indispensable, nul doute que des mises à jour se feront à votre insu et que vous retrouverez bientôt votre présence d'esprit et toutes vos facultés.

Gaïa

FÉCONDITÉ/EXTINCTION

La Terre seule demeure immortelle,
la mère d'où nous sortons et où nous retournons.

Émile Zola

Histoire, signification et symbolique

Gaïa est l'une des représentations antiques de la Terre-Mère. Issue de la mythologie grecque, elle est la déesse primordiale qui est à l'origine du panthéon grec et des divinités olympiennes. C'est la plus importante déesse chtonienne ou « tellurique », c'est-à-dire liée au monde terrestre et souterrain en opposition aux déités célestes. La *Théogonie* d'Hésiode, livre écrit au VIIIe siècle av. J.-C. décrivant la cosmogonie grecque, raconte comment Gaïa est apparue juste après Chaos, sous les traits d'une femme gigantesque à large poitrine, suivie par Éros, le dieu de l'Amour. Il est dit que Gaïa mit au monde, sans l'aide d'aucune énergie masculine, Ouranos, le ciel étoilé, qu'elle créa aussi grand qu'elle afin qu'il puisse l'envelopper. Elle enfanta ensuite, toujours par elle-même, Pontos, le flot marin appelé aussi mer stérile, ainsi qu'Ouréa, les hautes montagnes et les nymphes qui les peuplent. Puis, c'est par Ouranos, son propre fils, qu'elle donna naissance à Océan, Coéos, Crios, Hypérion, Japet, Théia, Rhéa, Thémis, Mnémosyne, Phœbé, Téthys et au célèbre Kronos. C'est également par cette union avec Ouranos qu'advint la descendance des Titans, Titanides et Cyclopes.

Elle est donc l'ancêtre maternelle des dieux mais aussi des monstres.

Le mythe de Gaïa tirerait lui-même ses origines d'un mythe sumérien encore bien plus ancien, celui de Tiamat et Absû dont Gaïa et Ouranos seraient les pendants. L'histoire de Tiamat, déesse primordiale, racontée dans l'*Enuma Elish*, récit babylonien de la Création, ressemble en tous points à celle de la Gaïa grecque. De nombreuses similitudes sont également observées entre Absû, maître des mondes souterrains, et Ouranos qui règne sur le Tartare. L'héritage universel d'une déesse-mère proviendrait donc du mythe de Tiamat et non de celui de Gaïa, pourtant aujourd'hui plus largement répandu et populaire.

Les mythes très anciens de ces déesses qui auraient engendré la race des dieux et seraient à l'origine de toutes choses rappellent qu'au commencement la vision de la Création était féminine. C'est sans doute pour cela que depuis l'époque paléolithique le culte de la mère universelle est prédominant. La Vénus de Willendorf, découverte en 1908 et datée approximativement de 24 000 ans av. J.-C., en est un témoin exceptionnel.

Gaïa symbolise la fécondité, la fertilité, la puissance féminine, la force de la nature et la matrice originelle et autosuffisante. Les courants néochamaniques ont contribué à raviver le mythe de Gaïa, et de nombreuses personnes lui vouent de nos jours un culte actif. Les problématiques environnementales actuelles sensibilisent de plus en plus de gens à la prise en compte des besoins essentiels de notre planète. Ce que l'on appelle d'un côté « l'écoresponsabilité » se nomme « sagesse de Dame Nature » de l'autre, mais dans tous les cas, il s'agit bien de se reconnecter à l'urgence vitale de sauver la Terre et, par là même, l'humanité. Que ce soit d'un point de vue scientifique avec la prise de conscience écologique et les mises en œuvre pour préserver les espèces, ou d'un point de vue spirituel avec la transmission d'un savoir ancestral et les rituels pour honorer la Terre-Mère, l'homme moderne commence à évoluer vers un comportement plus éthique et respectueux à l'égard du monde.

Gaïa est ainsi peu à peu restaurée dans son statut de Mère vénérable, aimante, puissante et sensible, sans qui aucune vie n'est possible. En ce sens, plusieurs théories, dont certaines sont scientifiques, défendent aujourd'hui l'idée que la Terre serait une conscience vivante. Il semblerait que l'homme du XXIe siècle retrouve peu à peu une vision millénaire. « La terre est notre mère : elle enfante nos cœurs, et le ciel y joint l'âme. » (Pacuvius, IIe siècle av. J.-C.)

La carte Gaïa représente la fécondité, la plénitude, la matrice, l'origine de la Vie, la genèse, la Déesse mère, l'incarnation, la patience, les racines, l'ancrage, la biologie, l'écologie, la vie sauvage, la sauvegarde, la puissance de la Terre et la survie.

Mais aussi la stérilité, l'aridité, la sécheresse, le dérèglement, la disparition, la mort et l'extinction.

Elle est associée à l'élément Terre.

Si vous avez tiré la carte à l'endroit

Gaïa vous invite à vous rapprocher de la nature et à la reconnaître comme étant votre Mère originelle. Vous êtes un enfant de la Terre. Vous vivez avec elle, sur elle, à travers elle et grâce à elle. Vous ne pouvez donc pas couper ce lien essentiel avec la nature, sous peine de voir votre énergie vitale décliner. Parfois, sans nous en rendre compte, nous passons à côté de l'évidence de nos besoins fondamentaux. Bien dormir, bien nous nourrir, prendre soin de notre corps, respecter notre rythme biologique humain. Nous sommes cette espèce humaine. Une espèce parmi tant d'autres, vivant en cette même habitation qu'offre la Terre. Ressentez cette appartenance. Reconnaissez en vous cette identité de Terrien. Osez vous demander à vous-même : « Pourquoi me suis-je incarné en être humain ? Qu'est-ce que cela signifie profondément pour moi ? Suis-je en accord avec cette identité ? Avec le comportement des autres humains ? Suis-je suffisamment connecté aux autres espèces ? Aux différents règnes, minéral, végétal et animal ? Que puis-je faire pour les comprendre ? Pour communiquer avec eux ? Ont-ils quelque chose à me dire, à m'apprendre ? »

Si vous avez tiré Gaïa, c'est qu'un besoin de reconnexion à la Terre-Mère se fait sentir. La base de cette reconnexion est l'ancrage. Prenez le temps de respirer l'air du dehors à pleins poumons, de marcher dans la forêt, d'enlacer un arbre, de plonger vos mains dans le sable, de marcher pieds nus, de regarder un coucher de soleil et la nuit étoilée, de boire à une source. Sentez votre énergie circuler dans vos veines comme une sève qui monte.

Gaïa vous invite à devenir un être conscient de la valeur de toutes les créatures qu'elle abrite en son ventre, qu'elle nourrit en son sein. Elle est la matrice. Nous sommes sa création. Et elle nous offre le monde, afin que nous en prenions grand soin. Afin que nous vivions en harmonie dans cet ensemble en respectant toutes les formes de vie. Afin que nous préservions ce qu'elle a de plus beau, de plus fragile.

Plus vous serez en accord avec la Terre, plus votre Être trouvera la plénitude et le sens initial d'une vie féconde. Revenir à l'énergie de la Terre-Mère, c'est revenir à soi par le chemin de l'écoute du corps, des désirs primitifs et de la simplicité.

Soyez maintenant les deux pieds sur terre, ancré et heureux d'être là où vous êtes. Patience ! La Terre est puissante, mais elle prend son temps. Imaginez que vous plantez une graine à l'intérieur de vous. Qu'elle contient votre vœu pour Gaïa et pour vous-même. Laissez-la germer et donner naissance à un avenir fertile et luxuriant. Chaque fois que vous vous connectez à l'énergie puissante et bienfaitrice de Gaïa, vous vous permettez d'enfanter quelque chose de nouveau.

Alors, honorez Gaïa et dansez sous la pluie autour de l'Arbre de Vie !

Si vous avez tiré la carte à l'envers

À l'envers, Gaïa vous lance un appel au secours. Il y a urgence. Notre Terre-Mère se meurt. Notre planète dépérit année après année, subissant les mauvais traitements que l'humanité lui inflige. Dans l'inconscience totale. Dans l'indifférence de ses propres enfants. La Pachamama[1] pleure. Parfois, elle se révolte. La Terre tremble. La Terre gronde. La Terre s'inonde, se dessèche, se craquelle. La Terre nous appelle, nous supplie.

Si vous avez tiré Gaïa à l'envers c'est que vous ne pouvez plus faire la sourde oreille. Vous devez à présent réagir et devenir un exemple.

Il est temps pour vous d'observer votre manière de vivre. De corriger certaines attitudes qui vont à l'encontre de la préservation de la planète.

1. Pachamama : nom de la déesse-Terre chez les Incas.

Il n'y a pas d'actes inutiles. Tout ce que vous entreprendrez dans une volonté d'améliorer votre qualité de vie en accord avec les lois de Gaïa sera bénéfique pour vous et pour autrui. Nous sommes tous des guerriers de la Terre-Mère avec le devoir de la protéger. Chacun doit faire sa part sans attendre que d'autres suivent. Ils suivront, quand leur moment sera venu. Pour l'instant, il s'agit de votre implication individuelle. Guérir la Terre commence par se guérir soi-même. Rien ne sert de vouloir changer le monde sans commencer par soi. Votre premier engagement envers Gaïa, c'est d'assumer la pleine responsabilité de vos actions. En toute intégrité. Et de rectifier ce qui ne va pas.

Demain n'existe pas. Demain sera trop tard. C'est maintenant qui compte. Réveillez-vous et regardez le massacre ! L'humanité, en détruisant la Terre, s'autodétruit. Nous ne sommes qu'une infime partie de la Création, une particule de rien du tout. Notre vie ne vaut pas plus ni moins que celle d'une fleur, d'un écureuil, d'un corail, d'un galet ou d'un arbre. Gaïa vous rappelle que « vous êtes poussière et vous retournerez à la poussière ». Comme tout ce qui vit ici-bas. Conscientisez que nous sommes bien peu de chose, et qu'il ne devrait pas y avoir de suprématie d'un règne sur un autre. C'est la diversité qui fait à la fois la richesse et la force de la Terre. Sa beauté. Sa raison d'être. De plus en plus d'espèces végétales et animales sont en voie de disparition. Le climat est totalement déréglé. L'équilibre de notre Terre-Mère est rompu, et nous glissons vers l'extinction de notre propre espèce.

Vous avez tiré cette carte parce que c'est à vous d'agir maintenant. Devenez écoresponsable. Consommez sans gaspillage. Trouvez votre éthique de vie. Engagez-vous pour la planète ! Pour la conservation des espèces sauvages, pour la protection de la nature, pour un commerce équitable, pour un futur meilleur, pour sauver Gaïa ! L'alerte est donnée. Vous n'ignorez pas ce qui se passe et vous êtes entièrement responsable de ce qui va arriver. Du bon comme du mauvais.

Mais, soyez-en sûr, au bout du compte, la nature reprendra ses droits. Gaïa nous survivra. Et donnera naissance à une nouvelle forme de Vie. Car Gaïa peut, à tout moment, réécrire sa genèse. Sans nous.

Ne restez pas à attendre la fin sans rien faire. Devenez un résistant du nouveau monde !

Le Soleil

RAYONNEMENT/AVEUGLEMENT

Quand le soleil s'éclipse, on en voit la grandeur.

Sénèque

Histoire, signification et symbolique

Source de vie pour les humains, le Soleil est naturellement présent dans toutes les mythologies et cosmogonies du monde. Symbole universel par excellence, il est très souvent assimilé à un dieu ou une force cosmique toute-puissante, adulé, craint et célébré. Exceptées quelques rares exceptions (telles que Kami Amaterasu, la célèbre déesse japonaise, Sol, divinité nordique féminine, ou encore la déesse « Mère Soleil » de certaines peuplades d'Asie centrale), sa représentation est majoritairement masculine, ce qui en fait l'un des emblèmes de la puissance de l'énergie yang et du Créateur. Parmi ses déités les plus connues, on retrouve Hélios en Grèce, Apollon à Rome, Rê et Amon-Rê en Égypte, Mithra en Perse, Huitzilopochtli chez les Aztèques, Kinich Ahau chez les Mayas, Inti chez les Incas… Dans la Rome antique, sous l'empereur Aurélien, Sol Invictus, signifiant « soleil invaincu », est une divinité importante célébrée le 25 décembre, date du solstice d'hiver à cette époque. Cette fête était nommée « jour de naissance du Soleil ». Constantin Ier, quant à lui, déclara le dimanche « jour du Soleil », jour de repos pour honorer Sol Invictus.

Le Soleil est bien sûr associé au feu et à la lumière, mais également à l'or en alchimie, à la gloire et à la vérité qu'il dévoile sous ses rayons. Cette vérité est une invitation à regarder les choses avec plus de clarté, à voir la réalité telle qu'elle est, sans filtre. Ainsi, le Soleil « donne le jour », la vie, et « met au jour », révèle. De ce fait, il est associé à une figure de la justice divine omnipotente. Sans doute pour toutes ces raisons, il devint l'emblème de la monarchie absolue sous Louis XIV : le Roi-Soleil, affichant son pouvoir, son opulence et sa suprématie aux yeux de tous, et tous les sujets de la cour gravitant autour de lui.

Cet astre majeur est vénéré depuis l'aube des temps et on recense, comme tout premiers lieux de culte du dieu Soleil, Stonehenge en Grande-Bretagne et Gavrinis dans le Morbihan. Néanmoins, la plupart des civilisations majeures — grecque, romaine, maya, aztèque, perse, égyptienne, japonaise, chinoise… — possédaient elles aussi leurs temples solaires.

Par ailleurs, depuis toujours, les astres ont permis aux hommes de se repérer dans le temps. Afin de comprendre la course du soleil à travers le ciel et d'affiner la mesure du temps, des observatoires ont été érigés dès l'Antiquité. L'obélisque de Louxor en Égypte, la pyramide de Kukulcán au Mexique et la cité de Jaipur en Inde en sont trois exemples remarquables. Le Soleil rythme les jours avec le cycle de la lumière, mais également l'année entière avec les équinoxes et les solstices. Il est donc aussi un symbole temporel de mort-renaissance. Il disparaît chaque soir, plongeant les hommes dans le froid et les ténèbres, pour renaître au petit matin et ramener la chaleur et la vie. On retrouve cette symbolique de résurrection dans beaucoup de cultures, notamment en Égypte avec le dieu Rê.

Le Soleil véhicule aussi une connotation guerrière, comme c'est le cas avec le dieu aztèque Huitzilopochtli, qui est le dieu du Soleil et de la Guerre, et de Taranis, dieu celte guerrier dont l'attribut de la roue était vraisemblablement une métaphore du Soleil. De plus, parmi les pratiques rituelles les plus importantes des tribus amérindiennes d'Amérique du Nord, on trouve les *sundances*. Ces danses cérémoniales sont, encore aujourd'hui, effectuées, pendant plusieurs jours, par des hommes considérés dignes d'incarner l'esprit des guerriers d'autrefois. À la fois spectaculaires et sanglantes, car comprenant des sacrifices et des souffrances physiques volontaires, elles sont accompagnées de chants, de tambours et de prières. Seuls des guerriers valeureux sont choisis pour danser en regardant le Soleil. Les danses du Soleil sont des rites qui célèbrent la mort-renaissance, le début et la fin des cycles et une forme de rédemption.

Pour poursuivre sur la magnificence de sa symbolique, on peut observer que, dans le zodiaque, c'est le signe du Lion qui lui est associé, et qu'il incarne la conscience de soi, le rayonnement de l'ego, le charisme, le pouvoir, le rugissement, la passion et l'ambition. De même, dans le Tarot, l'arcane XIX, qui représente le Soleil, augure entre autres réussite, succès, mise en avant, énergie positive, réalisation de soi et des projets, accomplissements d'envergure et joie.

Enfin, en psychanalyse, le Soleil incarne l'autorité du père, l'éducation et la représentation idéale du Moi.

Pour des informations assez complètes à la fois sur l'astre lui-même, mais aussi sur sa symbolique et sa relation avec l'humanité, je vous conseille le dossier « Soleil, mythes et réalités » qui présente une exposition de 2004/2005 à La Cité des Sciences et de l'Industrie.

La carte du Soleil représente l'illumination, la passion, le rayonnement, l'exposition, l'autorité, la vitalité, la confiance en soi, l'audace, l'énergie yang, le principe actif et émetteur, la source de Vie, les cercles d'hommes, le Créateur et le pouvoir de l'enchanteur.

Mais aussi l'aveuglement, l'abus de pouvoir, la domination, la supériorité, la prétention, la suffisance, l'arrogance, l'insolence et l'intransigeance.

Elle est associée à l'élément Feu.

Si vous avez tiré la carte à l'endroit

Le Soleil est une carte dominante. Son énergie est puissante et irradie autour d'elle, si bien que, tirée avec une autre carte, elle lui donnera toujours une connotation positive. Le Soleil vous demande d'activer votre énergie de création et de révéler votre autorité naturelle. S'il se présente à vous aujourd'hui, c'est qu'il est temps de mettre en avant votre personnalité et de passer à l'action. Dans quelque domaine que ce soit, il faut vous imposer. Comme lui, vous devez dégager quelque chose de puissant qui suscite de l'admiration, du respect et de la crainte. Car, même si le Soleil nous attire, il est impossible de le regarder en face. Symboliquement, cela signifie que vous avez beaucoup d'ascendance sur les autres, mais que vous êtes peut-être intimidant sans vous en rendre compte. Votre aura impressionne autant qu'elle fascine.

Tirer la carte du Soleil implique d'avoir beaucoup de leadership, des dons pour diriger et commander. C'est une vibration très masculine, qui vous incite à travailler avec votre énergie yang. Plus vous utiliserez votre rayonnement personnel, plus vous sentirez votre vitalité augmenter. Et plus vous aurez de vitalité, plus vous pourrez accomplir de grandes choses ! Connectez-vous à cette source d'énergie pure qui est en vous, comme une boule de feu et de vie capable de tout créer.

Car le Soleil vous demande d'être acteur de votre existence et créateur de votre réalité ! Ayez l'audace de vivre vos passions et de vous exposer au grand jour. Allez en pleine lumière sans peur de faire de l'ombre autour de vous. Au contraire, vous êtes un être lumineux, et votre présence éclaire les autres. Adoptez la posture du chef, ayez l'énergie du meneur qui illumine la voie pour que d'autres marchent dans ses pas.

Soyez dans votre plein pouvoir, soyez guerrier, volontaire et confiant. Trouvez en vous le bon orgueil, et la satisfaction de réaliser de belles et grandes œuvres qui enchanteront le monde.

Vous devez à présent rayonner de joie et d'amour-propre !

Si vous avez tiré la carte à l'envers

À l'envers, le Soleil vous met en garde contre les diktats de l'ego qui voudrait en mettre plein la vue. Ne laissez pas votre ego décider à votre place. Surveillez votre conduite, vos excès de vanité, prenez garde à ne pas écraser les autres. Il y a une différence entre faire preuve d'autorité et verser dans l'autoritarisme. Dans le second cas, vous basculez dans l'abus de pouvoir. Comme un soleil brûlant qui agresse la peau et brûle les yeux, cette carte à l'envers vous avertit des dangers de vouloir tout diriger, tout imposer avec intransigeance, comme si vous seul aviez raison. Être éclairé par le Soleil est une bonne chose, mais quand il devient trop fort, il éblouit. Ainsi aveuglé, vous pourriez ne pas vous rendre compte que vous passez pour arrogant et insolent. À l'instar des rayons du soleil en plein été à midi, vous pouvez être mordant. À son zénith, le soleil est dangereux, et il faut s'en protéger. Ne devenez pas cette personne qui, ayant atteint un point culminant dans sa carrière ou dans sa vie, domine les autres avec supériorité et une forme d'agressivité. Vous pourriez blesser sans vous en apercevoir. Et peu à peu votre entourage en prendrait ombrage et s'éloignerait de vous.

La proposition du Soleil à l'envers est la suivante : observez si, dans vos comportements, vous vous enflammez parfois de manière violente, si l'on vous juge quelquefois prétentieux ou trop sûr de vous. Soyez vigilant quant aux prises de position intempestives et à votre désir de prendre le pouvoir. Le vrai pouvoir réside dans une juste mesure entre dignité, responsabilité et affirmation de soi, sans suffisance ni autosatisfaction en toutes circonstances.

L'énergie du Soleil est magnifique, mais elle peut s'embraser et détruire si elle n'est pas sous contrôle. Lorsqu'il est trop incandescent, le soleil pointe ses dards comme des flèches, et ses rayons deviennent de redoutables armes. Restez conscient de la nécessité de surveiller votre feu intérieur afin qu'il ne consume pas vos bonnes intentions et ne les transforme pas en désirs égocentriques. Méfiez-vous, on ne voit pas bien si la lumière est trop forte ! Ne tombez pas dans l'aveuglement de vos certitudes !

Enfin, l'enseignement du Soleil est celui-ci : on rayonne pour être vu, mais également pour réfléchir la lumière. Votre propre rayonnement doit servir à rendre radieuses les personnes et les causes sur lesquelles vous vous attardez. Redevenez ce guerrier vaillant qui entretient la flamme dans son cœur.

La Lune

INTUITION/DÉSILLUSION

L'intuition est une vue du cœur
dans les ténèbres.

André Suarès

Histoire, signification et symbolique

La Lune, tout autant que le Soleil, tient une place prépondérante dans les mythologies du monde entier. Toutefois, si elle est souvent abordée en opposition à ce dernier, il convient de porter attention à leur complémentarité plutôt qu'à leur dualité. Si la Lune est considérée le plus souvent comme ayant une identité féminine, elle est parfois représentée par un dieu et non par une déesse. Observons que lorsque tel est le cas, le Soleil est alors pour sa part une divinité féminine… Ainsi, au Japon et dans les croyances nordiques, la Lune est un « dieu Lune », appelé respectivement Tsukuyomi et Mani. Dans la mythologie japonaise, Tsukuyomi est le petit frère de la très populaire Amaterasu. L'une des plus anciennes représentations du dieu Lune date de 3 000 ans av. J.-C. et se nomme Sîn chez les Sumériens ou Nanna chez les Akkadiens. Parmi les déesses Lunes, on rencontre Séléné, sœur d'Hélios chez les Grecs, Luna chez les Romains, Chandra chez les Indiens, Kathou chez les Égyptiens, Ayyur chez les Berbères, Metztli chez les Aztèques… Contrairement au Soleil qui revêt toujours la même apparence et, de ce fait, n'a qu'une dénomination, la Lune a reçu plusieurs noms selon ses aspects : la nouvelle lune ou lune noire, le croissant, la gibbeuse, et bien sûr la pleine lune. Cette nature plurielle se retrouve dans les mythologies grecque et romaine, où la Lune est incarnée par une triade de divinités afin de représenter ses différents visages et personnalités. Chez les Grecs, Séléné est la pleine lune, Artémis le croissant et Hécate la nouvelle lune. Chez les Romains, Luna est la pleine lune, Diane le croissant et Trivia la lune noire.

L'identité féminine communément répandue de la Lune est liée à son caractère mutable et à sa morphologie changeante, à l'image des cycles et du corps de la femme. Selon les cultures, pour désigner le moment des menstruations, il est coutume de parler des « jours de la lune » (Japon), d'« avoir ses lunes » ou du « temps des lunes » (Malaisie, Indonésie, Australie, Amérindiens du Canada). Dans certaines croyances, les phases de la Lune sont également associées aux phases de développement de la femme et à des archétypes féminins : la lune montante correspond à la jeune fille (la vierge), la pleine lune est la mère (la protectrice), la lune décroissante représente la sage (l'aïeule) et la nouvelle lune ou lune noire correspond à la sorcière (le pouvoir de l'enchanteresse). C'est pourquoi, parmi les grands symboles de la Lune, on retrouve la fécondité, la gestation, et la matière comme une entité qui « reçoit » et non qui crée par elle-même. La manifestation du feu de l'esprit du Soleil vient fertiliser la matière réceptrice et passive de la Lune. Ainsi « fécondée » par le Soleil, celle-ci peut à son tour émettre sa lumière, qui est un reflet, une illusion onirique. Là où le Soleil incarne l'expression d'un esprit brillantissime et passionné, la Lune symbolise l'intuition et le ressenti — quelque chose de plus subtil, d'évanescent, empreint de mystère. Alors que la parade du Soleil se lève chaque jour, la Lune choisit de n'être que partiellement présente dans notre ciel, discrète et intermittente — secrète. Elle privilégie au sens la sensation, se rendant plus insaisissable, fantasmagorique. C'est pour cela que la Lune est à l'origine d'une multitude d'histoires étranges, irrationnelles et magiques. Elle flirte avec le surnaturel, parfois jusqu'à l'épouvante, et elle est d'ailleurs largement utilisée en ce sens au cinéma. L'atmosphère si particulière des nuits de pleine lune exacerbe le sentiment d'étrangeté et de silence, créant une ambiance propice à l'angoisse. Les soirs de pleine lune, les loups-garous sortent, les rituels magiques se déchaînent, les êtres se transforment, l'instinct animal se révèle et les esprits fragiles peuvent basculer dans la folie. Plusieurs cultures font référence aux pouvoirs de métamorphose de la Lune. Certains animaux semblent associés à sa magie, à l'intuition, au symbolisme de mort-renaissance et à l'art de la métamorphose, tels le hibou, la chauve-souris, le loup, le chat, mais aussi le lapin ou le lièvre, comme c'est le cas dans les mythologies celtes, aztèques et chinoises. La paréidolie[2] la plus commune de la Lune est d'ailleurs la vision d'un lapin ou d'un visage.

La Lune entretient un lien avec les phénomènes inexpliqués, les atypies, d'où cette appellation d'« enfants de la lune » qui désigne les enfants albinos chez certains peuples amérindiens.

La Lune est donc un symbole ésotérique fort, très largement utilisé par les sorcières antiques et modernes, et de nombreux rituels occultes lui sont dédiés. Pleine, elle est notamment réputée pour purifier et recharger les minéraux exposés à ses rayons.

Le halo de la Lune envoûte et fascine, invite à la contemplation, à se perdre dans les songes. « La rêverie est le clair de lune de la pensée », écrit Jules Renard. Elle est un emblème d'inspiration, de divagations imaginaires et de romantisme. Sa lumière tamisée évoque le fantasme, la sensualité et le charme teinté d'érotisme (d'où la lune de miel...). Associée à l'élément Eau, elle représente la sensibilité, le vague à l'âme et la fluctuation des émotions, la cyclothymie, l'impermanence de la vie jusqu'à la disparition. C'est pourquoi elle peut également représenter le chagrin amoureux et la perte inconsolable. Le personnage muet de la pantomime Pierrot de la lune incarne cette mélancolie de l'amoureux rêveur, délaissé peu à peu par sa Colombine, car elle travaille le jour et lui, la nuit.

Par ailleurs, que ce soit dans les fables, les légendes ou les mythologies, la Lune a toujours un double aspect, à la fois doux et puissant. Si l'image de la douceur protectrice de Grand-Mère Lune qui veille sur nous, apportant aux hommes de la lumière dans l'obscurité, est une évidence, notons que sa puissance est également reconnue par de nombreux peuples. La science elle-même s'intéresse aux « pouvoirs » qu'elle aurait sur la nature, les humains et les animaux. S'ils ne sont pas scientifiquement avérés, on observe néanmoins depuis la

2. Paréidolie : apparition de formes familières dans la nature (nuage en forme de cheval, rocher en forme de tête humaine, etc.)

nuit des temps des corrélations troublantes entre le cycle lunaire et les cycles menstruels, la fertilité des femmes, le déclenchement des naissances chez les mammifères, la pousse des cheveux mais aussi des plantes, les marées, et les comportements des hommes et des animaux. La Lune aurait ainsi, entre autres pouvoirs, celui d'apaiser ou d'agiter nos émotions, notre psychisme et bien sûr notre sommeil, le rendant quasiment impossible les soirs de pleine lune. Ainsi nous traversons « les nuits blanches », éclairées à la lueur de la lune, ronde comme nos yeux qui restent désespérément ouverts...

Cette ambivalence de la Lune, qui rassure et qui tourmente, qui éclaire puis qui se cache, aimante et cruelle, apaisante ou dévastatrice, fait d'elle un symbole unique. « Chacun de nous est une lune, avec une face cachée que personne ne voit », a dit Mark Twain. Ce côté sombre de la Lune, on le retrouve notamment avec le mythe mésopotamien de Lilith, dénomination de la lune noire en astrologie, première femme d'Adam, avant Ève, succube puissante et insoumise. Dans certains mythes aztèques, la lune était redoutée et on craignait qu'elle dévore le Soleil. Elle était considérée comme une entité du purgatoire et les mourants lui confessaient leurs fautes.

Troublante Lune, elle est le XVIIIe arcane du Tarot de Marseille, l'un des plus mystiques et spirituels, symbole de créativité, d'imagination, de magie, d'occultisme, d'arts, mais aussi d'inconscient, de duperie, d'illusions, de perturbations... En astrologie, elle est reliée au signe du Cancer.

Enfin, elle est depuis les origines utilisée comme mesure du temps, le temps lunaire découpant le calendrier en mois. Le calendrier lunaire est en outre communément utilisé en agriculture et en biodynamie : on s'y réfère pour les semis, les récoltes et notamment pour la culture des plantes médicinales.

La Lune est un symbole hypnotisant aux références intarissables et vous pourrez trouver d'innombrables ouvrages traitant du sujet. J'ai pour ma part beaucoup apprécié la publication « Du mythe à la science : la Lune et l'Homme » de Pierre Ropert, disponible sur le site de *France Culture*[3].

La carte de la Lune représente l'intuition, les émotions, l'imagination, l'inspiration, la poésie, l'énergie yin, le principe passif et réceptif, les cycles féminins et les cycles du sommeil, les cercles de femmes, la magicienne et les métamorphoses.

Mais aussi les changements d'humeur et d'état, la fluctuation, l'impermanence, l'ambivalence, la tristesse, les illusions, les désillusions, l'inconscient, le désenchantement et la disparition.

Elle est associée à l'élément Eau.

3. www.radiofrance.fr/franceculture/du-mythe-a-la-science-la-lune-et-l-homme-9193840

Si vous avez tiré la carte à l'endroit

La carte de la Lune vous appelle à être plus attentif à votre côté féminin, cette partie de vous qui perçoit, qui sent et qui sait au-delà des mots et des apparences. En travaillant votre côté yin, vous développerez toutes les qualités inhérentes à la Lune : la sensibilité, l'intuition, l'empathie, ce que l'on appelle la « puissance féminine ».

La Lune vous invite en premier lieu à vous reconnecter à votre intuition pour éclairer votre chemin. Puis elle vous rassure : votre sensibilité n'est pas une faiblesse, au contraire ! N'ayez pas peur d'appréhender les situations de la vie à travers le filtre de vos émotions. C'est une richesse inestimable. Grand-mère Lune vous sourit. Faites confiance à vos perceptions, elles sont justes, et surtout elles sont le reflet de votre vérité profonde. Car vous ne pouvez pas nier ce que vous ressentez. Et ce que vous ressentez témoigne de votre réalité intime. Inutile d'essayer de vous convaincre avec des idées rationnelles, puisque, en fin de compte, vos émotions vous rattraperont et imposeront leur conviction. La douce lumière de la Lune tamise votre mental et vous permet d'éprouver vos pensées : votre esprit est-il en accord avec votre ressenti ? Vos sensations sont-elles le reflet de vos opinions ? Qu'est-ce qui alimente votre réflexion ?

La Lune vous enseigne que votre première impression est souvent la bonne et que vous êtes une personne intuitive et réceptive. Cela signifie que vous captez les bonnes informations de manière subtile. Vous devez simplement accepter à présent de suivre la voix de l'intuition plutôt que la voix de la raison. Alors, vous avancerez sur la voie de l'inspiration, celle qui permet à chacun d'apporter une touche de magie à sa vie.

La Lune vous demande peut-être aussi de développer votre imagination et de laisser parler la poésie et le mystère qui sommeille en vous. Il est temps de vous révéler à vous-même et de laisser parler certaines faces cachées de votre personnalité. Redécouvrez les anciennes croyances, les rituels de la magicienne, le pouvoir de la cyclomancie[4] et l'art des métamorphoses…

Entrez dans le monde magique de la Lune !

Si vous avez tiré la carte à l'envers

À l'envers, la carte de la Lune vous trouve plongé dans un profond inconfort.

Actuellement, votre sensibilité à fleur de peau brouille toutes vos perceptions et vous rend vulnérable. Vous vous sentez perméable aux émotions des autres ainsi qu'aux énergies ambiantes, déstabilisé par les changements. C'est normal. Vous êtes en train de faire l'expérience des aspects fluctuants de la Lune. Elle agit sur votre système émotionnel comme sur les marées… sans que vous ne puissiez rien y faire. Cela vous rend extrêmement cyclothymique et ambivalent. Vous ne savez plus vraiment ce que vous ressentez ni si ce que vous éprouvez vous appartient ou non. Un fond de tristesse vous habite. Vous devez vous préserver de tout ce qui pourrait aggraver cet état émotionnel.

Si vous avez tiré la carte de la Lune à l'envers, protégez-vous pour un temps des influences extérieures et recherchez la stabilité. Pensez à dormir suffisamment, à « profiter » de vos

4. Cyclomancie : magie blanche exercée grâce aux facultés psychiques, notamment le pouvoir de l'intention et de l'intuition.

nuits pour récupérer du calme intérieur et vous ressourcer, afin que votre équilibre se restaure petit à petit. Ne brusquez pas les événements et n'essayez pas de « comprendre » ce qui vous arrive. Vous avez probablement été affecté par quelque chose de manière inconsciente. Plus vous essaierez de rationaliser, plus vous vous sentirez mal. Accueillez cet état d'hypersensibilité et laissez sortir vos émotions. Tout ce qui reste à l'intérieur s'imprègne… Alors, ouvrez la porte à la nostalgie, aux déceptions, aux désillusions. L'impermanence de la Lune, son caractère mutable, nous confronte inévitablement au désenchantement. Cela vous rend mélancolique ? Acceptez-le. C'est l'une des grandes initiations de la Lune. En vous libérant d'une profonde tristesse qui était là, présente en vous depuis la nuit des temps, vous faites de la place pour accueillir la nouveauté et l'inconnu. Comme la Lune qui décroît et déchoit jusqu'à disparaître totalement, laissez-vous glisser vers vos nuits sombres, votre part obscure, vos peurs cachées, jusqu'à vous effacer complètement.

Car, sous l'influence de la Lune, magique et guérisseuse, vous entamerez bientôt votre renaissance, et votre énergie ira croissant vers un nouvel enchantement.

Le Tunnel

PASSAGE/VACUITÉ

Ce monde est la porte d'entrée.
C'est une barrière.
Et en même temps, c'est le passage.

Simone Weil

Histoire, signification et symbolique

Le terme tunnel est récent puisqu'il date de 1825. Auparavant, on parlait de galeries ou de mines. Si sa définition renvoie à l'évidence à une voie souterraine, un lieu de passage permettant la communication d'un point à un autre, il est également intéressant de souligner que, sur un plan symbolique, il définit le monde souterrain qui est aussi bien représentatif de la vie (la Terre-Mère, les entrailles, la matrice, la caverne sacrée, la cavité utérine, la grotte primordiale...) que de la mort (lieu des ténèbres, les enfers, les caveaux, les chambres funéraires, les tombeaux, les catacombes...). Le tunnel, associé au souterrain, véhicule toujours deux connotations opposées selon les cultures et les mythes : vie/mort, jour/nuit, bien/mal, lumière/obscurité, conscient/inconscient... Par exemple, il est le lieu du mal dans la Genèse et chez les Aztèques, alors qu'il est sacré en Inde et en Chine.

La mythologie regorge d'évocations du tunnel, tour à tour positives ou négatives : l'allégorie de la caverne de Platon, la descente d'Orphée aux enfers, les mythes de Vulcain, d'Héphaïstos et d'Hadès, le Tartare, la prison des Titans, l'Absû ou l'abîme du monde, la Douât et le Nil souterrain, le Sidh, l'épopée de Gilgamesh... et tellement d'autres.

Y descendre peut paraître effrayant, mais ce n'est pas forcément gage de difficultés. Cela peut représenter également une protection. On se met à l'abri dans le tunnel comme l'animal dans son terrier ou l'ours dans sa grotte au moment d'hiberner. Il sert alors de refuge. De tout temps, l'homme a d'ailleurs utilisé les galeries souterraines naturelles pour s'y abriter, puis en a creusé, déjà pendant la préhistoire. En 2019, j'ai eu la chance de visiter celle qui serait la plus ancienne du monde creusée par l'homme, sous la colline de Bomvu : Ngwenya mine se trouve au Swaziland et daterait de – 43 000 ans ! De nos jours encore, certains tunnels de métro ont été élaborés pour résister à une éventuelle attaque nucléaire.

L'histoire du tunnel est extrêmement riche et passionnante, et il est impossible de la traiter ici. Pour les plus curieux, je conseille la lecture de la publication de René Waldmann, *L'Histoire des tunnels*, qui synthétise les informations historiques les plus importantes.

Par ailleurs, on retrouve sous l'appellation d'« effet tunnel » un phénomène de psychologie et de physique quantique. Dans le cadre de celui-ci, un objet quantique pourrait franchir une barrière de potentiel alors qu'il ne possède pas une énergie suffisante.

La notion de barrière infranchissable, de seuil, se retrouve également dans les descriptions d'expérience de mort imminente, dont le tunnel fait partie des visions récurrentes...

Ce qu'il faut retenir, c'est que le tunnel représente toujours une transition entre l'extérieur et l'intérieur. Comme il est muni de deux ouvertures, une entrée et une sortie, il incarne le cheminement entre le moment où l'on entre en soi et le moment où l'on en sort. Il est l'un des symboles du passage : l'arrivée dans le monde des vivants — la naissance — et le départ, la porte de sortie — la mort. Sous cet aspect-là, pour nous, humains, traverser le tunnel n'est autre, en réalité, que traverser la vie.

La carte du Tunnel représente le passage, l'entre-deux, les périodes de transition, les situations intermédiaires, la mise en route, le cheminement, la voie cachée et la voix intérieure.

Mais aussi le passage à vide, la dépression, l'enfermement, les idées noires, le néant et la vacuité.

Si vous avez tiré la carte à l'endroit

Le Tunnel se présente à vous parce que vous êtes sur le point d'entamer une traversée qui changera le cours de votre existence. Entrer dans un tunnel demande du courage et l'acceptation du fait de ne pas savoir quand on en sortira ni sur quoi il débouchera. Bien sûr, comme le dicton l'énonce, « la lumière se trouve au bout du tunnel ». Néanmoins, lorsque nous nous en approchons, c'est l'obscurité qui nous accueille. Alors que nous savons quel chemin nous allons laisser derrière nous, aucun paysage ne se dévoile à l'entrée du Tunnel. Symboliquement, il fait le lien entre deux mondes, celui d'avant et celui d'après, le connu et l'inconnu, la vie et la mort. Refuser d'y pénétrer serait en quelque sorte comme refuser d'évoluer, d'aller de l'avant, et donc comme valider un statu quo. Quoi qu'il en soit, cette situation ne saurait durer, car, devant le Tunnel, pas d'autres choix : un seul itinéraire ! Qui dévoilera son mystère au fur et à mesure que nous avancerons.

Si vous avez tiré cette carte, c'est que le moment est venu de vous mettre en chemin vers la nouveauté, de sortir de votre sentier balisé, de votre « route habituelle », pour vous aventurer sur une voie plus obscure, moins accueillante que celle sur laquelle vous avanciez jusque-là, mais impossible à éviter. Rien ne sert d'attendre, car, de jour comme de nuit, le tunnel reste immuable : à l'intérieur, on n'y voit rien ! Inutile, donc, de repousser et de procrastiner. Engagez-vous dans ce passage où vous apprendrez, c'est certain, beaucoup sur vous-même ! Car l'expérience du Tunnel est transformationnelle. Comme un enfant prêt à naître, à quitter son milieu rassurant et à emprunter le premier grand passage de sa vie, vous êtes en train de renaître à vous-même.

Le Tunnel est un sas où la temporalité est différente. On s'y engouffre pour aller à la découverte de soi, de l'invisible, pour explorer plus loin, au-delà de nos repères sécurisants. Le temps que cela prendra est indéterminé et dépend de chacun.

Alors que le Tunnel nous apparaît comme une voie qui se resserre devant nous, nous prenons conscience de ce paradoxe : c'est en allant vers cet avenir incertain aux perspectives restreintes que nous élargirons le champ de nos possibilités et de nos capacités, au-delà de notre zone de confort.

Il faut accepter de laisser qui l'on a été pour devenir qui l'on sera.

Vous êtes au seuil de vous-même, prêt à découvrir une nouvelle étape de votre vie.

Si vous avez tiré la carte à l'envers

À l'envers, la carte du Tunnel annonce une période de passage à vide. Il est possible que vous vous sentiez un peu désabusé, que vous manquiez d'entrain et d'envie. Sur les plans psychologique et psychosomatique, cette phase peut se manifester sous forme de symptômes dépressifs, d'un sentiment d'enfermement mental ou physique, d'oppression, de claustrophobie, de peur du noir, d'angoisse de mort et d'anxiété.

Si vous vous sentez bloqué dans une situation et que vous ne voyez pas « le bout du tunnel », rappelez-vous qu'il comporte une entrée et une sortie ! Ce n'est en aucun cas une impasse, une voie sans issue. Il vous mènera toujours d'un point A à un point B. Par conséquent, armez-vous de patience et poursuivez votre avancée sans renoncer ni sombrer dans l'inquiétude ou l'empressement. La traversée du Tunnel peut vous paraître longue et pénible puisque vous ne savez pas vers quoi vous allez. Dans ces cas-là, il est bon de se rappeler que ce n'est pas la finalité qui importe, mais les expériences liées au cheminement. Comme la chenille qui entame la fabrication de la chrysalide, vous entrez dans une phase de grands changements sans informations sur votre devenir. L'étape du cocon pourrait être vécue comme un emprisonnement, de même que le Tunnel peut être abordé comme une sorte de « trou noir », de néant vous donnant la sensation que vous êtes dans l'impossibilité de faire quoi que ce soit, d'agir sur les paramètres de votre vie. Dans l'obscurité absolue, notre ombre n'existe plus. Elle est comme absorbée et faisant partie de nous. Alors, dans cette nuit symbolique que peut représenter le Tunnel, vous devez absolument rechercher la lumière à l'intérieur de vous. Affronter les ténèbres, ce que certains appellent « la nuit noire de l'âme », est une expérience aussi terrifiante que révélatrice. Dans cette cécité totale, vous apprenez à voir autrement.

Accueillez les modifications liées à cette petite mort et ne vous laissez pas happer par vos idées noires. Comme le papillon sortira à coup sûr de sa chrysalide, vous émergerez et vous vous révélerez à vous-même à la sortie du Tunnel. C'est une expérience de mort et de renaissance. Durant cette période, ne rien faire est fondamental. Ce « rien » est une nécessité. Le sentiment de vide est une étape qui révèle les potentiels cachés à l'intérieur de vous.

Acceptez l'enseignement du Tunnel, l'initiation de la vacuité.

C'est lorsque plus rien n'existe que tout peut se créer.

Le Halo de Lumière

ILLUMINATION/OMBRE

Obscurité, tu seras dorénavant
pour moi la lumière.

André Gide

Histoire, signification et symbolique

Un halo de lumière est concrètement un cercle lumineux entourant le Soleil ou la Lune, observable à l'œil nu. Il résulte de la réfraction de la lumière du soleil à travers de minuscules cristaux de glace présents dans l'atmosphère. C'est également ainsi que l'on nomme un volume sphérique composé de vieilles étoiles regroupées en amas autour d'une galaxie spirale. Enfin, par définition, il décrit aussi une auréole qui entoure un point lumineux ou une source de lumière vive.

Parfois, l'œil humain perçoit un halo lumineux par illusion d'optique. Il arrive aussi que l'arc-en-ciel, lorsqu'il trace un cercle entier, apparaisse alors comme un halo de lumière multicolore, ce qui lui confère une énergie magique. Les halos de lumière dans le ciel amènent toujours une atmosphère particulière et semblent des manifestations de l'au-delà.

Présent dans l'art sacré, le halo lumineux est un symbole de sainteté, de divinité, de royauté et de pureté. Depuis les origines et dans de nombreuses civilisations, on retrouve la figuration de ce que l'on appelle « l'auréole ». Chez les Égyptiens, les Grecs et les Romains, le rayonnement entoure la tête des dieux comme des rois, et symbolise le pouvoir et la gloire.

Dans l'iconographie religieuse, le halo de lumière (qui peut entourer le corps entier) est synonyme de perfection et de béatitude. Pour le docteur Bernard Auriol, la vision du halo serait un phénomène psychophysiologique lié à l'admiration et à l'acte d'adoration, la dévotion exacerbée pouvant engendrer selon lui un état modifié de conscience qui crée une dilatation de la pupille. L'objet observé devenant alors flou et mal défini, ses contours peuvent apparaître comme lumineux. Ainsi, métaphoriquement, l'œil qui regarde avec « amour » perçoit la lumière de l'être adulé, qui se révèle à lui dans toute sa splendeur…

Lorsque le halo lumineux encercle seulement la tête, il est appelé « nimbe ». Très souvent doré ou argenté, il brille et traduit la noblesse et la valeur de celui ou celle qu'il enveloppe.

La symbolique du halo de lumière est toujours liée au divin, au spirituel, au surnaturel. Être auréolé signifie recevoir la grâce de Dieu et sa bénédiction. Porter la couronne de lumière est un signe de dignité et d'élévation spirituelle. La personne est littéralement « illuminée », ce qui fait d'elle une élue qui a obtenu la reconnaissance céleste. Le halo est une forme d'aura particulière qui distingue celui qui le porte des simples mortels. Placé dans la bulle de lumière, celui-ci ne risque plus rien. Ce disque lumineux est aussi associé aux miracles, comme une lumière étincelante qui se produit avant l'acte magique.

Le halo irradie une lumière diffuse réconfortante. Cette émanation a toujours une connotation bienveillante et protectrice. Parfois, ce sont des êtres surnaturels, comme des fées, ou bien venus de l'espace ou du futur, qui sont entourés par un halo lumineux. Dans certaines représentations, les défunts et les esprits se manifestent avec une lumière forte et douce à la fois autour d'eux.

Dans tous les cas, le halo lumineux est symbole d'illumination et de protection suprême.

La carte du Halo de Lumière représente la protection, l'auréole, l'éclaircissement, l'illumination, la contemplation, la beauté, l'aura, le champ magnétique, les êtres de lumière, le règne angélique, les égrégores d'amour et les miracles.

Mais aussi l'obscurité, la dissimulation, les forces de l'ombre, les égrégores sombres, les entités néfastes, l'hermétisme et les ténèbres.

Elle symbolise le combat du bien et du mal et atténuera toujours un aspect négatif, même à l'envers.

Si vous avez tiré la carte à l'endroit

Le Halo de Lumière est une carte spirituelle de très grande protection. Quel que soit le sujet sur lequel vous vous interrogez, elle signifie que vous êtes accompagné par des aides puissantes et bienveillantes. Sa vibration est élevée. Le Halo de Lumière manifeste la protection que vos guides vous accordent. Ce cercle lumineux vous enveloppe et vous entoure, créant ainsi un champ magnétique puissant qui repousse toutes les énergies négatives susceptibles d'atteindre votre Être. Cette égide vous est offerte afin que vous puissiez avancer sur votre chemin en prenant conscience de la part divine à l'intérieur de vous.

Si vous avez tiré cette carte, il vous est demandé d'entreprendre une mission de «travailleur de lumière». Vous avez un rôle à jouer sur cette Terre, et il y existe maintes façons de l'envisager. Être sage ou éveillé est à la portée de tous, mais aussi, et surtout, de la responsabilité de chacun. Vous doutez? Vous vous demandez : «Pourquoi moi? Pour quoi faire?»

C'est très simple. Il suffit de regarder la nature. Son intelligence et sa création ne proviennent pas d'un enseignement en particulier, mais simplement de la Vie elle-même. Sa beauté se manifeste partout, tout le temps. La nature ne recherche pas la perfection, elle « est ». Il en va de même pour nous, les humains. Faites l'expérience du silence et de la contemplation. Sentez comme vous faites partie d'un Tout absolument parfait. Accueillez le miracle de la Vie.

En apportant de la clarté dans notre vie, nous contribuons à éclairer les consciences. En développant notre capacité à nous émerveiller, nous apportons du merveilleux. En développant notre lumière intérieure, nous illuminons le monde. En appréciant chaque instant, nous célébrons la Vie. Et en aimant notre vie, nous irradions l'Amour.

Chacune de ces intentions peut être mise en œuvre par nous tous.

Sortez du mental, des peurs ou des désirs de l'ego. Faites ce qui est facile pour vous, simplement, avec votre cœur. En essayant d'être heureux, vous êtes déjà dans une démarche de guérison individuelle et collective. Car en travaillant avec l'énergie du Halo de Lumière vous œuvrez à la fois pour vous-même et pour les autres, l'humanité tout entière.

Revêtez votre armure de lumière et devenez ce guerrier pacifique qui n'a d'autre ambition que celle de rayonner l'harmonie et la douceur.

Rejoignez les égrégores d'Amour !

Si vous avez tiré la carte à l'envers

À l'envers, le Halo de Lumière s'obscurcit. Sa puissance est pour le moment atténuée, toutefois toujours vivante, vibrante. Caché par l'ombre, son scintillement ne parvient pas jusqu'à vous. La première recommandation de cette carte tirée à l'envers est de continuer à croire de toutes vos forces en son existence. Gardez la foi et la connexion à votre cœur, et rappelez-vous que l'ombre n'existe que parce que la lumière existe.

Il est possible que vous vous sentiez affaibli, triste, comme abandonné. Vous êtes vulnérable et vous sentez confusément qu'un danger vous guette. Cela arrive à chacun de nous, parfois les idées noires envahissent l'esprit, ternissent le cœur. Respirez profondément. En vous reconnectant à votre souffle profond, vous arriverez petit à petit à chasser ce voile qui vous plonge dans la pénombre. Comme le vent éloigne les nuages du soleil, utilisez votre inspiration et votre expiration pour expulser toute la négativité qui s'immisce à l'intérieur de vous. La lutte contre les sentiments obscurs et insidieux est complexe.

Le Halo de Lumière vous enseigne que si vous vous sentez enfermé ou oppressé, si votre vision est opacifiée, vous êtes en réalité « attaqué ». Il est possible que ce soient des attaques psychiques, parfois des jalousies, des pensées malveillantes à votre égard. Mais peut-être n'est-ce pas personnel. Si vous êtes hypersensible, vous êtes sûrement réceptif à toutes les formes d'agressions extérieures. Ainsi, un climat de violence, d'insécurité, de privation de liberté peut vous atteindre. Tout ce qui se passe dans d'autres sphères « non humaines » également. Nous participons tous, sans le décider consciemment, à un combat au-delà de notre vie terrestre.

Vous n'en percerez pas tous les mystères. N'essayez même pas. Plus vous voudrez « comprendre », plus vous nourrirez la « bête » de votre intérêt. Apprenez à vous protéger, à vous préserver de tout ce qui est nocif pour vous. Le Halo de Lumière vous invite à vous nettoyer de possibles « entités » négatives qui se seraient accrochées à vous pour se nourrir de votre éclat. Dès que vous ressentez que votre taux vibratoire chute, entourez-vous de lueur et de douceur. Visualisez ce halo autour de vous, demandez aux puissances surnaturelles de vous envoyer leur lumière.

L'heure de la révélation et de la délivrance est proche. Gardez espoir. C'est après les plus gros orages que se dessinent les plus beaux arcs-en-ciel.

La Boucle du Temps

CONTINUITÉ/ MORT-RENAISSANCE

Le temps fait changer, mûrir, oublier et mourir.

Proverbe provençal, 1823

Histoire, signification et symbolique

La carte de La Boucle du Temps s'oppose à celle de L'Horloge. Sa symbolique est associée aux cycles de la nature et non au découpage calendaire moderne que les humains ont fait du temps. Depuis toujours, les hommes se sont appuyés sur l'observation des phénomènes naturels et sur le rythme de la nature pour comprendre le temps. Chez les peuples premiers, la représentation du temps est circulaire, évoquant cette notion de boucle qui repasse inlassablement par les mêmes phases. L'année chamanique suit donc une boucle, qui évoque la mort/renaissance de toutes choses. En une année, le cycle de renouveau et de départ s'accomplit et nous invite à expérimenter notre propre renaissance et mort symbolique au fil des douze périodes. La première commence avec le solstice d'hiver, saison qui symbolise le repos de l'âme avant l'incarnation dans la matière. Puis vient le printemps, l'émergence, la force de la jeunesse et la croissance, suivi de l'été qui représente la maturité et la plénitude, et enfin l'automne, le lâcher-prise, l'intériorisation et le déclin. Si vous souhaitez aborder cette vision du temps plus en détail, je la développe dans *Aux rythmes de notre Terre-Mère*, aux éditions Trajectoire.

Au Moyen Age, le décompte du temps se fait comme chez les Romains avec douze heures pour le jour et douze heures pour la nuit, mais reste néanmoins approximatif et subit des fluctuations en fonction des saisons. Le seul point de repère fixe étant le Soleil de midi. Pourtant il est intéressant de découvrir que, du VIe au XIIIe siècle, le découpage de la journée avant que celle-ci ne fasse les vingt-quatre heures que l'on connaît, correspond à cinq intervalles en lien avec le rythme du Soleil. Ces cinq divisions étaient appelées *horae inaequales* (ancêtres de nos « heures ») et leur durée était variable en fonction de la saison. Ces heures solaires nommaient en fait des moments de la journée. Ainsi l'aube était la prime, le milieu de matinée la tierce, midi la sexte, le milieu d'après-midi la none, le crépuscule la douzième ou les vêpres. Ces heures dites « inégales » ont perduré jusqu'à la fin du XIVe siècle et furent également utilisées par l'Église qui les a appelées « heures canoniales ». Ainsi les cloches sonnaient pour marquer ces temps huit fois – sept fois la journée et une fois la nuit. Les complies suivaient les vêpres indiquant le moment de se coucher et les laudes précédaient de peu la prime, c'était l'heure canoniale de la célébration de l'aurore, juste avant que le soleil ne se lève, la prime étant la première heure du jour. Au milieu de la nuit, on sonnait les matines, correspondant à minuit pile.

L'idée que « le temps est à l'œuvre » et qu'on ne peut lutter contre son action et sa force irrévocable est représentée dans cette carte. Un proverbe normand dit : « Ce qu'on ne fait pas, le temps le fait. »

Vous aurez remarqué que, dans cette carte, la pleine lune et la nouvelle sont représentées avec des têtes de chats. Au-delà du fait que j'avais souhaité rendre un hommage personnel à Lilith, ma chatte noire disparue pendant la rédaction de cet ouvrage, je voulais symboliser par là le rapport magique et mystérieux du chat et du temps. Le chat, à qui on attribue neuf vies, est souvent associé à des disparitions mystérieuses puis des réapparitions — à la mort donc, comme à la vie, à l'instar de la déesse-chat Bastet (déesse de la Maternité, entre autres), et à la réincarnation. Une légende hindouiste présente le chat comme un grand mathématicien capable de compter jusqu'à l'infini. Il se voit offrir neuf vies par Shiva pour s'être endormi profondément après avoir seulement compté jusqu'à neuf. Le dieu Shiva compara ce sommeil à une méditation et à l'infini de la nuit…

Par ailleurs, dans son *Traité d'Isis et d'Osiris*, Plutarque décrit le chat comme l'emblème de la Lune à plusieurs égards, notamment par rapport à sa fécondité et à ses yeux.

En conclusion, La Boucle du Temps symbolise le perpétuel renouvellement du jour qui succède à la nuit qui succède au jour… sans que nous n'ayons aucun pouvoir là-dessus. Elle nous ramène donc à vivre l'instant présent, puisque le temps lui-même est une notion absolue mais parfaitement indéfinissable, qui poserait aussi la question de savoir s'il existe d'autres temporalités. En revenant au présent, seule certitude palpable, La Boucle du Temps nous invite à embrasser le mouvement de la vie. Comme le dit un proverbe yiddish, « faites un bon usage du temps tandis qu'il est présent ».

La Boucle du Temps représente la continuité, la constance, la répétition, la succession, la synchronicité et la synchronisation, l'adaptation, les phases et le cycle de la nature.

Mais aussi la mort et la renaissance, le lâcher-prise, les petites morts, l'acceptation, le renouvellement et le renouveau.

Si vous avez tiré la carte à l'endroit

La Boucle du Temps se présente à vous comme une invitation à harmoniser votre sablier intérieur avec le grand cycle de la nature.

Elle vous demande de ressentir le mouvement intérieur/extérieur et comment les deux s'accordent et se répondent, d'observer les synchronicités. En nous reconnectant à notre horloge interne et en conscientisant la temporalité externe, nous pouvons vivre en percevant le temps très différemment.

Cette carte est en opposition avec le temps humain, c'est-à-dire tel qu'il est vécu et séquencé par l'homme. Une temporalité quelque peu «pratico-pratique», symbolisée par la carte de l'Horloge, comme un sablier qui décompte nos heures, découpe nos journées, égrène notre quotidien, créant un calendrier… témoin de la fugacité et du caractère éphémère de nos vies d'hommes, «chronique d'une fatalité annoncée». Face à ce tempo humain effréné et parfois angoissant se dresse le temps de la nature, cycle perpétuel et invariable. Rassurant.

Ce temps qui se répète sans cesse, dont on ne connaît ni le début ni la fin, mais qui est pourtant bien visible à travers les saisons, on ne le maîtrise pas. On le ressent, on l'appréhende avec tout notre corps, et notre rapport au monde lui-même est défini par et à travers cette temporalité. Du cycle jour/nuit aux saisons, nous vivons cette succession ininterrompue de phases. Notre corporalité elle-même est régie par des lois cycliques : cycle du sommeil, cycle hormonal, cycles de nos différents organes… Cette chronobiologie est liée à la nature, qui suit une logique très différente de celle du temps saccadé que nous avons conçu. Les secondes, les minutes, les heures constituent un tic-tac qui divise au lieu d'unifier. En retrouvant un rythme plus proche de celui de la nature, nous redécouvrons notre souffle vital et, de ce fait, nous nous essoufflons moins. Car notre pendule interne, guidée par notre inspiration et notre expiration, nous appelle à écouter nos besoins essentiels et «naturels». Adopter le temps de la nature, c'est s'adapter. Cette connexion à l'environnement, aux différentes périodes, le fait de s'offrir des intervalles, des pauses, des respirations… nous inscrit dans la durée de façon harmonieuse, constante, pérenne. La Boucle du Temps nous enseigne à nous synchroniser avec l'Univers. Pour y parvenir, demandez-vous simplement ce qui, dans votre emploi du temps et la façon dont vous gérez votre quotidien, est en inadéquation avec la proposition de la nature. Êtes-vous en train d'essayer d'aboutir à quelque chose coûte que coûte ? Ou d'enclencher quelque chose alors que tout semble contrecarrer vos plans ?

Respirez. Recevez la sagesse du Temps. Vous reprendrez quand ce sera le juste moment, celui qui s'accordera parfaitement avec les circonstances.

Pour le connaître, retrouvez l'évidence du rythme originel, qui perdure depuis la nuit des temps.

Si vous avez tiré la carte à l'envers

À l'envers, la carte de la Boucle du Temps marque une période qui requiert un lâcher-prise. Elle symbolise la mort/renaissance et nous invite donc à accepter de suivre un mouvement ordonné supérieur à notre volonté. Inutile de lutter, vous n'irez pas contre ce qui est inéluctable. Actuellement, si vous résistez, vous pourriez voir la situation se dégrader, et les choses deviendraient encore plus difficiles à vivre. De même qu'il est impossible de combattre le Temps, de le contrôler d'une manière ou d'une autre, vous ne pourrez ni retarder ni accélérer ce qui est en cours. Vous devez accompagner ce qui se passe dans votre vie et laisser partir ce qui n'a plus lieu d'être. Comme l'arbre lâche ses feuilles mortes à l'automne, abandonnez ce qui est déjà obsolète et ne demande qu'à être évacué. Il est possible que ce processus vous semble douloureux ou compliqué, mais vous accrocher à un travail, à une relation ou à un objectif qui, en réalité, sont déjà «périmés» ne fait que différer un départ programmé. Posez-vous ces questions : «Qu'est-ce qui décline depuis un certain temps? À quoi suis-je en train de me cramponner alors que c'est en train de céder? Qu'est-ce qui appartient déjà au passé? De quoi dois-je me détacher à présent?»

Si vous êtes dans l'acceptation et la confiance, cette «petite mort annoncée» ne sera pas une lente agonie. Vous souffrirez beaucoup moins en consentant à cet au revoir. Car, en vous résignant, vous vous rendez également disponible pour accueillir la nouveauté. Alors, laissez aller le passé afin qu'il ne pollue pas votre présent ni entrave ce qui voudrait se manifester dans l'avenir.

À l'instar des saisons, la Boucle du Temps vous fait la promesse d'un renouveau. Cette boucle est à la fois le début et la fin, l'alpha et l'oméga. Et même si, parfois, la mort ou la destruction interrompt le destin de certaines personnes ou choses, ce n'est pas un achèvement en soi. La nature nous enseigne que tout disparaît, puis tout réapparaît. Parfois sous une forme légèrement différente. Des vies s'arrêtent et d'autres se poursuivent, certains êtres naissent au moment où d'autres disparaissent. Des choses s'éteignent quand d'autres s'allument. Comme en témoigne la lueur des étoiles. Quand un astre meurt, un autre naît, si bien que nous aurons toujours des étoiles à contempler dans le ciel.

C'est la balance du Temps universel. Il n'y a pas de finalité dans l'illimité.

Le grand métronome de l'Univers, immuable, nous offre l'espoir d'une renaissance permanente du monde, et nous engage à nous laisser traverser par le Temps, sans rien retenir.

Ainsi va la Vie.

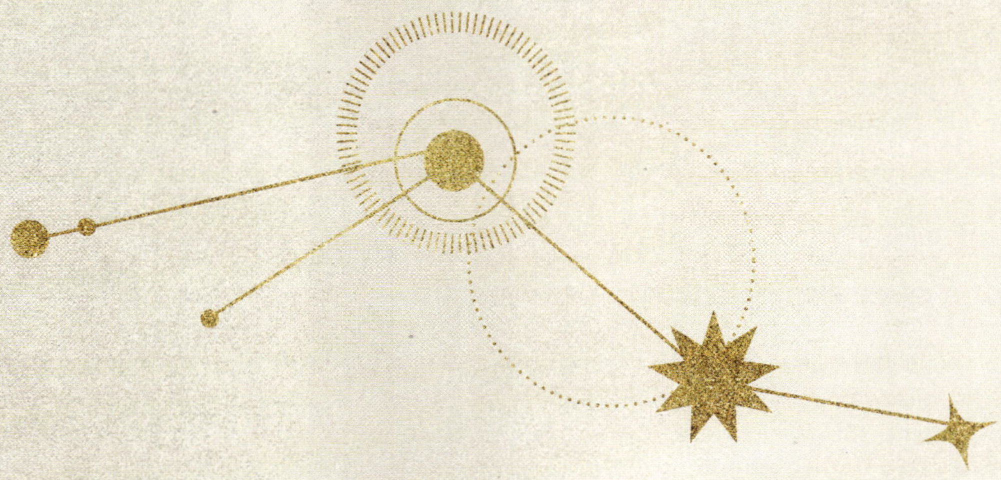

Le Cycle karmique

MISSION/ÉPREUVES

L'âme s'élève par la vertu et s'abaisse par le vice.

Proverbe sanskrit

Histoire, signification et symbolique

Ce que l'on appelle cycle karmique est en rapport avec l'évolution de l'âme, la réincarnation et les neuf cycles d'incarnation. Cette notion s'appuie sur l'idée que chaque être s'incarne plusieurs fois afin d'expérimenter différents chemins de vie, différentes cultures, traditions, à travers différentes époques, différents corps et sexes. Ainsi, l'âme serait chaque fois « enseignée », respectant un « ordre » d'apprentissage dans des domaines bien spécifiques. Pour changer de cycle, l'âme doit avoir intégré ce pour quoi elle est venue. Dès lors, elle peut passer des centaines de vies dans le même cycle jusqu'à ce qu'elle ait réussi à tout assimiler (exception faite du cycle un qui ne compte qu'une seule incarnation) ! Pour en savoir plus sur les neuf chemins d'incarnation, je vous invite à vous référer au tirage La Roue de l'Âme. J'y détaille les neuf niveaux d'expériences que l'âme vient chercher en s'incarnant à travers la symbolique de la numérologie. J'attire votre attention que, selon cette approche, l'âme qui aurait accédé au dernier stade de son évolution changerait de « statut » et deviendrait un guide, soit en demeurant dans un règne angélique, soit en s'incarnant une dernière fois pour venir en aide aux humains.

Le cycle karmique est également en lien avec la roue des existences karmiques, appelée aussi roue de vie, qui provient du bouddhisme, elle-même descendante de très anciennes croyances indiennes, mongoles et tibétaines. Cette roue qui symbolise le karma et le sens de l'existence aurait été peinte par le premier Bouddha. Elle est associée au samsara, qui représente la transition ou la transmigration des énergies circulant au fil des renaissances successives, et dont la traduction tibétaine est « cercle vicieux ». Dans cette vision, comme dans la tradition hindouiste, c'est le conditionnement de la vie liée au karma qui est mis en avant, transmettant une idée de pénibilité et de dettes. Les trois animaux dessinés au centre de la roue du samsara symbolisent les trois poisons, causes de la souffrance humaine : le cochon de l'ignorance ou de l'égarement, le coq de l'attachement ou de la convoitise, et le serpent de l'aversion ou de la haine, qui s'opposent à la lumière, à la libération, à l'acquittement et à l'extase lorsque l'on atteint le Nirvana. Cette croyance est très complexe et bien différente de celle des neuf cycles d'incarnation. Si vous souhaitez l'approfondir, vous pouvez lire l'article « Pris dans la roue du samsara : comprendre le cycle des réincarnations » sur le site *Omalaya*[5].

Les expériences de l'âme seraient bonnes ou mauvaises, et chacune d'elles aurait une influence sur l'incarnation suivante. Lorsque l'âme se réincarne, elle arrive avec un « bagage », et si nous ne nous en souvenons pas directement, notre inconscient est porteur de ces informations qui peuvent être des acquis positifs, des dons, comme des séquelles ou des traumas, selon si l'expérience précédente a été concluante ou douloureuse.

Les âmes cherchent à tout explorer durant leurs cycles d'incarnation, et aucune ne fera uniquement des expériences faciles ou difficiles. La dualité faisant partie du monde des humains, l'âme qui évolue traversera diverses initiations, vivra des réussites mais également des échecs, pourra tout autant être confrontée à l'amour, à l'abondance, au succès, à la pleine santé, qu'à la solitude, la pauvreté, le rejet ou la maladie. La vie est faite d'une multitude de facettes que l'âme, avide de découvertes, peut être amenée à étudier.

La vie dans laquelle nous sommes serait, selon cette vision, fortement impactée par les vies antérieures, et nous serions déjà en train de préparer nos incarnations à venir. Néanmoins, certains courants mystiques défendent l'idée que l'âme serait en mesure de faire des « choix » d'incarnation et ne serait pas forcément contrainte de « subir » des initiations traumatisantes pour évoluer, encore moins de revivre des épreuves. Et nous aurions, de ce fait, la possibilité d'agir sur le cycle d'incarnation dans lequel nous nous trouvons. Pour appuyer cette hypothèse, certains s'avancent même jusqu'à dire qu'en cherchant à comprendre nos vies antérieures, nous serions en mesure de « réparer » ce qui doit l'être, à la fois en aidant ce qui est souffrant en nous sans appartenir au présent, mais aussi en s'amendant de « fautes » que nous payons pour des actions d'autres vies. Ainsi, il serait possible d'avancer sur un chemin de lumière et d'accéder à l'ascension de notre âme en étant en pleine conscience, en assumant la responsabilité de certaines erreurs ou dettes karmiques, et en étant le plus possible dans une attitude bienveillante, d'éveil et d'amour. Car la finalité de la réincarnation n'est pas d'être éternel, mais d'avoir atteint un niveau de conscience suffisamment élevé pour goûter à la sagesse et au bonheur. Il n'est donc pas question de répéter indéfiniment les mêmes schémas, mais bien de les dépasser pour que le cycle karmique ne devienne pas une sorte de « cycle infernal ». Comme le dit un proverbe français, « la bonne conscience est la santé de l'âme ».

5. www.omalayatravel.com/fr/pris-dans-la-roue-du-samsara-comprendre-le-cycle-des-reincarnations

La carte du Cycle karmique représente la mission, le chemin d'incarnation, le défi, la réincarnation, le parcours, l'expérimentation, l'apprentissage, l'éveil, l'évolution et la libération.

Mais aussi les difficultés, les épreuves, les anciens schémas, les répétitions, la résistance, les initiations, les séquelles et les problématiques karmiques.

Le Cycle karmique vous invite peut-être à faire le tirage de La Roue de l'Âme, qui vous éclairera sur votre parcours d'incarnation.

Si vous avez tiré la carte à l'endroit

Le Cycle karmique est une carte très spéciale puisqu'elle connecte le plan terrestre (plan d'incarnation) au plan de l'Âme (ce pour quoi vous êtes venu vivre cette expérience humaine). Elle arrive lorsque des questions fondamentales dans votre existence doivent se poser. Telles que : « Suis-je à la bonne place ? Est-ce que la façon dont j'avance dans la vie me satisfait ? Est-ce que je ressens un appel sans comprendre pourquoi ? Suis-je bien dans ma mission de vie ? »

Si vous avez tiré cette carte, c'est qu'une partie de vous-même a conscience que vous devez évoluer vers autre chose. Vous êtes en quête de sens dans votre existence et à la recherche de la raison d'être de la Vie en général. Le Cycle karmique nous fait ressentir notre condition humaine dans tout ce qu'elle a de limitant et donc de frustrant, mais aussi, paradoxalement, les multiples possibilités qui s'offrent à nous en tant qu'êtres humains. Elle nous met face à des questionnements existentiels, et donc à des choix à faire.

Elle vous demande de regarder le parcours que vous avez effectué jusque-là et d'en tirer les leçons essentielles. Que comprenez-vous avec le recul de votre expérience ? Le Cycle karmique vous offre la conscience de ce que, souvent, nous intégrons l'essence du vécu bien après l'avoir traversé. C'est rétrospectivement que tout prend son sens. « Le pourquoi du comment » se révèle avec le temps. Vous êtes donc invité à avancer avec l'acceptation que ce qui arrive a une signification qui peut-être vous échappe dans le présent, mais qu'il vous sera donné d'appréhender plus tard. En validant ce constat que vous ne connaissez pas tous les tenants et les aboutissants, mais que tout se manifeste pour une raison supérieure, alors vous devenez de plus en plus réceptif et disponible à ce qui se présente. Ainsi, vous ne résistez plus à votre propre évolution. Car Le Cycle karmique vous l'affirme : durant tout votre cheminement terrestre, vous aurez des occasions de progresser et d'avancer à travers vos désirs, votre ego, mais aussi de manière totalement inattendue. Chaque fois que vous vous éloignez de la mission de votre âme, vous êtes rattrapé par la vie qui vous remet face à des décisions à prendre, ou à des initiations auxquelles vous ne pourrez déroger. Aujourd'hui, demandez-vous à quelle étape de votre incarnation vous en êtes et quelle est la suivante. Laissez votre âme vous répondre à travers des signes. Elle se manifestera d'une façon ou d'une autre.

Rien n'arrive jamais par hasard. Dans le principe de causalité, le « hasard » est considéré comme l'art de s'accorder avec les coïncidences. Comme une proposition *a priori* fortuite qui tomberait sous le sens. En vous reliant au plan de l'Âme, vous vous éveillerez à de nouvelles possibilités, et vous évoluerez vers une élévation et une libération, tant personnelle que collective. Car, comme l'a souligné Élisabeth Leseur, mystique française du XIXe siècle : « Toute âme qui s'élève élève le monde. »

Si vous avez tiré la carte à l'envers

À l'envers, Le Cycle karmique vous met face à des difficultés, des blocages, parfois même des épreuves. Ces moments délicats auront tous un petit goût de déjà-vu, vous procureront cette sensation désagréable : « Je le savais, mais je n'ai pas su l'éviter. » Car les complications que vous devez affronter sont d'ordre karmique. C'est-à-dire que ce sont des problématiques liées au passé. Un passé qui peut être en lien avec cette vie-là, mais pas forcément. Cela peut provenir de vies antérieures. Dans tous les cas, il s'agit de problèmes que vous avez déjà rencontrés et que vous n'avez pas su ou pu résoudre. Le Cycle karmique vous invite à y voir l'occasion de trouver enfin une solution pour en venir à bout et de mettre fin une bonne fois pour toutes à la reproduction de schémas. Car, comme tous les Cycles, cette carte met en évidence des choses qui se représentent, parfois inlassablement, créant chez nous l'envie de baisser les bras ou l'impression d'être victime.

Un des enseignements du Cycle karmique est que rien n'est jamais acquis du premier coup, que tant que la leçon n'est pas comprise entièrement elle revient sous d'autres formes, jusqu'à ce que l'on puisse l'intégrer, puis dépasser la difficulté. Le risque serait de se braquer et de créer encore plus de blocages. Prenez conscience du fait que vous êtes une partie du problème ! De ce fait, vous avez donc aussi une partie de la solution ! Et la première des aides pour vous en sortir sera de travailler sur vous et d'accepter que le problème vous est posé non pas pour vous faire souffrir, mais parce que vous êtes capable de le régler. Ce qui vous tourmente actuellement est la résultante d'une blessure ancienne. Les traumatismes refoulés créent des séquelles qui se réactivent dès que possible. Cela vous atteint, car le moment est venu de les traiter pour en venir à bout et mettre un point final à l'histoire qui se répète. Bien sûr, il faut être patient avec soi-même, et même si cela vous paraît insurmontable, accordez-vous le temps de la compréhension. Si vous êtes indulgent, mais non complaisant, avec vous-même, vous surmonterez les difficultés. Ce sur quoi vous travaillez aujourd'hui vous guérit et vous libère pour demain, pour l'avenir, et pour toutes les vies à venir.

Vous avez tiré la carte du Cycle karmique à l'envers parce qu'il est primordial que vous conscientisiez la raison pour laquelle vous êtes là, ce qui est votre mission de vie, la raison pour laquelle votre âme a souhaité revenir vivre l'expérience terrestre. Vous devez comprendre que si vous êtes ici, c'est que vous l'avez choisi. Dès lors, toutes les initiations inhérentes à la Vie, même celles qui se manifesteront sous forme d'épreuves, seront vécues comme un apprentissage et non comme une fatalité ou une punition.

Ainsi, vous pourrez suivre le cours de votre évolution en accord avec l'Univers et avec ce que votre âme avait décidé en venant s'incarner.

L'Horloge

PATIENCE/URGENCE

Pour qui a du temps, rien ne presse.

Proverbe allemand

Histoire, signification et symbolique

Le mot horloge vient du latin *horologium* et signifie littéralement « qui dit l'heure ». Depuis l'Antiquité, l'homme a inventé des instruments pour mesurer le temps. Ces instruments ont eu différentes formes et se sont perfectionnés au fil des époques, devenant de plus en plus précis et pratiques. Le décompte du temps dépend bien sûr de son découpage, qui lui-même dépend de l'observation des cycles de la nature. Cet aspect a été abordé dans la carte La Boucle du Temps. Dans cet ouvrage, le temps humain, « pratico-pratique », fugace, éphémère, dérisoire, est dissocié du temps de la nature, immuable, perpétuel. Le premier est symbolisé dans la carte de L'Horloge comme un sablier qui décompte les heures de nos vies humaines. Des humains qui, depuis toujours, ont essayé de maîtriser le temps, de le quantifier, de l'ordonner dans des calendriers et des agendas, et surtout d'en mesurer le rythme, la cadence, et de le rendre visible à leurs yeux, en le matérialisant, par des appareils à déchiffrer et compter le temps. L'histoire de la mesure du temps remonte donc à bien longtemps ! Elle est tellement vaste que nous ne pourrons en explorer tous les détails. J'attire malgré tout votre attention sur le fait que le temps universel tel que nous le connaissons (c'est-à-dire l'échelle du temps calculé depuis le méridien de Greenwich à midi) n'a été créé qu'en 1911, date à partir de laquelle il a été établi que le jour commence à minuit. Notre conception du temps moderne est donc fort récente.

Pour entrer dans la symbolique de l'horloge, je vous propose de nous concentrer sur le modèle à cadran et les grandes étapes de son évolution. Notons au passage que les dispositifs pour quantifier le temps ont été nombreux : les sabliers, les horloges à bougie, les horloges à huile, les très anciens obélisques égyptiens qui faisaient partie des horloges à ombres, les clepsydres ou horloges à eau, les horloges à encens chinoises et les cylindres à prières islamiques.

L'ancêtre de l'horloge s'appelle l'horloge fantôme. Cet appareil qui mesurait une partie d'une journée est à l'origine du cadran solaire. Le premier cadran solaire connu date de 1500 av. J.-C. et provient d'Égypte. Parmi ses différentes variétés, on trouve le cadran canonial, utilisé du VIIe au XIVe siècles et destiné à rythmer les offices religieux. On peut d'ailleurs souligner ici l'importance des horloges dans la vie religieuse et les actes liturgiques, beaucoup d'églises ayant un cadran sur leur beffroi. Le pendant nocturne du cadran solaire est un cadran appelé le nocturlabe. Il mesurait les heures de la nuit à l'aide des étoiles. L'heure qu'il mesurait était l'heure sidérale (c'est-à-dire avec un jour d'écart par rapport à l'heure solaire). Les nocturlabes étaient donc équipés d'une grille de correction du temps sidéral sur le temps solaire. Et tout comme les cadrans solaires, ils étaient inefficaces par temps nuageux…

Enfin, l'astrolabe planisphérique est un outil complexe et ancien, capable de donner l'heure solaire véritable. Il apparaît à la fin de l'Antiquité, mais sera surtout exploité par les astronomes arabes, puis arrive en Europe vers l'an 1000. C'est un instrument astronomique universel qui a traversé le temps jusqu'à l'époque moderne puisqu'il servait aussi à régler les horloges mécaniques.

Les premières horloges mécaniques font leur apparition vers la fin du XIIIe siècle. Il faudra attendre le début du XVe siècle environ pour que les modèles à cadrans soient inventés en Europe et qu'ils s'imposent comme le principal outil de mesure du temps jusqu'à l'apparition de l'horloge à pendule en 1656, réalisée par un mathématicien et astronome néerlandais du nom de Christian Huygens. Ce prototype n'avait qu'une seule aiguille qui faisait le tour du cadran en 24 heures. En 1660, le modèle d'échappement à ancre créé par William Clément permet un angle d'oscillation plus faible que le balancier, offrant une plus grande précision. Il est alors très apprécié par la marine car il permet de mesurer les longitudes avec une marge d'erreur raisonnable. L'aiguille des minutes n'apparaîtra qu'au XVIIe siècle. La première horloge électrique est créée en 1840 par l'Anglais Alexandre Bain, et la première horloge à quartz voit le jour en 1927 grâce à Warren Morrison et Joseph W. Horton. La précision obtenue par le quartz est dix fois plus élevée qu'avec le système mécanique. C'est en1954 qu'apparaît le premier prototype d'horloge atomique qui fonctionne grâce à l'action des électrons dans un atome. Depuis 1990, les horloges atomiques sont de plus en plus sophistiquées et auraient une marge d'erreur infinitésimale, de l'ordre de moins d'une seconde tous les 150 millions d'années.

Le calcul du temps n'a eu de cesse de s'améliorer pour se préciser. Ainsi, la valeur de la seconde a été régulièrement recalculée. En 1875, le bureau des poids et mesures la définit comme étant la 86200e partie du jour. Mais la rotation de la Terre autour du Soleil entraînant des écarts trop significatifs, les scientifiques ont cherché d'autres repères. En 1956, la seconde est redéfinie comme étant la 31 556 925,9747e partie de l'année tropique (ou année solaire) sur la base de l'année 1900 comme point de référence.

Ce n'est qu'en 1967 que la durée de la seconde est dissociée du mouvement de la Terre pour être reliée au mouvement d'un atome. Le temps universel coordonné permet alors d'ajuster le temps atomique au temps solaire, ce qui nécessite des réglages réguliers. Tous les six mois, le service international de la rotation de la Terre peut ajouter ou retrancher une seconde au temps atomique. Depuis 1972, vingt-deux secondes ont été ajoutées au total.

Enfin, plutôt que d'entrer dans les détails de l'histoire, des fabrications et des améliorations, je voudrais attirer l'attention sur le fait que les différents instruments de mesure du temps se sont développés autour du ciel et des quatre éléments. Le ciel a donné les horloges stellaires, cadrans solaires, astrolabes, nocturlabes. L'eau a donné les horloges hydrauliques (clepsydres), la terre les horloges à sable (sabliers), le feu les horloges à feu (horloges à bougies, à encens, à huile), et l'air les horloges pneumatiques. Intéressant, comme l'espace et le temps sont indissociables...

L'horloge continue de regarder notre temps s'écouler, et son tic-tac désormais silencieux accompagne notre passé, notre présent et notre futur... inlassablement.

La carte de l'Horloge représente le temps qui passe, la régularité, la durée, la patience, l'attente, le rythme, la ponctuation, la cadence, l'ennui, la maturité, la sagesse.

Mais aussi l'urgence, la précipitation, l'éphémère et la fugacité.

Si vous avez tiré la carte à l'endroit

La carte de l'Horloge vous invite, d'une manière générale, à prendre le temps. Le temps de la réflexion, de la mise en œuvre ou de la réalisation. Cette carte indique que toute précipitation serait mal venue et contre-productive. Ne lancez pas d'actions prématurées. La patience est ici de rigueur. Que votre préoccupation soit d'ordre sentimental ou professionnel, l'horloge indique que le Temps jouera en votre faveur. Même si cette attente vous semble frustrante, elle est nécessaire pour l'instant. Le temps qui s'écoule a plusieurs fonctions, dont celle, parfois, de nous aider à reconsidérer les choses. Peut-être avez-vous un projet qui requiert plus de maturation ? Peut-être n'êtes-vous pas tout à fait prêt à faire ce que vous êtes sur le point d'entreprendre ? Accordez-vous un délai avant d'agir.

Par ailleurs, l'Horloge nous apprend que la régularité et la persévérance sont parfois des ingrédients indispensables à la réussite. Dans une relation comme dans une réalisation personnelle, le temps apporte maturité et sagesse.

Si vous souhaitez que ce que vous vivez s'inscrive dans la durée, il faut « laisser du temps au temps ». Accepter le fait que, parfois, la temporalité extérieure n'est pas identique à notre temporalité intérieure, et qu'il y a un sens à tout cela. Parfois, le temps nous semble long... N'ayez pas peur de l'ennui ou de la vacuité, acceptez cette pause qui s'impose. Gérez votre impatience et votre empressement. Comprenez qu'il y a un temps pour tout. L'Horloge nous enseigne la notion de « bon moment ». Avant, c'est trop tôt ; après, c'est trop tard. Mais que se passe-t-il dans cet instant que l'on appelle le présent ? Apprenez à ressentir le temps comme un élément essentiel à votre évolution. De ce vieux dicton « Chaque chose arrive à point à celui qui sait attendre », retenons une chose : l'attente, si elle est vécue comme une étape nécessaire pour que la vie puisse développer nos désirs, sera productive et épanouissante.

Ayez confiance et n'oubliez pas : le Temps fera son œuvre.

Si vous avez tiré la carte à l'envers

La carte de l'Horloge tirée à l'envers indique une situation d'urgence : vous devez vous activer sans perdre de temps ! Vous avez trop tardé, remis au lendemain ce qui devrait déjà être fait. Dépêchez-vous, le compte à rebours a commencé, et il ne vous reste pas beaucoup de marge avant la date limite ! Concentrez-vous sur les priorités du moment et faites ce que vous avez à faire dès aujourd'hui.

Cette carte à l'envers vous interroge sur une tendance à procrastiner. Est-ce de l'angoisse ? Un manque de motivation ? Vous devez lutter contre cette manie de repousser les échéances. À force de remettre à plus tard, vous risquez de passer à côté d'une occasion. Saisissez celles qui se présentent à vous dès maintenant ! Cessez d'ajourner !

Peut-être avez-vous l'impression que, ces derniers temps, votre rythme s'accélère, que vous ne voyez pas passer les journées ? Que vous manquez de temps ? Vous n'avez plus une minute pour souffler ? Vous traversez peut-être un « couloir du temps », qui vous donne l'impression qu'il se dérobe à vous. C'est sans doute une période pendant laquelle certains paramètres de votre vie ont besoin d'être « réinitialisés ». Votre fréquence vibratoire change et s'aligne sur une vibration extérieure. Prenez-en conscience et ajustez votre allure pour tenir la cadence. Vous devez vous organiser au mieux pour ne pas être débordé.

Enfin, l'Horloge à l'envers vous rappelle que la vie est éphémère et que tout peut basculer d'une minute à l'autre. Elle vous invite donc à profiter de l'instant présent sans regarder vers le passé ou focaliser sur l'avenir. Le Temps s'enfuit inévitablement pour chacun de nous, et rien ne sert de courir après. Une vie humaine ne dure qu'une seconde d'éternité. Ne passez pas à côté, vivez cette intensité de la Vie, même si ça bouscule !

Et, soyez-en sûr, le bon moment, c'est maintenant !

La Boussole

ORIENTATION/ÉGAREMENT

Si tu veux progresser vers l'infini,
explore le fini dans toutes les directions.

Johann Wolfgang von Goethe

Histoire, signification et symbolique

La boussole est un instrument de navigation maritime et terrestre, où sont représentés les quatre points cardinaux. Elle indique en direction de référence le nord magnétique, à l'aide d'une aiguille aimantée.

Elle a été inventée en Chine, mais la date précise de son apparition et de ses premières utilisations concrètes est à ce jour inconnue. Les premières boussoles auraient servi à harmoniser énergétiquement l'environnement selon les lois du feng shui, puis elles eurent un usage maritime principalement. Dans la littérature chinoise, les premières expériences consacrées au magnétisme et à l'aimantation du fer sont relatées à partir du IVe siècle av. J.-C., et l'attraction d'une aiguille par un aimant est mentionnée dans un ouvrage écrit entre 70 et 80 après Jésus-Christ. Mais la première description véritable d'un instrument d'orientation se trouve dans un récit écrit entre 1040 et 1044, en utilisant l'image d'« un poisson indiquant le sud ». Cette appellation se retrouve par ailleurs dans d'autres textes, notamment des écrits militaires qui expliquent comment se diriger en cas de grandes difficultés, quand la nuit est noire ou lors des tempêtes. Pourtant, il semblerait que la boussole ait été utilisée d'abord sur terre puis sur mer, le premier récit approuvé de son utilisation pour la navigation datant seulement de 1117.

En Occident et au Moyen-Orient, l'utilisation de la boussole est plus tardive. En Europe, l'usage en marine d'une aiguille magnétisée est mentionné pour la première fois en 1190, et en Perse en 1232. On sait avec certitude que les navigateurs européens se sont servis de boussoles dès le XIVe siècle, même si ce n'est qu'au XVIIe siècle que le magnétisme est réellement compris, expliqué et utilisé.

Certains modèles anciens, comme les astrolabes, comportaient un cadran solaire, ce qui permettait à la fois de se diriger et d'avoir la notion d'une heure approximative. On notera ici la symbolique de la boussole qui nous aide à nous orienter non seulement dans l'espace mais aussi dans le temps…

Les boussoles d'orientation terrestres sont différentes des boussoles maritimes ou aéronautiques que l'on nomme plutôt « compas ». Pour les premières, c'est le porteur qui oriente la boussole en fonction de la direction à suivre, alors que les secondes tournent devant un repère fixe appelé ligne de foi et indiquent le cap à suivre.

La boussole est l'outil de l'explorateur et du navigateur, parfois aidé aussi d'une carte voire d'une horloge. Elle a permis aux hommes de partir à la conquête de terres nouvelles, de faire les grandes découvertes de l'époque coloniale, en traversant les mers et les océans qui étaient de véritables inconnus à ce moment-là. La boussole a donc offert aux humains une guidance là où ils n'avaient aucune notion des distances et de l'espace. Elle est à la fois une invitation à l'aventure, mais aussi un gage d'interprétation des références naturelles pour se guider en territoires nouveaux et incertains. Elle incarne les repères et la capacité à tracer son chemin dans l'immensité de l'inconnu.

Pour tous les curieux qui voudraient pousser « l'exploration de la boussole » encore plus loin, je vous invite à consulter l'article du professeur Jean Fisette (Université du Québec) qui s'intitule « Les signes pour se guider dans l'univers. La boussole, l'astrolabe, l'arbalète, le loch… et le GPS. »

La carte de la Boussole représente l'aventure, l'exploration, l'orientation, la guidance, les carrefours de l'existence, les choix, le cheminement intérieur et extérieur, le sens giratoire de l'Univers.

Mais aussi l'égarement, la perte de repères, l'inconnu, et le fait de se sentir déboussolé.

Si vous avez tiré la carte à l'endroit

La carte de la Boussole est une invitation à l'exploration en vue de trouver la nouvelle orientation de votre vie. Elle vous incite à vous mettre en mouvement avant même d'avoir une direction précise en tête. En effet, explorer, c'est partir à l'aventure sans forcément avoir un but défini. L'exploration n'a pas de finalité en soi. Elle est en elle-même l'objectif. C'est une notion de parcours sans arrivée.

Si vous avez tiré cette carte, c'est que vous devez vous mettre en route sans peur de vous perdre. Parce que vous allez avancer et cheminer, vous comprendrez peu à peu où l'Univers veut vous emmener et où vous êtes attendu. Un itinéraire se dessinera au fur et à mesure que vous ferez la démarche d'aller vers l'inconnu. Osez explorer sans frontières ni limites de nouveaux territoires et soyez sûrs que la Boussole vous garantit de ne pas faire fausse route.

Bien au contraire, si cette carte s'est manifestée, c'est que vous pouvez vous autoriser à vous aventurer hors des sentiers battus, ce qui est le seul vrai moyen de découvrir et d'être surpris. La Boussole représente l'orientation au sens large. Elle aide les humains à retrouver leur chemin pour continuer à avancer, et donc à trouver leur place dans le Tout, dans l'Univers. Grâce à elle, on peut décider de s'éloigner un moment de sa trajectoire, de sortir de sa zone de confort pour aller beaucoup plus loin. Elle nous relie à notre boussole interne, celle qui guide nos pas puisqu'elle ne bouge que si nous bougeons. Les territoires vers lesquels vous vous engagez à présent peuvent être symboliques ou intérieurs. Quoi qu'il en soit, la Boussole vous accompagne afin que vous ne perdiez pas le nord, c'est-à-dire l'axe qui vous permet de retrouver votre chemin quand vous le souhaitez. Qui dit cheminement dit carrefour et choix à faire. Avec la carte de la Boussole à vos côtés, vous prendrez la bonne direction et les bonnes décisions.

Soyez à l'écoute de votre boussole interne. Elle suit le sens logique de votre vie et vous montre la voie. Et, comme l'a dit Helen Keller, « La vie est une aventure audacieuse ou elle n'est rien. »

Si vous avez tiré la carte à l'envers

À l'envers, il est possible que la Boussole vous interroge sur un sentiment d'égarement. Beaucoup d'expressions sont très parlantes pour indiquer la sensation d'être « perdu » ou d'aller dans la mauvaise direction : « être à l'ouest », « faire la girouette », « marcher à côté de ses pompes », « ne plus savoir où on habite », « aller droit dans le mur », « se sentir déboussolé, désorienté »… Dans chaque cas, cela traduit un inconfort et une perte de repères.

La Boussole intervient alors pour vous dire : « Si tu ne sais pas où tu es, c'est que tu ne sais pas où tu en es. » Elle vous interpelle sur la nécessité de vous centrer pour activer votre guidance intérieure. Ce qui aiguillera vos pas se trouve en vous-même. Vous êtes actuellement à la croisée des chemins et vous n'alliez pas marquer un arrêt. Stoppez votre lancée ! Parfois, le trajet le plus évident est une illusion. Faites une pause et observez calmement où vous en êtes dans votre parcours de vie. Y a-t-il une option que vous avez négligée ? Une bifurcation que vous avez prise trop vite ? Un itinéraire bis que vous n'aviez pas vu ? Ou, au contraire, avez-vous suivi une déviation qui vous a éloigné de votre objectif initial ?

Il y a un sens à cet égarement. L'Univers vous invite à faire du hors-piste pour vivre des expériences qui ne vous auraient pas été proposées sur votre ligne droite et dans vos projets tout tracés. Nous avons tous des « autoroutes synaptiques ». C'est-à-dire des mécanismes de réflexion et d'action qui prennent le plus court chemin. Celui que nous pensons être le plus efficace, le plus facile pour nous, le plus accessible et le plus rapide. Ces raccourcis, s'ils sont en apparence un gain de temps, ne nous permettent pas d'élargir nos horizons et nos champs des possibles. La Boussole nous enseigne qu'il faut accepter de se perdre un peu pour découvrir beaucoup, que l'égarement est nécessaire en ce qu'il est porteur de propositions d'expérimentations nouvelles. Jean-Jacques Schuhl a dit : « La meilleure façon de ne pas se perdre, c'est de ne pas savoir où on va. » Cela peut paraître paradoxal, mais c'est exactement de cela qu'il s'agit. La vie vous a fait faire un détour qui vous désoriente… pour le moment. Abordez ce chemin de traverse avec l'envie d'y découvrir quelque chose et la confiance en l'idée que vous vous êtes éloigné de votre plan pour votre bien.

Répétez-vous cette phrase : « C'est rassurant d'être perdu dans la bonne direction. »

Le Gouvernail

DIRECTION/DÉRIVE

L'homme sans but est un navire sans gouvernail.

Thomas Caryle

Histoire, signification et symbolique

On connaît plusieurs formes de gouvernails, mais on en trouve de forme ronde dès l'apparition des premiers navires. Dans l'Antiquité, ils étaient équipés de deux rames, à bâbord et à tribord, en arrière de la poupe et ce système était appelé gouvernail-rame. La preuve de son efficacité est controversée, mais il semble tout de même qu'il ne permettait pas une grande précision d'orientation, du moins sur les embarcations de grandes tailles, dû à l'effort requis par le timonier[6] pour le manier correctement, en particulier sur des eaux agitées.

Au xe siècle, une nouvelle technique plus efficace apparaît notamment sur les drakkars des vikings. Il s'agit d'un unique aviron latéral positionné à tribord, souvent surdimensionné. Cette planche est appelée aviron de direction ou gouvernail latéral. Cette invention fut capitale dans l'évolution de la navigation et des conquêtes, en permettant l'essor de la fabrication de navires beaucoup plus imposants.

Dans le recueil médiéval *Les Rôles d'Oléron* sur les coutumes maritimes, le gouvernail y est décrit comme un objet sacré, sans doute parce que le monde marin est encore à cette époque un univers mystérieux. Seuls les aventuriers et explorateurs se risquaient alors à prendre la mer. Soulignons aussi que le gouvernail a presque une fonction surnaturelle : malgré sa petite envergure, il est capable de diriger d'énormes bateaux — d'une façon quasi mystique pour les non-initiés.

Puis, au cours du xiiie siècle, le gouvernail dit d'étambot fait son apparition dans les régions de la Baltique. Il se fixe à l'arrière et permet un meilleur contrôle de l'embarcation, en termes de maniabilité et de direction. Sa naissance est un héritage des Croisades. L'Occident s'enrichit à cette occasion des découvertes du monde arabe, qui lui-même avait emprunté

6. Timonier : matelot en charge de tenir la barre ou timon, appelé également barreur.

cette technique de pilotage de navire à la Chine, où elle était vraisemblablement utilisée depuis des millénaires.

Sur le navire, la partie du gouvernail utilisée pour l'orienter s'appelle barre à roue ou barre de gouvernail. Associée avec les différents mécanismes de pilotage décrits ci-dessus, elle constitue ce que l'on nomme la gouverne. Selon les besoins de l'embarcation, la barre pouvait être horizontale et directement reliée au gouvernail. Dans les faits, ce n'est que vers la fin du XVIIe siècle que la barre à roue se généralise. Pourtant, dans la mythologie, le gouvernail « rond » est bien connu puisqu'il est l'attribut de la déesse de la Destinée : Fortune pour les Romains, Tyché pour les Grecs.

Dans l'Antiquité, le symbole du gouvernail est souvent pris comme exemple ou métaphore pour illustrer les propos des grands philosophes tels Platon et Socrate dans *La République* pour figurer l'art de gouverner, Aristote dans *La physique* pour l'étude des réciprocités ou encore Alexandre d'Aphrodise dans son traité *De l'âme* où il compare l'âme au pilote d'un navire.

De plus, durant l'époque antique, le gouvernail était le signe qu'on s'en remettait au hasard et à la bonne fortune. Les marins avaient conscience que des forces supérieures, naturelles ou divines, pourraient décider du sort du bateau. Celui qui embarquait pour une grande traversée ne savait jamais exactement ce qu'il adviendrait. Tenir le gouvernail, c'est donc à la fois accepter la responsabilité de diriger son navire, mais également le fait de ne peut-être pas tout contrôler. Le gouvernail représentait l'alliance entre la capacité à « gouverner » et la part de chance ou de malchance que personne ne peut commander. Il est le signe de l'engagement que prend celui qui le tient entre ses mains à mener son embarcation à bon port. Il offre à son capitaine l'autorité reconnue par l'équipage de gérer et de décider où aller et comment s'y rendre. À l'instar de la roue qui peut tourner dans un sens ou dans l'autre, le gouvernail symbolise la sagesse et la volonté face aux coups du sort et l'imprévisibilité de la vie.

Si vous souhaitez entrer dans les détails de l'histoire du gouvernail, je vous suggère cet ouvrage de référence : *Histoire du gouvernail, son origine et son évolution*, du commandant Guilleux La Roërie[7] ainsi que l'article « Le gouvernail égyptien » d'Emmanuel Nantet[8].

La carte du Gouvernail représente la maîtrise, la direction, les grandes traversées, les remous de l'existence, l'insubmersibilité, le pouvoir de mener sa vie comme bon nous semble, le fait de garder le cap, les courants favorables et défavorables.

Mais aussi les écueils, les tempêtes, l'engloutissement, la perdition, le naufrage et la dérive.

7. Louis Guilleux La Roërie, *Histoire du gouvernail, son origine et son évolution*, La Découvrance, 2007.
8. Consultable en ligne sur www.academia.edu/3559769/Le_gouvernail_%C3%A9gyptien.

Si vous avez tiré la carte à l'endroit

Cette carte attire votre attention sur la manière dont vous dirigez votre vie. Vers quelle destination menez-vous votre embarcation? Les conditions sont-elles favorables, changeantes, houleuses? Quelle que soit la météo du moment, le Gouvernail vous rappelle que vous avez le pouvoir de maîtriser la situation. Même si l'horizon s'obscurcit, même si les flots se déchaînent, vous ne sombrerez pas. Peut-être que votre équilibre sera précaire pendant un moment, que votre vie va tanguer un peu, ou même que vous serez amené à traverser des tempêtes, mais le Gouvernail vous assure que vous êtes insubmersible. Restez concentré et gardez votre cap autant que possible, tout en vous adaptant aux remous de l'existence. Mettez à profit cette période tumultueuse pour observer ce qui se passe. Car la beauté de l'écume naît d'un vent violent et d'une mer tourmentée...

Le Gouvernail vous invite également à être à l'écoute des éléments extérieurs et à essayer de ressentir là où le vent veut vous emmener. Dans ce cas, il vous donne à la fois la capacité d'accepter de changer de cap, d'accompagner le mouvement et de suivre le courant, et de conserver votre pouvoir personnel : vous êtes le capitaine! Car avec le Gouvernail entre vos mains, vous restez maître de votre destin au-delà de la destination que vous vous êtes choisie. Si l'Univers vous chahute et souffle sur votre voile, c'est peut-être pour vous rappeler que vous naviguez sur un océan des possibles et que vous êtes capable d'aller beaucoup plus loin, d'élargir vos horizons. Profitez de cette occasion pour prendre le large, et n'oubliez pas ceci : la destination est un but, mais la vie est un voyage!

Si vous avez tiré la carte à l'envers

À l'envers, la carte du Gouvernail indique que vous vous laissez un peu trop porter par le courant, sans vraiment savoir où vous allez. Cela peut se manifester par une sensation de flottement ou par du temps qui s'écoule nonchalamment, une routine à la vitesse de croisière, un vague à l'âme existentiel comme si vous voguiez au gré du vent sans but précis. Mais « Il n'y a pas de bon vent pour celui qui ne sait où il va », disait Sénèque. Vous dérivez lentement mais sûrement... et vous ne voyez pas les dangers qui vous guettent. Soyez vigilant. Ce petit flux et reflux qui vous remue mollement n'est que l'expression du calme avant la tempête. Les vents sont imprévisibles, et les récifs se rapprochent! À force de vous laisser ballotter par les événements sans réagir, vous pourriez vous retrouver face à une mer agitée prête à vous engloutir. Si vous êtes facilement submergé, que vous vous noyez dans un verre d'eau, que vous avez la sensation d'échouer à chaque nouvelle entreprise... le tsunami qui se prépare vous fera à coup sûr chavirer! N'attendez plus : empoignez dès maintenant votre gouvernail, redressez la barre et affrontez cette déferlante qui arrive droit devant! Vous pouvez éviter les écueils à condition d'être maître à bord. Le raz de marée vous a momentanément emporté? Sortez la tête de l'eau, regagnez votre bateau, et vogue la galère! Rien n'est gagné ni perdu d'avance, mais vous seul pouvez donner un nouveau sens à votre traversée.

Alors, il est temps de reprendre les commandes de votre navire et de donner à votre vie la direction que vous souhaitez!

La Roue des Possibles

OPPORTUNITÉS/BLOCAGES

Nos désirs sont les pressentiments
des possibilités qui sont en nous.

Johann Wolfgang von Goethe

Histoire, signification et symbolique

La Roue des Possibles est une allégorie pour évoquer les courants favorables et les opportunités qui se manifestent au cours d'une vie, mais aussi la capacité et le devoir que chacun a d'œuvrer pour découvrir son potentiel et aller jusqu'au bout de ses possibilités. Cette partie sera donc plus succincte, car elle n'existe pas en tant que cercle dans l'Histoire. Néanmoins, je souhaiterais faire un parallèle avec la roue de Deming, une roue moderne créée en 1950 par William Deming, statisticien et universitaire américain, pour aider les entreprises dans leur gestion de projets. Dans le monde de l'entreprise et du business, savoir saisir les opportunités, identifier les courants porteurs et surfer sur la vague sont des qualités indispensables à la réussite. La roue de Deming, aussi appelée PDCA (*Plan Do Check and Act*), est une méthode d'amélioration continue s'appuyant sur quatre phases : prévoir, faire, vérifier et réagir. Elle a pour but d'apporter de la qualité mais aussi bien sûr de la performance, et travaille comme la méthode d'analyse SWOT autour des notions « forces-faiblesses-opportunités-menaces ». Cette roue permet entre autres d'identifier ce qu'il faut accomplir, de mesurer l'efficacité, de piloter plus facilement un projet, de le rendre plus motivant, d'augmenter la rapidité d'exécution grâce à une meilleure maîtrise des tâches et fonctions de chacun, de repérer les paramètres externes et internes qui influencent le projet, d'analyser les raisons pour lesquelles la mise en œuvre fonctionne ou bloque, et d'être en capacité de corriger et d'apporter les réponses pour poursuivre l'amélioration. L'outil opérant est un référentiel de questions pour chaque phase. Utiliser la roue de Deming permet d'avoir des objectifs de plus en plus hauts car bien ciblés et adaptés au potentiel de l'entreprise. Le sujet est intéressant à aborder ici car, d'une certaine manière, la carte de La Roue des Possibles invite à faire de même sur un plan personnel. Si vous souhaitez en savoir plus sur la roue de Deming, n'hésitez pas à consulter le blog *LbdD – Le blog du dirigeant* et notamment l'article

« Qu'est-ce que la roue de Deming et comment l'utiliser ?[9] ». Vous y trouverez le référentiel des étapes et des questionnaires détaillés.

Dans un monde où la concurrence se doit d'être une stimulation et non une crainte, la Roue des Possibles représente le fait de savoir être réactif et compétitif. Il n'y a pas de place pour le doute, encore moins pour le pessimisme. Comme disait Winston Churchill : « Un pessimiste voit la difficulté dans chaque opportunité, un optimiste voit l'opportunité dans chaque difficulté. »

Nous traversons une époque où le défi est plus que jamais d'aller affronter la difficulté pour la dépasser et en même temps se surpasser soi-même. La citation d'Henry John Kaiser, industriel américain du siècle dernier — « *Les problèmes sont des opportunités en vêtements de travail* » — confirme le message de la Roue des Possibles : rien n'est insurmontable pour celui qui croit en son potentiel et travaille à la réalisation de ses ambitions. Au contraire, ouvrir son champ des possibles, c'est activer la vague de la réussite pour être propulsé en avant avec toujours un temps d'avance…

« Le futur appartient à ceux qui voient les possibilités avant qu'elles ne deviennent évidentes. » (Theodore Levitt, économiste américain.)

La Roue des Possibles représente les opportunités, l'ouverture, les courants favorables et facilitateurs, la fluidité, la flexibilité, la réalisation, le potentiel, la confiance, l'ambition, l'audace et la concrétisation.

Mais aussi les entraves, les blocages, l'adversité, la résistance, la rigidité, la fermeture, les forces contraires et les embûches.

Si vous avez tiré la carte à l'endroit

La Roue des Possibles manifeste une énergie positive et un encouragement. Elle se présente à vous pour vous dire : « Vas-y, tu peux le faire, c'est à ta portée. » Pour appuyer son message, elle vous enverra tous les soutiens nécessaires à la réalisation de votre objectif. Dès lors, vous devez être attentif à tous les signes qui vous donneront le top départ. Avec la Roue des Possibles, inutile de vous préparer trop longtemps à l'avance. Votre travail essentiel est de rester disponible et à l'écoute. Soyez flexible et prêt à surfer sur la vague. Suivez les vents ascendants, les courants porteurs. Si vous avez l'audace de votre ambition, l'Univers vous soutiendra et facilitera la concrétisation de vos projets.

Cette carte indique également que les choses se passeront avec fluidité et sans encombre. Vous n'aurez ni à vous battre ni à vous acharner pour arriver là où vous êtes attendu. Car il s'agit de la loi de l'opportunité : il y a ce que vous désirez et ce à quoi vous réfléchissez depuis longtemps, et puis il y a la chance qui s'ouvre à vous de

9. Voir www.leblogdudirigeant.com/la-roue-de-deming.

manière inattendue. C'est dans ces moments-là que le mot « opportuniste » prend tout son sens. Si vous acceptez de prendre le bon virage, vous irez là où une plus grande réussite est prévue pour vous.

Face à l'Univers, rien n'est figé, tout est en mouvement. Si vous vous engagez dans le mouvement qu'il propose, vous atteindrez des rivages encore plus grands et beaux que ce que vous aviez espéré. Mais pour cela, il faut une bonne dose de courage, de lâcher-prise, et une confiance absolue en la Vie.

Aucun chemin n'est entièrement tracé. Le vôtre est en train de prendre un tournant imprévu. Si vous faites corps avec l'énergie envoyée, vous serez porté de manière évidente et puissante.

La Roue des Possibles nous interpelle sur notre potentiel et la façon dont nous l'utilisons. Il y a tout un océan des possibles qui s'offre à nous, et bien souvent nous n'avons conscience que d'une infime partie de ces possibilités infinies. Nous passons donc à côté de certaines réalisations. Dès lors que nous accueillons les influences extérieures comme des aides pour nous pousser plus loin, nous optimisons notre potentiel, car nous lui permettons de se manifester ailleurs que là où, tout seuls, nous l'aurions amené.

La Roue des Possibles décèle vos talents, vos dons et vos prédispositions, et a pour but de vous permettre de les mettre en œuvre.

Bien sûr, si quelque chose vous tient vraiment à cœur, cette carte vous soutiendra dans votre entreprise afin que vous y parveniez sans effort.

Alliée au coup de pouce de l'Univers, votre motivation vous ouvrira en grand les portes de la réussite. La Roue des Possibles est venue vous délivrer un message qui sera, quoi qu'il en soit, très positif.

Comme le dit Damien Berrard, « L'opportunisme, c'est de savoir sauter sur l'occasion. L'opportunité, c'est lorsque l'occasion vous saute dessus ! »

Si vous avez tiré la carte à l'envers

À l'envers, La Roue des Possibles annonce des embûches. Alors que vous pensiez être à deux doigts de voir se réaliser votre objectif, le voilà qui s'éloigne. Vous avez beau tout mettre en œuvre pour que ça fonctionne, vous sentez qu'il y a quelque chose qui bloque. Ce qui semblait accessible ne l'est plus, et vous ne savez plus quoi faire pour que « ça marche ». La réponse est : rien ! Vous ne pouvez pas nager à contre-courant, les forces contraires sont bien plus puissantes que votre seule volonté !

Cette carte à l'envers vous met en garde contre votre entêtement et votre inflexibilité ! Les influences extérieures sont actuellement très mauvaises, et l'adversité est redoutable. Il serait risqué, voire dangereux, de vouloir forcer les choses.

De ce fait, la Roue des Possibles à l'envers vous propose de travailler sur ce qui, en vous, manque de souplesse. Si vous vous braquez, vous serez retourné comme une crêpe.

Ne vous mettez pas en résistance. Essayez d'accueillir le message de cette carte. Si vous éliminez toute forme de rigidité dans votre manière d'être, de penser et d'agir, vous comprendrez que, parfois, les choses ne se sont pas passées comme vous les avez d'abord appréhendées. Sur le moment, vous n'en avez pas eu conscience, c'est pourquoi cette carte vous enseigne l'acceptation et la confiance.

Ne doutez pas du bien-fondé de l'Univers. Ce que vous percevez n'est qu'une partie de la réalité, qui est bien plus grande. Il se peut que des portes se ferment pour votre bien, que ce qui ressemble à des entraves soit en fait une aide. Rappelez-vous cet adage : « Les problèmes sont souvent des opportunités déguisées. » Albert Einstein lui-même a dit : « Au centre de la difficulté se trouve l'opportunité. »

Pour que cette dernière se manifeste, il ne faut pas combattre la difficulté ni la contourner, mais bien y plonger. C'est-à-dire aller voir, au fond, ce qu'elle nous enseigne. Et ne pas avoir peur de passer à côté de quelque chose.

La Roue des Possibles à l'envers vous rappelle qu'à vouloir quelque chose coûte que coûte, on peut passer à côté de très belles occasions.

Ayez confiance en vous, en vos capacités, en votre potentiel. L'Univers se charge du reste.

Fortuna

CHANCE/INFORTUNE

La chance ne donne pas,
elle ne fait que prêter.

Proverbe scandinave

Histoire, signification et symbolique

Fortuna, « la Fortune », est la divinité qui préside au destin et dirige toute existence humaine. En soi, elle n'est ni positive ni négative et incarne les conditions aléatoires de la vie, avec un certain détachement. Elle n'est pas une « bonne » ou une « mauvaise » déesse, car la notion de bien ou de mal n'existe pas avec Fortuna. En un sens, on pourrait dire qu'elle n'est pas concernée par le sort des hommes et qu'elle actionne simplement la roue de la chance dans un sens comme dans l'autre, de manière totalement arbitraire. Pour cela, on lui attribue parfois un caractère capricieux, indifférent et implacable. C'est évidemment un grand paradoxe puisque c'est elle qui détient le pouvoir de l'avenir des humains tout en s'en désintéressant absolument ! Fortuna, c'est donc un peu une déesse à double visage, double personnalité, comme nous allons le voir.

Cette déité est apparue dans l'Antiquité. On la trouve chez les Romains, et chez les Grecs elle portait le nom de Tyché, son pendant chez les Égyptiens étant la déesse Isis. Il est intéressant de noter qu'à l'origine la Fortune et le Destin étaient deux notions distinctes l'une de l'autre. Chez les Grecs, la Fortune était même parfois décrite comme la compagne du Destin… Le Destin (*moira* en grec et *fatum* en latin) était une force aveugle, invincible, primitive, attachée à l'ordre du Monde, qui s'exécutait de manière absolue, liée à une connotation religieuse et à la dureté de la fatalité, et qui pouvait être vécue comme une punition. En revanche, la Fortune était la divinité de l'imprévu mais aussi de l'inespéré, fluide, représentant la mouvance et l'impermanence de la condition humaine, récompensant sans mérite ou déshéritant sans raison. En résumé, au départ, le destin « s'abattait » de manière brutale sans retour possible, là où la Fortune faisait « bouger » les événements, amenant des fluctuations mais aussi des retournements dans un sens comme dans l'autre. La rigidité de l'un s'opposait à la mobilité de l'autre. Avec l'évolution de la pensée philosophique de l'époque, le culte de la Fortune l'a emporté et s'est imposé face à celui du Destin, si bien qu'au fil du temps ils se sont confondus…

Chez les Romains, Fortuna est représentée la plupart du temps sous les traits d'une nymphe, jeune fille ailée à demi dévêtue et très souvent les yeux bandés, son pied en équilibre sur une roue ou une sphère qui flotte sur l'eau. Parfois, elle a en attributs une corne d'abondance et un gouvernail, symbole montrant qu'elle dirige l'existence et peut décider d'accorder la prospérité. Mais le fait que ses yeux sont bandés indique qu'elle n'a aucune connaissance de ceux à qui elle la distribue, et son pied actionne la roue au gré de mouvements fortuits et imprédictibles. C'est son côté déroutant qui la caractérise.

Chez les Grecs, sous les traits de Tyché, dont la parenté reste incertaine, elle incarne le bonheur éphémère et la chance, et n'a plus les yeux bandés. Vers la fin de la République romaine, Fortuna devient une « déesse » personnelle : elle est rattachée à certaines personnalités de pouvoir, tel Jules César, qu'elle est censée protéger et à qui elle doit offrir un destin favorable et chanceux. Elle est exclusivement positive.

Au Moyen Âge, il n'est pas rare qu'elle soit confondue avec le dieu Kairos, qui est une divinité ailée représentant la manifestation du temps, l'opportunité et les chances à saisir quand elles se présentent. « La roue de la Fortune » est devenue une expression courante au XIVe siècle, symbolisant parfaitement l'imprévisibilité de la vie, les coups du sort et l'aspect cyclique de la destinée humaine, tantôt en haut, portée par la chance, et tantôt en bas, frappée par l'infortune. Cette roue incarne le mouvement de rotation du cosmos autour d'un axe central, annonçant inexorablement d'éternels recommencements. Comme la roue tourne sans s'arrêter, elle évoque également des « revirements », c'est-à-dire qu'elle a la capacité à révolutionner complètement une vie. Ceux qui se trouvent placés en haut peuvent être éjectés à tout moment et projetés vers le bas, de même que ceux qui sont tout en bas peuvent être relevés et hissés vers la réussite. C'est une représentation symbolique courante au Moyen Âge, et on la retrouve notamment comme dixième arcane dans le Tarot de Marseille. La roue de la Fortune nous rappelle que rien n'est acquis pour toujours, et que les vicissitudes du hasard contrôlent notre vie, générant inconstance et retournement possible à chaque instant.

Pour tous ceux que le sujet passionne (comme moi !), vous trouverez des sources de renseignements fiables et fort instructifs dans « Le destin dans la Grèce antique » paru dans la *Revue des deux mondes*[10], ainsi qu'à l'article « Fortune » sur le site *Imago Mundi*[11].

Fortuna représente la chance, le destin, le hasard, la force supérieure, les lignes de vie, la cartomancie, la divination, la bonne étoile, les auspices favorables, l'abondance et les coups de pouce improbables.

Mais aussi l'infortune, le malheur, la malchance, l'inconstance de la vie, les bouleversements, les épreuves, la fatalité et les coups du sort.

10. Odile Tresch, « Le destin dans la Grèce antique », *Revue des deux Mondes*, janvier 2009, consultable sur www.revuedesdeuxmondes.fr/article-revue/le-destin-dans-la-grece-antique.
11. Voir www.cosmovisions.com

Si vous avez tiré la carte à l'endroit

Fortuna, c'est la destinée. Celle qui a été écrite pour nous. Celle qui demeure parfois mystérieuse, hasardeuse. Comme disait Paul Éluard, « Il n'y a pas de hasard, il n'y a que des rendez-vous ». Eh bien, si Fortuna s'est présentée à vous, c'est que vous avez rendez-vous avec votre bonne étoile ! À la grande loterie de l'Univers, vous avez tiré le numéro gagnant. Tout semble vous sourire. Vous êtes en veine. La conjoncture vous est extrêmement favorable. Tout ce que vous entreprenez se présente sous les meilleurs auspices. Vous êtes protégé.

Cette carte vous prédit un avenir radieux, des événements réjouissants, une évolution dans tous les domaines. Comme une voyante qui vous dit la bonne aventure, cette carte voit loin et surtout, elle voit beaucoup de bonnes choses ! L'horizon est sans nuages. Tout va aller comme sur des roulettes. Vous entrez dans une période très heureuse de votre vie. Et pour pouvoir la vivre à 100 %, vous devez absolument y croire ! Croire en votre chance est la première manière de l'activer. Comme l'a écrit André Régnier dans *Les Infortunes de la raison*, « Donnez une chance à la chance, alors elle devient une nécessité ».

Si vous avez tiré Fortuna, c'est qu'il vous est demandé d'incarner pleinement la réalisation de vos lignes de vie. Plus vous vous appuierez sur votre chance, plus elle se manifestera. C'est la loi d'attraction. Les joueurs le savent bien, il existe un « fluide » de la chance. Quand vous jouez au grand jeu de la vie, vous devez partir gagnant quoi qu'il arrive. Si, d'un coup, vous sentez que la chance tourne, alors n'insistez pas. Attendez de retrouver cette sensation d'être soutenu par des forces supérieures. Fortuna vous promet l'abondance, alors restez confiant et détendu. Ne doutez pas du fait que tout ce qui arrive en ce moment est de bon augure.

Parfois, se sentir aussi « favorisé » inquiète : il pourrait y avoir un prix à payer... Fortuna vous rassure, il n'en est rien. Recevez les bénédictions qu'elle vous envoie sans crainte de tout perdre. Soyez simplement reconnaissant pour les cadeaux du moment. Cette chance insolente, vous devez seulement la vivre pleinement, en profiter, la savourer, et remercier l'Univers.

Vous recevez la baraka, et c'est très bien. Vous avez le droit d'être heureux sans réserve et totalement satisfait de votre sort. C'est la plus belle manifestation de la gratitude.

Si vous avez tiré la carte à l'envers

À l'envers, Fortuna symbolise l'inconstance de la vie et le fait que tout peut basculer du jour au lendemain. C'est une instance qui nous dépasse et contre laquelle on ne peut lutter. Selon que la manivelle de l'Univers l'actionne dans un sens ou dans l'autre, Fortuna peut devenir terrible et terrifiante. Elle peut nous plonger dans une profonde détresse, matérielle ou affective. Cela nous renvoie, en tant qu'humains, à une force supérieure et aléatoire qui nous demande la plus grande humilité et une forme de soumission. Car nous ne comprenons pas toujours le sens caché de Fortuna. Il y a une notion d'acceptation de notre chemin et des initiations envoyées. Celles-ci sont rarement agréables, souvent vécues comme des épreuves, voire des punitions. Comme nous les subissons et qu'elles dépassent notre entendement, il est normal de ressentir de la colère et de l'injustice. Pourtant, face à Fortuna à l'envers, rien ne sert de se rebeller. Ne blâmez pas non plus la Vie pour ce qui vous arrive. Et, surtout, ne provoquez pas le destin : ce n'est pas le moment de jouer à la roulette russe ! Faites le dos rond et attendez que ça passe. Priez pour que ça passe vite… En effet, si parfois Fortuna prédit simplement un événement inattendu qui nous bouleverse, parfois elle annonce une période de malchance. Comme un domino qui tombe et en entraîne un autre qui en entraîne un autre… sans que l'on sache quand cela s'arrêtera. Nous avons tous connu, à un moment de notre vie, cette loi des séries.

Cette carte vous prévient qu'il va falloir vous armer de patience et de confiance, même si tout semble s'acharner contre vous. Comme si les foudres s'abattaient sur votre tête. Redouter les coups du sort ne les empêche pas de se produire. En revanche, savoir que, quelle que soit la difficulté du fléau, vous la surmonterez, cela vous donnera du courage. Si vous avez l'impression d'être un bouc émissaire, que l'infortune frappe à votre porte plutôt qu'à celle du voisin, que vous êtes en disgrâce depuis un certain temps, ou que vous attirez à vous toutes les calamités, courbez l'échine, mais ne baissez pas les bras. Vous ne devez pas renoncer à vos rêves ni abandonner la partie. Vous ne devez pas non plus vous considérer simplement comme une victime. Fortuna est imprévisible. On ne sait pas ce qui déclenche le malheur. Personne n'a jamais rien fait pour « mériter » de vivre des catastrophes. Fortuna en sens inverse nous met face à notre misérable condition humaine et nous rappelle que nous sommes bien peu de chose… Comme le dit un proverbe hollandais, « Quand la chance le désire, un homme est heureux ».

« C'était sa destinée », pourrait donc résumer Fortuna à l'envers. Et il n'y a rien à faire contre la fatalité. Malgré tout, n'oubliez pas ceci : à un moment ou à un autre, la roue finit toujours par tourner et en attendant, il vous est conseillé d'appliquer le proverbe latin et de « faire contre mauvaise fortune, bon cœur ».

L'Écu

GAIN/PERTE

L'argent n'est bon à rien
jusqu'à ce que vous fassiez
l'expérience de sa vraie valeur.

Phineas Taylor Barnum

Histoire, signification et symbolique

L'écu, dont l'appellation exacte fut en premier lieu « denier d'or à l'écu » avant d'être abrégée, est une monnaie qui apparaît en France au Moyen Âge. Elle commence à circuler à partir de 1263 suite à une réforme monétaire de Louis IX dont le but était de créer une monnaie de référence qui symboliserait l'unification du royaume. À cette époque, l'or est de nouveau utilisé pour frapper les pièces, après une interruption de plus de 250 ans. Grâce aux échanges commerciaux et aux croisades, le précieux métal abonde en Europe et les rois de France y voient l'opportunité de « redorer la monnaie royale », de la distinguer des monnaies féodales et d'afficher la suprématie de la couronne.

Jusqu'en 1640, les écus étaient très majoritairement des pièces d'or, seules quelques « quart d'écu d'argent », pièces qui valaient le quart d'un écu d'or, furent mises en circulation en 1580 sous Henri III. Elles perdurèrent jusque sous le règne de Louis XIV. Ce n'est qu'à la fin du règne de Louis XIII qu'arrive véritablement « l'écu blanc » ou louis d'argent, grande pièce en argent qui fut frappée pour la première fois le 23 décembre 1641. On mit alors en place un nouveau système qui durera jusqu'à la Révolution, avec trois sortes de pièces : le louis d'or, le louis d'argent et le liard en cuivre. L'écu d'argent fut assez populaire et sa valeur ne fit qu'augmenter jusqu'en 1793 où elle atteignit le double de sa valeur d'origine. De l'écu « constitutionnel » de 1792 en passant par l'écu « républicain » de l'an II, on dénombre une grande variété de pièces en argent. C'est la réforme monétaire de la Révolution qui remplace l'écu blanc par la pièce de 5 francs, mais lui conserve le titre d'écu la nommant « écu de 5 francs ». Ce sera le dernier écu frappé, avec pour particularité d'avoir sa valeur inscrite sur le revers.

Malgré la grande diversité d'écus en argent recensée, l'écu en or – frappé continuellement de Philippe VI de Valois jusqu'à Louis XIII et utilisé par de nombreux seigneurs célèbres, français et étrangers – reste la monnaie en or française la plus usitée jusqu'au XVIIe siècle.

Le terme écu fut largement employé jusqu'au début du XXe siècle, puis disparaît dans les années vingt.

Les écus ont été ornés de différents symboles, l'un des plus répandus étant le lys, mais également les armoiries du royaume, les différentes armes de France, des couronnes de laurier, croissant, couronne ou diadème, heaume, croix, sceptres, les lettres K et C pour les initiales du roi, et même des animaux comme le dauphin, l'hermine, le porc-épic et la salamandre. Et bien d'autres encore…

Sa valeur a varié au cours des époques car la proportion d'or contenue dans les pièces était définie par le roi, seul émetteur de pièces du royaume. À chaque nouvelle création, la quantité d'or était revue, souvent à la baisse, et le roi décidait de la valeur d'usage de la pièce, c'est-à-dire de sa conversion en monnaies plus courantes comme le sou (aussi appelés sol), la livre et le denier. Malgré cela, l'écu d'or est toujours et encore associé symboliquement à la richesse, au butin, ou aux pièces du trésor. Du fait qu'il n'était utilisé que par les riches, les chevaliers, les seigneurs, les nobles, l'écu est apparenté à une certaine classe sociale, des ressources suffisantes et un patrimoine. Les paysans et les roturiers quant à eux payaient beaucoup d'impôts appelés « droits » (la dîme, la taille, la gabelle, le cens, l'afforage, le tonlieu, les corvées, le droit de marché, le droit de terrage, le droit de gambage, etc.), mais sauf exception, ils payaient en nature. C'est probablement parce qu'il a longtemps été réservé à la haute société qu'il a gardé cette symbolique de fortune, de prospérité, d'opulence et de majesté. Encore de nos jours, la superstition veut que posséder un écu en or serait gage de chance et d'abondance matérielle.

Enfin, il est intéressant de rappeler que l'ECU ou European Currency Unit (en français Unité de compte européenne) est une devise internationale créée en 1979 avec le système monétaire européen afin de limiter les taux de change entre les pays membres de la Communauté économique européenne. Elle est l'ancêtre de l'euro qui fut finalement adopté lors du Conseil européen en décembre 1995, à la différence que l'ECU était une monnaie commune, c'est-à-dire constituée de toutes les monnaies européennes, tandis que l'euro est une monnaie unique. Grâce à l'ECU, la stabilité monétaire européenne eut pour la première fois une référence interne, et non plus externe comme c'était le cas jusqu'alors avec le dollar ou l'or.

La carte de l'Écu représente les gains, la richesse, l'argent, le trésor, l'investissement matériel, les placements, l'augmentation, la prévoyance, la sécurité, les moyens, les biens et le bénéfice.

Mais aussi la perte, le vol, la banqueroute, le gâchis, le gaspillage, les crédits, les dettes, l'insécurité et la pauvreté.

Si vous avez tiré la carte à l'endroit

L'Écu est une carte très favorable pour tout ce qui concerne le matériel. Vous avez le projet de faire une acquisition ? De demander une augmentation de salaire ? Vous souhaitez placer votre argent ? Avec l'Écu, non seulement tout est permis, mais vos initiatives seront encouragées et prospères. Sachant que toute richesse peut fructifier comme décroître, l'Écu nous enseigne malgré tout à être prévoyants et nous recommande de sécuriser une partie de nos biens. Vous pouvez jouer au poker, acheter des actions, investir en Bourse, mais restez modéré et assurez-vous de ce que les risques que vous prenez ne porteront pas préjudice à votre capital de départ. Car si l'Écu invite à investir, il nous apprend également la valeur de l'argent et nous interpelle sur les gaspillages. Il s'intéresse au rendement, à ce que vous êtes capable de faire et de créer avec l'énergie de l'argent. Ce n'est pas donné à tout le monde d'arriver à augmenter ses ressources et rentabiliser des fonds. Certains d'entre nous ont plus de facilité pour manier les finances et gérer une trésorerie. C'est l'un des enseignements de l'Écu : apprendre la bonne gestion en vue de préparer l'avenir, savoir profiter tout en gardant un pécule de prévoyance. Vous devez apprendre le langage des chiffres, équilibrer votre budget, les entrées et les sorties, et toujours visualiser votre compte en banque dans le positif. Grâce à l'Écu, vous serez en mesure de faire des économies sans pour autant vous priver. Vous ne manquerez de rien, vous aurez tout ce qu'il vous faut et même plus. Cette carte incite à utiliser l'argent facilement et sans restrictions, à condition d'être dans la conscience de ce qu'il représente et de son pouvoir. D'ailleurs, ne parle-t-on pas du « pouvoir » d'achat ? L'argent, la monnaie, les deniers vous offrent de la liberté, des possibilités, parfois des privilèges, et la capacité à mieux diriger votre vie en toute autonomie. L'argent, bien employé, est un cadeau. Comme l'a écrit Henry David Thoreau, naturaliste et essayiste américain du XIXe siècle, « La richesse est la capacité de vivre pleinement l'expérience de la vie ». En respectant les qualités de l'argent, vous apprenez à entrer dans l'énergie du « donner et recevoir ». Vous observerez alors que vos richesses s'équilibreront de manière évidente et sans aucune difficulté.

Avec l'Écu, c'est le bon moment pour épargner en vue d'un projet. Il vous assure que tous les placements et spéculations rapporteront des bénéfices intéressants.

Si vous avez tiré l'Écu, vous pouvez dépenser votre argent sans peur d'être à court. Tant que vos actes seront responsables et réfléchis, tout ira bien. Vous aurez de quoi satisfaire non seulement vos besoins, mais également vos envies.

Vos affaires seront florissantes, et votre train de vie sera agréable, sans aucun souci d'ordre matériel.

Si vous avez tiré la carte à l'envers

À l'envers, l'Écu attire votre attention sur la manière dont vous gérez votre argent et vos biens matériels. Il vous recommande de prendre des précautions. Que ce soit sur un plan purement financier ou dans la relation que vous entretenez avec ce que vous possédez, vous devez être plus responsable et respectueux. Comme le souligne Jonathan Swift, auteur anglo-irlandais du XVIIIe siècle, « Un homme sage devrait avoir de l'argent dans sa tête, mais pas dans son cœur ».

Si vous avez tiré cette carte à l'envers, soyez prudent, car elle annonce souvent une sortie d'argent imprévue, un vol ou une perte. Il serait préférable de ne pas faire de gros investissements, car vous pourriez le regretter. Attention aux achats compulsifs, aux dépenses superflues ou aux placements de toutes sortes. L'Écu à l'envers représente des périodes difficiles sur le plan pécuniaire. Si vous n'êtes pas prévoyant, vous pourriez vous retrouver d'ici peu dans une situation matériellement précaire. Il faut donc anticiper et vous serrer un peu la ceinture, pour être prêt en cas de coup dur.

L'Écu vous met également en garde si vous jouez aux jeux d'argent et vous rappelle que, parfois, c'est « quitte ou double ». Ce n'est pas le moment de vous amuser à pile ou face, car cette dimension aléatoire serait très risquée si vous ne savez pas vraiment sur quoi miser. Vous devez rechercher les valeurs sûres et ne pas vous engager sur des paris hasardeux, au risque de perdre gros.

De même, la période n'est pas propice aux emprunts ni aux prêts. Si vous êtes sur le point de prêter une somme à quelqu'un, réfléchissez-y à deux fois avant de le faire. Il se pourrait que vous ne revoyiez pas votre argent de sitôt…

Si votre situation est déjà difficile, que vous avez du mal à joindre les deux bouts, l'Écu à l'envers vous engage à resserrer les cordons de la bourse et à revoir la répartition de votre budget plutôt que d'envisager de faire un crédit qui ne fera qu'empirer la situation.

Enfin, cette carte vous demande de mettre vos comptes à jour, de manière concrète et symbolique. Réglez ce que vous devez dès maintenant, afin de ne pas glisser petit à petit vers un surendettement. Si vous avez commis des écarts, il est temps de rectifier votre conduite avant que la Vie ne vous rende la monnaie de votre pièce. Régularisez votre situation et demandez à l'Univers de vous envoyer « votre solde de tout compte ». Ainsi acquitté de vos dettes et tracas, vous repartirez sur des bases saines qui vous permettront d'envisager l'avenir avec plus de sérénité et de sécurité.

La Charrue

PRODUCTIVITÉ/STÉRILITÉ

La racine du travail est amère
mais son fruit est doux.

Proverbe danois

Histoire, signification et symbolique

La charrue est associée à l'agriculture, aux cycles des moissons, au recommencement et à l'âge d'argent. Pour en savoir plus sur ce dernier et le lien avec la charrue, je vous suggère de lire « Les cinq âges de la mythologie grecque selon Hésiode », sur le site *Développement durable, pour un avenir meilleur.*

La charrue est souvent décrite comme la descendante de l'araire, outil agricole déjà utilisé en Mésopotamie environ 7 000 ans av. J.-C. Si leur parenté est évidente, il semblerait néanmoins que charrue et araire étaient deux machines distinctes par plusieurs aspects, mais complémentaires et utilisées ensemble à des moments donnés.

L'araire est connu depuis le Néolithique de manière avérée, où elle a remplacé « le bâton à fouir ». D'une structure basique et de forme symétrique, tirée par deux bœufs, elle permettait simplement à cette époque de creuser le sol. On la retrouve dans toute l'Europe ainsi qu'en Chine entre 7 000 et 5 000 ans av. J.-C. La charrue de son côté présente une structure dissymétrique. Dite « charrue à versoirs », avec des socs dont les premiers ont été en planche, puis en métal, elle permet de retourner la terre et de la rejeter sur un côté. L'apparition de la charrue telle que nous la connaissons est attestée seulement à partir du IIe siècle, mais la description d'un outil agricole similaire a été faite par Pline l'Ancien dès la fin du Ier siècle. Elle fut l'une des inventions capitales dans l'essor de l'agriculture et se perfectionna au fil des ans. Avec la chute de l'Empire romain, elle se fait plus discrète pour revenir sur le devant de la scène à la révolution agricole du Moyen Âge, durant laquelle elle trouvera sa forme définitive.

La charrue laboure, c'est-à-dire va en profondeur retourner la terre, la préparant à recevoir le semis. On touche ici à l'un de ses symboles fondamentaux : la fertilisation. Son soc s'enfonçant dans le sillon de la terre représente le phallus qui pénètre le sexe féminin.

Dans l'action de passer la charrue sur une terre pour l'ameublir puis l'ensemencer, on peut voir la symbolique de l'union entre l'homme et la femme, du ciel et de la terre, la charrue étant l'emblème du principe actif mâle sur le principe passif femelle, la terre. Par extension, la moisson est considérée comme le fruit de l'union entre les deux. On retrouve la connotation sexuelle de la charrue dans l'expression « mettre la charrue avant les bœufs », qui à l'origine était « devant les bœufs ». En effet, entre le XIIIe et le XVe siècle, ce dicton aurait été une métaphore grivoise et érotique, la charrue désignant le pénis, et les bœufs les testicules. Elle était utilisée pour évoquer le repos du paysan qui, le soir, « labourait » une autre terre, mettant forcément sa charrue devant les bœufs, à l'inverse de la journée. Ce n'est qu'au XVIe siècle que cette expression a pris le sens que nous lui connaissons aujourd'hui, à savoir ne pas faire les choses de manière désordonnée, avoir du sens pratique, faire les choses dans le bon sens, mais aussi ne pas confondre la cause et la conséquence. Il est intéressant de constater le côté viril de la charrue et des bœufs en opposition à l'aspect féminin et maternel que transmettent la vache et la terre cultivée.

Par ailleurs, la terre retournée symbolise le renouveau, le recommencement, le début d'un cycle. On note au passage le lien avec une croyance mythologique celte dans laquelle l'ouverture d'un sillon dans la terre représentait le commencement du monde.

Mon attention a également été attirée par le fait que la charrue est un emblème très courant des blasons. On en trouve une multitude ! Cela s'explique par la volonté de mettre en avant le rôle de l'agriculture dans l'économie mais aussi le sens du travail et de l'effort.

De nos jours, la charrue est encore utilisée dans le monde agricole et le *design* des charrues à versoirs ne cesse d'évoluer dans un souci d'amélioration des productions.

Si vous souhaitez en savoir plus sur l'origine des charrues, je vous renvoie à l'article « Charrue, historique et fonction » sur le site *Les Mots de l'agronomie*[12], où vous découvrirez encore bien d'autres précisions.

La Charrue représente le travail, le labeur, le sens du devoir, le mérite, la force, la patience, les efforts, le terroir, la fécondité, la productivité, la moisson, la récompense et les récoltes.

Mais aussi l'épuisement, l'enlisement, les périodes de disette, l'improductivité, la pénibilité, la perte de temps et d'énergie, les affaires infructueuses, la jachère, parfois la passivité et la stérilité.

12. Voir www.mots-agronomie.inra.fr/index.php/Charrue,_historique_et_fonction

Si vous avez tiré la carte à l'endroit

La Charrue est liée à l'élément Terre et nous ramène justement à ce qui est élémentaire pour nous, fondamental. Comme la Terre, cette carte porte en elle des vibrations de stabilité, de patience, de force, mais aussi de douceur. Si vous l'avez tirée, c'est qu'elle vous engage à vous ancrer et à avancer avec continuité et persévérance vers votre but. C'est une forme d'encouragement qui vous confirme que non seulement vous êtes sur la bonne voie, mais qu'en plus vous pourrez récolter les fruits de votre travail. Elle vous l'assure : vos efforts d'aujourd'hui ne sont pas vains, au contraire ! Tout ce dans quoi vous vous impliquez avec ardeur, force et courage sera productif et réjouissant un jour prochain. La Charrue vous soutient dans vos actions et chaque fois que vous mettez votre énergie au service de votre ouvrage.

Étant associée au bœuf, c'est une carte solide et fiable, alliant des qualités symboliques de puissance et de fertilité, mais aussi, en référence à la « vache nourricière », de protection matérielle et maternelle, de sustentation. Son message sera donc très positif en réponse à toute question relative à la santé ou, bien sûr, au désir d'enfanter.

Le message de la Charrue se veut à la fois rassurant et motivant : assurément, tout ce pour quoi vous travaillez corps et âme paiera tôt ou tard ! Un peu de patience... La terre a besoin de temps pour laisser pousser les plantations, pour les porter à maturité en vue de la récolte. Bientôt viendra l'heure de la moisson, et celle-ci vous comblera ! D'un point de vue matériel, il n'y a aucun souci à se faire. La Charrue offre à celui qui a fourni un dur labeur la récompense qu'il mérite.

Elle vous enseigne également les notions de gratitude, de partage, d'offrande, mais aussi de demande et de cadeau. Le jour de la récolte, vous êtes invité à remercier et à offrir une partie de votre cueillette. La Terre-Mère est généreuse, prolifique. La Charrue vous conforte dans votre droit à demander si un jour vous veniez à manquer. C'est l'énergie du donner/recevoir qui se manifeste à travers la terre.

La Charrue vous rappelle aussi à votre sens du devoir : chaque jour, œuvrez pour rendre votre vie plus fertile, prenez soin de vos projets, arrosez-les, surveillez-les. Par ailleurs, vous êtes interpellé sur la manière dont vous cultivez votre jardin intérieur. Il est temps d'enrichir votre territoire. Ne laissez pas cette merveilleuse idée en friche ! Déblayez tout ça, élaguez le mental encombrant et préparez vos semailles ! Puis laissez germer cette petite graine d'envie qui révélera tout son potentiel au moment venu. Alors, vous pourrez en consommer le bénéfice avec délectation.

Si vous avez tiré la carte à l'envers

À l'envers, la Charrue indique que vous pourriez traverser une période assez laborieuse. Les efforts que vous avez fournis n'ont pas suffi à produire l'effet escompté, et vous sentez que vous commencez à fatiguer. Plus vous vous affairez pour tenter d'y arriver, plus vous vous rendez compte que vous vous enlisez. Faites une pause ! Votre corps ne tiendra pas longtemps si vous continuez à le solliciter de la sorte. Comparés à la pénibilité de la situation, les résultats ne sont vraiment pas satisfaisants. Acceptez le fait que ce que vous avez fait a été improductif et épuisant. Fort de ce constat, vous cesserez de perdre votre temps et votre énergie à vouloir récolter quelque chose qui refuse de pousser. Parfois, il faut savoir laisser en jachère un projet, le temps que les ressources nécessaires à sa réalisation se rassemblent.

Si votre question est d'ordre sentimental, essayez de comparer votre cœur à un petit jardin. Est-il desséché ? Aride ? Buissonneux ? Quand a-t-il cessé de fleurir ? La Charrue à l'envers n'augure pas de bonnes choses. Sa terre est infertile et non propice à abriter de nouvelles graines. Elle ne peut ni recevoir ni donner… Elle a besoin pour le moins de se reposer, ou peut-être même qu'elle vous engage à rechercher ailleurs une relation qui sera plus nourrissante et féconde.

D'un point de vue professionnel ou personnel, elle incite à reconsidérer les actions dans lesquelles vous vouliez vous impliquer, au risque de gaspiller votre temps et votre capital tant énergétique que financier. Par ailleurs, elle met en garde contre d'éventuels problèmes matériels et peut annoncer des périodes de vaches maigres. Les affaires risquent d'être infructueuses…

La Charrue vous fait la proposition suivante : puisque rien ne semble fructifier comme vous l'auriez souhaité, optez pour la passivité. Mieux vaut ne rien faire que de s'user sans aucune satisfaction à la clef. Et ce, quel que soit le domaine de votre vie dans lequel la Charrue est apparue.

Arrêtez de vous acharner à poursuivre ces corvées. Vous n'êtes pas là pour vous « tuer à la tâche » !

Le Chariot

MOUVEMENT/INERTIE

Notre vie n'est que mouvement.

Michel de Montaigne

Histoire, signification et symbolique

Le chariot est le symbole du transport, des impulsions, du mouvement, des grandes avancées, parfois aussi des emballements.

Sous l'Empire romain, un immense réseau routier se développa, aussi bien pour les déplacements usuels qu'au profit du commerce, ce qui nécessita la création de moyens de transport terrestre efficaces. Les distances parcourues étant de plus en plus longues, on laissa peu à peu de côté l'utilisation du cheval ou du mulet en simple monture, leur préférant des attelages et des chariots, pour le transport des marchandises et des personnes. Les chariots des paysans étaient simples et le plus souvent tractés par des bœufs ou des mulets, tandis que ceux des riches étaient confortables et tirés par des chevaux. On trouve différents modèles en fonction des besoins et de la classe sociale. Les transports de personnes les plus rapides, pouvant effectuer jusqu'à cinquante kilomètres par jour, étaient le *cisium*, petit chariot très basique pour deux personnes, et l'*essedum*, plus confortable, sorte de taxi de l'époque pour un passager et le cocher, les deux modèles étant tirés par un seul cheval ou un mulet. Le *carpentum*, quant à lui, se déclinait en deux versions. Le grand *carpentum*, d'un côté, véhicule à quatre roues très confortable, doté d'un toit et tiré par deux chevaux, destiné aux personnes aisées. Son cocher était placé devant et à l'extérieur, ce que l'on retrouvera dans les futurs carrosses ou les diligences western. Et le petit *carpentum*, d'un autre côté, appelé aussi *carrura*, avec ou sans toit et seulement deux roues, mais tiré par deux chevaux ou mulets. Les deux sortes de *carpentum* pouvaient parcourir jusqu'à quarante kilomètres dans une journée. Les *carpenta* et les *cisia* pouvaient se louer au relais de poste. On connaît aussi l'existence d'un chariot plus long équipé de plusieurs bancs, appelé *rodea*, qui servait de transport en commun pour les longs trajets, et parcourait également jusqu'à quarante kilomètres par jour. Les véhicules de marchandises étaient fort nombreux et dépendaient de l'usage prévu. Regroupés sous l'appellation *plaustrum*, ils divergeaient dans leur forme et leurs dimensions, certains étant munis de gigantesques tonneaux par exemple.

Bien que très populaire sous l'Empire romain, l'usage des chariots semble n'avoir pas été autorisé durant la journée dans les grandes villes, à cause du bruit des roues ferrées sur les pavés. Les voyageurs qui se rendaient d'une ville à l'autre circulaient plutôt de nuit.

On ne peut pas parler du chariot sans évoquer l'un des véhicules antiques les plus célèbres : le char. Très populaire en Égypte et chez les Celtes, où il est un véhicule de guerre, il est chez les Romains un moyen de transport rapide mais inconfortable, car il faut se tenir debout. C'est aussi et surtout un véhicule de parade et de course. Véritable sport national, les courses avaient lieu quotidiennement dans un cirque sur des quadriges, chars tirés par quatre chevaux. Cette pratique faisait partie intégrante de la vie des Romains, qui pariaient parfois des fortunes sur leurs favoris. Ainsi, le chariot est devenu un symbole de rivalité et de course vers la réussite.

Du côté de la mythologie, le chariot a aussi la part belle : attribut des dieux, il est souvent associé à la puissance et à la conquête. Ainsi, on le retrouve dans le mythe grec d'Hélios, le dieu du Soleil qui conduisait son char d'or pour ramener l'astre dans le ciel d'est en ouest pendant la journée, et celui de Phaéton qui lui est associé. Citons aussi Héphaïstos, dieu des Forgerons, du Feu et des Volcans, qui serait le créateur du char d'or d'Hélios, et Poséidon, dieu de la Mer, des Océans et des Rivières, dont le chariot sur terre était tiré par des chevaux et le char maritime par des dragons de mer.

Selon la mythologie nordique, Sól, la déesse du Soleil, conduisait un char tiré par ses chevaux Árvakr et Alsviðr, et le dieu Thor parcourait le monde sur un chariot tiré par deux boucs fantastiques, Tanngniost et Tanngrisnir. De nombreuses représentations rupestres et créations artisanales datant de l'âge de bronze attestent que le char avait une fonction importante dans les croyances du Nord, comme en témoignent les gravures de Tanum ou encore la sculpture de bronze *Le Char solaire de Trundholm*.

Dans le Tarot de Marseille, le chariot est le septième arcane et représente notre volonté d'avancer avec indépendance, la réussite personnelle, le triomphe, l'enthousiasme et les déplacements, mais aussi possiblement la précipitation, l'emballement et le tiraillement, le cheval bleu et le cheval rouge de la lame regardant dans des directions opposées. Enfin, le Chariot est l'autre nom donné à la constellation de La Grande Ourse.

Le Chariot représente le mouvement, la mobilité, les transports, les déplacements, l'avancement, l'élan, l'initiative, la fougue, la compétition, la rivalité et la course vers la réussite.

Mais aussi l'inertie, l'immobilité, les ralentissements, les freins, les blocages, la stagnation et le statu quo.

Si vous avez tiré la carte à l'endroit

La carte du Chariot est une carte moteur. Si vous la tirez aujourd'hui, c'est que vous devez impulser un nouveau mouvement dans votre vie. Qu'il s'agisse d'un déplacement, d'une visite à quelqu'un, d'une démarche à entreprendre… Chaque pas que vous faites compte, car il en entraîne un autre. Il n'y a pas de petite foulée, il n'y a que de grandes avancées !

Le Chariot vous demande de mettre en route des choses, en action des projets. C'est à vous que revient l'initiative. Comme l'a dit Christian Le Guillochet[13], « Il faut créer l'action, parce que l'action crée le mouvement et que le mouvement entraîne les individus ». Vous devez donner l'élan nécessaire à votre vie pour qu'elle prenne son essor.

Parfois, le Chariot indique une période mouvementée pendant laquelle vous vous sentez tiré à hue et à dia. Vous ne savez plus où donner de la tête tellement vous avez à faire ! À l'instar de l'énergie du cheval incarnée dans cette carte, vous avez les ressources et la puissance nécessaires pour garder cette allure et franchir les éventuels obstacles. Continuez à avancer quoi qu'il arrive, maintenez le rythme, car si la cadence est vive, une chose est sûre : vous galopez vers le succès. Le seul risque serait que votre monture s'emballe, alors faites attention à votre empressement et mesurez un peu votre fougue. Ne vous laissez pas griser par l'ivresse de la vitesse. Toutes formes d'emportement pourraient nuire à votre chevauchée. Comme on dit, vous devez à la fois diriger et ménager votre monture pour, le moment venu, mobiliser toutes ses forces. Le Chariot signifie que vous devez apprendre à canaliser votre énergie qui est parfois débordante, et parfois vous trimbale dans tous les sens, vous faisant vous sentir comme écartelé. Lorsque viendra le moment de sprinter, vous devrez être prêt à foncer tout droit !

Le Chariot véhicule une énergie de meneur, de leader. Ne soyez donc pas étonné si les autres s'attendent à ce que vous les entraîniez avec vous, que vous les tiriez pour les aider à aller de l'avant. Votre entrain et votre impétuosité impressionnent, et tout naturellement bon nombre de personnes auront envie de vous suivre.

Avec le Chariot, votre vie connaît un coup d'accélérateur. Des décisions se prendront rapidement, et votre carrière pourrait enfin démarrer comme vous l'espériez depuis longtemps. Vous êtes propulsé dans une course vers la réussite. Ne redoutez pas la rivalité. Le Chariot s'adapte très bien à la compétition, il y trouve même une certaine satisfaction, car cela le stimule. Continuez sur votre lancée, car, quelle que soit la distance, vous êtes sur le parcours et rien ne vous arrêtera.

Vous franchirez prochainement la ligne d'arrivée en grand vainqueur.

Si vous avez tiré la carte à l'envers

À l'envers, le Chariot est à l'arrêt. Vous aimeriez que les choses bougent, mais vous ressentez comme une force d'inertie qui vous empêche d'avancer.

Cet empêchement peut être extérieur à vous ou provenir de votre propre énergie. Peut-être souffrez-vous de façon passagère d'aboulie ? Ce syndrome diminue fortement la capacité à passer à l'action, à induire un mouvement efficace, comme une privation de toute volonté d'agir.

13. Christian Le Guillochet est un acteur et metteur en scène français contemporain.

Essayez de déterminer si les blocages que vous ressentez vous appartiennent ou dépendent du contexte. Vous vous sentez apathique et démotivé ? Vous manquez de vivacité ? Vous avez l'impression que vous vous mettez vous-même des bâtons dans les roues ? Que ce sont les autres qui placent des embûches sur votre chemin ? Vous pensez que votre vie stagne quoi que vous fassiez ? Que les événements extérieurs jouent contre vous ? Qu'ils vous bloquent, voire vous ramènent en arrière ? Qu'il semble difficile de combattre les obstacles qui vous freinent ? Ce phénomène désagréable est l'une des manifestations du Chariot à l'envers.

Pour l'instant, les ralentissements sont tels que vous êtes obligé d'adapter votre rythme. Inutile de vouloir passer la cinquième quand tout semble dire « Stop ! Pause ! » De même, il est inutile de vous débattre avec vous-même — « Vas-y, bouge-toi ! » — pour vous forcer à agir, alors qu'en même temps vous vous bridez. Vous gaspillerez votre énergie. Acceptez ce statu quo et profitez-en pour adopter une vitesse de croisière. Attention, ne restez pas pour autant immobile et inactif ! Car moins on en fait, moins on a envie d'en faire… Le Chariot est excessif. Difficile d'apprendre la modération, avec lui : c'est soit tout, soit rien. Après la course folle, l'immobilité totale ; prenez garde de ne pas tomber dans ce piège. Essayez au moins d'effectuer le minimum pour ne pas perdre totalement votre envie d'aller de l'avant. La période n'est effectivement pas propice à la progression, mais au moins vous ne reculerez pas.

Dans ce « sur-place » imposé par la vie, la société ou par votre énergie qui s'est mise au point mort, recherchez l'enseignement proposé.

L'expérience du Chariot à l'envers n'est certes pas des plus faciles, mais elle nous apprend que notre réalisation n'existe pas uniquement dans l'action.

Privé de mouvement, dans l'attente que la situation se débloque, apprenez à créer à l'intérieur de vous, cherchez ce qui vous transporte. Alors, quand le moment sera venu, vous repartirez au triple galop, affranchi des dilemmes qui habituellement vous tiraillent, pour foncer vers votre nouvel horizon.

La Couronne

CONSÉCRATION/HUMILITÉ

La vraie noblesse s'acquiert en vivant et non en naissant.

Guillaume Bouchet

Histoire, signification et symbolique

La couronne est un objet signifiant une valeur, une distinction, l'appartenance à un rang élevé. Son placement sur la tête en fait l'attribut de ceux qui dirigent, qui sont « à la tête de » et qui ont les capacités intellectuelles et morales d'accomplir un devoir supérieur. Ce devoir, ou mission, est censé incarner des valeurs en lien avec quelque chose de plus haut que l'humain. Ce qui vient du monde « au-dessus » se pose dans la matière du monde « en dessous ». La couronne est donc déposée sur la tête d'un élu, matérialisant la limite entre l'accomplissement terrestre et la mission céleste. Elle est un trait d'union entre l'humain et le divin. Elle est également en lien avec le Soleil et sa lumière. Ses pointes représenteraient les rayons du Soleil et symboliseraient l'illumination. Ainsi éclairés, les privilégiés parés d'une couronne sont voués à une destinée hors du commun, avec un parcours jalonné d'épreuves et de récompenses, d'initiations et de puissance. Ceux qui la portent ne sont donc pas des humains ordinaires, puisqu'au départ, dans la mythologie, ce sont les dieux qui sont couronnés, puis viendront les héros, les pharaons, les empereurs et les rois.

Dans la kabbale, la couronne nommée Kether se trouve au sommet de l'arbre des Sephiroth. Elle est la première Sephirah, représentant Dieu au-dessus de la Création et désignée ainsi car posée sur la tête de l'Arbre de Vie. Pour les alchimistes, la couronne est le symbole de la lumière offerte aux planètes par le Roi Soleil.

Les couronnes sont fabriquées avec des matières très différentes — végétaux (fleurs, branchages), plumes, minéraux (pierres précieuses) ou métal — et chacune revêt un sens particulier selon la culture et l'époque. Les couronnes de fleurs, symbole de pureté, de beauté et de fragilité, étaient déposées sur les têtes des jeunes filles ou en coiffe de mariage, gage de virginité. Au Moyen Âge, on utilisait le voile, l'anneau et la couronne pour les rituels de consécration des jeunes vierges. Chez les Grecs, les couronnes de branches et de feuilles étaient les attributs des divinités en fonction de leur plante préférée : ainsi, le laurier pour

Apollon, le lierre pour Dionysos, l'olivier pour Athéna et le noyer pour Artémis. Pour les Romains, la couronne en feuilles de chêne était une récompense qui décorait quiconque avait sauvé la vie d'un autre Romain, tandis que les couronnes de laurier distinguaient les généraux, comme la fameuse couronne de Jules César. Chez les Indiens d'Amérique du Nord et d'Amérique latine, la couronne de plumes identifie son porteur à la divinité solaire.

La Couronne est donc un puissant symbole en lien avec le Sacré. Le Christ couronné n'endosse plus seulement le sacerdoce du Sauveur, il devient le Souverain, le Seigneur, le Dieu tout-puissant. C'est pourquoi elle symbolise la récompense du combat spirituel : le triomphe de la lumière contre les forces obscures, la pureté qui a vaincu les péchés, l'âme illuminée par une lumière intérieure purificatrice. Dans l'Islam, cette notion est également présente puisque la couronne représente le canal par lequel l'âme s'échappe pour s'élever vers son état supérieur.

Quand elle est en forme de dôme, comme sur la tête des papes, des pharaons ou les couronnes des empereurs et des monarques, elle représente la souveraineté absolue. D'où le choix de cette couronne sur la carte.

Le chakra qui lui correspond est bien sûr le chakra coronal, aussi parfois appelé chakra « couronne ».

Elle représente les honneurs, le couronnement, le Sacré et le sacrement, la promotion, les distinctions, l'élévation, la dignité et la noblesse.

Mais aussi l'initiation, les épreuves à passer, le mérite, le soutien invisible, la légitimité et l'humilité.

Si vous avez tiré la carte à l'endroit

La carte de la Couronne signifie que, d'un point de vue terrestre, le moment de la consécration est venu. Vos envies, vos ambitions et vos entreprises sont couronnées de succès. Les espoirs et les rêves se concrétisent. Les portes de la réussite s'ouvrent sans effort, toutes les réalisations sont soutenues par des instances supérieures. C'est une période de reconnaissance sociale et d'élévation sur tous les plans. Les faveurs que vous recevez aujourd'hui sont la récompense du mérite dont vous avez fait preuve depuis des années. Vous pouvez être fier du chemin parcouru ! La Couronne vous incite à poursuivre sur votre lancée. Vous êtes sur la bonne voie, celle qui est validée par des forces au-dessus de vous. Une guidance supérieure s'allie à votre volonté pour que vous avanciez dans votre mission. Vous devez continuer d'entreprendre et de viser haut ! Une renommée attendue est possible.

L'énergie porteuse et protectrice de la Couronne vous délivre ce message : il est temps de spiritualiser la matière et de matérialiser la spiritualité dans votre vie. Plus vous poursuivrez des buts ambitieux et nobles, plus vous vous élèverez socialement et spirituellement. Conscientisez dès à présent que chacune de ces causes sert l'autre. Votre désir de réussir est porté par une vibration plus subtile et initiatique, de même que votre quête spirituelle peut se concrétiser et s'épanouir matériellement. Non seulement ce n'est pas incompatible, mais c'est indissociable. La Couronne vous octroie à la fois le pouvoir de diriger votre vie avec distinction et rayonnement et celui de développer votre foi et votre lumière intérieure. Vous ressentez de plus en plus clairement que votre destin s'accomplit grâce à des aides et des appuis provenant d'ailleurs.

N'hésitez pas à demander la protection de vos anges et de vos guides. Ils vous accordent leur soutien, et leurs énergies vous accompagnent pas à pas vers la réalisation triomphante qui vous attend.

Si vous avez tiré la carte à l'envers

À l'envers, La Couronne vous encourage à poursuivre vos efforts même si, pour l'instant, la manifestation du succès se fait attendre. Il se passe beaucoup de choses positives sur d'autres plans, et il faut continuer à avancer avec humilité et intégrité, sans rechercher l'adoubement ni la bénédiction d'autres que vous-même. Elle vous engage à continuer sur votre voie sans viser la gloire ni baisser les bras. Ce n'est pas le moment de renoncer ou de céder au doute. Suivez les convictions de votre cœur. Ne faiblissez pas, même si parfois le chemin vous semble long et jalonné d'épreuves. Gardez la foi et reliez-vous au Sacré.

Ces épreuves sont des initiations que l'Univers vous envoie pour vous prouver à vous-même que vous êtes capable d'aller au-delà. Dans la dynamique des contes, il y a toujours trois sortes d'épreuves à passer pour accéder au « Graal » : l'épreuve qualifiante, l'épreuve validante et l'épreuve triomphante. Demandez-vous quel type d'épreuve vous devez affronter en ce moment même. Cela vous renseignera sur l'étape de votre parcours. Doutez-vous d'être digne de la mission pour laquelle vous vous sentez appelé ? Est-ce un test pour que vous validiez votre légitimité ? Ou bien êtes-vous à quelques pas seulement d'un succès que vous attendez depuis très longtemps ? Quoi qu'il en soit, soyez fort, confiant et respectable. Votre ténacité et votre sens de l'honneur seront reconnus et salués en temps et en heure. Tout est juste dans le déroulement du plan de l'Univers, vous êtes en route vers la place qui vous est due. Poursuivez votre chemin avec dignité et modestie, comme le chevalier qui honore sa promesse faite au roi sans savoir que ce dernier a prévu pour lui une récompense.

Soyez-en sûr, des faveurs vous seront accordées. Bientôt, vous pourriez être élevé au rang que vous méritez.

Le Tambour

APPEL/SILENCE

Comme un cœur qui bat la chamade...

Expression d'origine italienne

Histoire, signification et symbolique

Le tambour est un instrument à percussion dont l'origine est presque aussi ancienne que celle de l'homme, et c'est le plus marquant des instruments de musique de l'histoire de l'humanité. Il est présent aux quatre coins de la planète avec des spécificités selon les cultures. Sa forme, sa matière et ses dimensions sont variables, et il est utilisé avec ou sans baguettes ou balais. Chez les peuples premiers, on observe que le tambour assure plusieurs fonctions. Il occupe une place sociale importante, car il est utilisé dans la plupart des rituels significatifs des sociétés traditionnelles : rituels magiques, religieux, de guérison, célébrations mais aussi combats, affrontements. On retrouve sa trace dans toutes les civilisations : assyrienne, égyptienne, perse, indienne, chinoise, gauloise, grecque, romaine... Depuis la préhistoire jusqu'à nos jours, il n'a cessé d'accompagner l'homme. Bien plus qu'un simple instrument de musique, il est un outil indispensable dans les pratiques chamaniques, où il permet notamment la transe et la connexion avec les esprits, dans les fêtes et les célébrations, accompagnant les chants et les danses, sans oublier son rôle militaire primordial, servant à communiquer, transmettre les ordres et à signaler l'approche de l'ennemi.

À la préhistoire, les premiers tambours, dont on retrouve des traces dans le nord de l'Afrique et jusqu'à l'Océanie, étaient apparemment faits en bois. En Europe, on en a découvert des vestiges datant de l'âge du cuivre. Ils étaient fabriqués en terre et, dans le sud de l'ex-URSS, en céramiques spiralées. Tous deux auraient eu un son d'une exceptionnelle qualité.

Dans l'Antiquité, il est intéressant de noter que, selon les civilisations, le tambour est un instrument exclusivement féminin. C'était le cas pour le tympanon de la Grèce antique, utilisé lors des cérémonies religieuses ou des orgies comme lors du culte de Bacchus, mais aussi dans les pays du Proche-Orient, comme en Judée où seules les femmes jouaient du tambour. Au contraire, au Moyen Âge, les représentations des joueurs de tambour sont plutôt masculines, et les musiciens s'accompagnent également d'une petite flûte. On le retrouve communément sous l'appellation tabour, tabur ou tabor, sûrement liée à l'étymologie perse *tabïr*.

Au XIVe et XVe siècles, le margaretum, un tambour de basque à grelots (sorte de tambourin) frappé par des baguettes et originaire d'Asie, arrive en Europe. Il se répand dans tout le bassin méditerranéen et devient extrêmement populaire en Espagne et en Italie. On perd sa trace vers la fin du XVIe siècle.

Tous les types de tambours que nous connaissons actuellement étaient déjà utilisés en Europe à l'époque médiévale, mais comme ils étaient en ce temps-là très largement utilisés pendant les guerres, une attention particulière était portée à la performance de leur puissance plus qu'à leur musicalité. Des tambours spécifiques existaient pour l'usage militaire, dont les « bedons », impressionnants par leur taille.

Ce rôle martial du tambour est présent dans presque toutes les cultures, à l'exception des Grecs et des Romains. Toutefois, en France, il n'existe pas non plus de preuve de l'existence de tambours militaires au Moyen Âge, et la première utilisation attestée dans l'armée daterait d'après 1515, sous François 1er, bien que certains textes rapportent que, sous Louis XI, les tambours étaient bien déjà utilisés dans l'armée.

Le tambour est très souvent un moyen de communication et d'annonciation, que ce soit comme nous l'avons vu, à la guerre, ou dans plusieurs cultures pour permettre la communication avec le monde des esprits. Dans les cultures primitives comme celles d'Amazonie, de Nouvelle-Guinée ou d'Afrique, les peuples avaient l'habitude de communiquer sur de très grandes distances à l'aide des tambours. Les premiers explorateurs furent parfois surpris que leur arrivée ait ainsi été annoncée dans des jungles épaisses et quasi infranchissables. Par ailleurs, pendant longtemps, les troubadours arrivaient « tambours battants » pour faire passer les messages du roi ou du seigneur, avec le très célèbre « Oyez, oyez, braves gens ». Encore aujourd'hui, le tambour est un instrument des arts de la rue et revient à la mode avec les batucadas, mouvement joyeux, dynamique et interpellant.

Enfin, le « roulement de tambour » précède toujours un événement crucial, une entrée (au cirque ou sur une scène) ou une annonce importante.

Le tambour a donc endossé plusieurs rôles essentiels dans les sociétés, et on notera son caractère à la fois sacré, officiel, militaire, protecteur, religieux, cérémonieux, divertissant et communiquant. Ce qui fait de lui un allié de l'homme sur de nombreux plans, depuis longtemps et pour longtemps…

Le Tambour représente, l'appel, l'éveil, la résonance,
le rythme personnel, la cadence, le cœur, la vibration et la transe.

Mais aussi le silence, l'écoute, l'incompréhension, la pause et l'absence.

Si vous avez tiré la carte à l'endroit

Le Tambour vous lance avant tout un appel intérieur. Notre tambour, c'est notre cœur. Ses battements sont la musique de nos émotions. Et quand la vie s'éteint, la musique s'arrête… D'où la nécessité d'être en permanence à l'écoute de notre cœur.

Si vous avez tiré la carte du Tambour, c'est que le moment est venu d'accueillir votre rythme personnel. Celui qui danse à l'intérieur de vous et qui résonne avec le monde extérieur. C'est un appel intime auquel on vous demande de répondre pour que vous puissiez vous mettre au diapason du rythme du dehors. Et non l'inverse… Trop souvent, dans nos sociétés modernes, nous répondons, sans même nous en rendre compte, à des injonctions extérieures qui nous obligent à suivre une cadence qui n'est pas la nôtre. Apprenez à vous écouter davantage. Découvrez cette pulsation qui est la vôtre. C'est l'expression de votre pulsion de vie. Ne vous jugez pas. Parfois, le son du Tambour est sourd et lancinant. Parfois, il est saccadé et vif. Parfois, il vous berce et, parfois, il vous réveille en vous secouant « tambour battant » ! Tout dépend de votre besoin profond : calme, reconnexion à soi, sérénité ou, au contraire, énergie, dynamisme, motivation !

De plus, chaque personne a un rythme qui lui est propre. Vous n'êtes ni trop lent ni trop rapide, vous êtes unique. Vous ne pouvez donc pas vous plier à une partition écrite pour tout le monde. Certaines personnes ont besoin de beaucoup dormir, d'autres d'être actives tout au long de la journée, d'autres de ponctuer leur quotidien de pauses… Il n'y a pas une seule mélodie pour tous.

Invoquez le Tambour quand vous sentez qu'il y a urgence à entendre votre musicalité originale.

Tel le grand métronome de votre vie, le Tambour vous invite à suivre maintenant le tempo qui vous correspond. Une fois que vous serez en phase avec ce mouvement rythmique interne, il vous incitera à vous laisser peu à peu diriger par le grand chef d'orchestre, la nature. Vous pouvez tout à fait jouer votre musique de manière individuelle, mais sachez vous accorder avec l'ensemble, le grand Tout dont vous faites partie. Comme chaque saison possède son propre rythme qui enchaîne avec le suivant, entrez en résonance avec la symphonie de l'Univers, et trouvez votre harmonie.

Si vous avez tiré la carte à l'envers

À l'envers, le Tambour reste silencieux. Vous êtes suspendu à ce silence qui résonne comme une absence. Absence de réponses à vos questions, absence de sens, absence d'envies, absence à vous-même.

La carte du Tambour tirée à l'envers vous place hors du temps et hors du corps, dans l'espoir que quelque chose se déclenche. Qu'un bruit vous réveille. Que votre cœur se mette à battre la chamade. Que vous vous mettiez à vibrer. Que quelqu'un ou quelque chose vous mette en transe.

Mais le Tambour reste mutique… En apparence. Car, si vous n'entendez pas sa musique, cela ne veut pas dire qu'il ne se manifeste pas. Parfois, les grands mouvements de vie sont précédés d'une période très calme. Dans cette somnolence de surface, il se passe des choses… à l'insu de votre conscience et, comme le dit l'expression, « sans tambour ni trompette ». Apprenez à écouter les messages de ce petit interlude. Cela ne peut se faire que dans la plus grande tranquillité, car trop d'agitation rend sourd. Chut ! Votre âme tambourine discrètement à la porte du cœur, pour, une fois que cette porte sera ouverte, transmettre l'information à votre esprit endormi, qui s'éveillera au tempo que l'Univers lui propose.

Alors, acceptez ces moments où vous vous sentez en pause, et vivez-les comme une possibilité de rentrer en vous-même. Comme un entracte entre deux morceaux de vie. Un apaisement. Prenez le pouls de votre existence. Il bat au ralenti ? Comme pour un animal sur le point d'hiberner, cela indique simplement qu'il faut vous replier, et patienter. Sans crainte, vous pouvez vous assoupir un instant loin du vacarme de ce monde. Le grondement étouffé et rassurant du Tambour n'est pas loin, et vous sortira de votre torpeur le moment venu.

En attendant, faites l'expérience du silence total et développez votre oreille absolue, celle qui vous indiquera la présence de fausses notes dans l'air. Restez attentif. Rien ne vous percutera de manière évidente, tout se décline actuellement à bas bruit… Tel est le prélude d'un éveil spirituel qui s'annonce assourdissant !

Le Bouclier

PROTECTION/ADVERSITÉ

Seul le courage est dieu dans le cœur des guerriers.

Silius Italicus

Histoire, signification et symbolique

Le bouclier est une arme défensive très ancienne répandue un peu partout à travers le monde et les civilisations. Son apparition date de 3 000 ans av. J.-C. en Mésopotamie et l'on retrouve des traces de son utilisation jusqu'au XVIIe siècle en Occident. On en recense de toutes sortes, formes, et matières (on connaît bien sûr les boucliers en métal — cuivre, fer, bronze — mais il en existait aussi en osier tressé, en bois sculpté ou recouverts de cuir, de cordes ou de lanières de lin). Parmi les plus connus, on peut nommer l'aspis, la rondache, le pavois, l'agarda, le clipeus, le parla, l'écu, le broquel, la pelta, le scutum, la targe et la tarja. Le bouclier est donc une arme très importante qui a accompagné l'homme à travers les âges et différentes cultures.

Sa signification reste cependant partout la même et, en premier lieu, il représente la protection. Ne dit-on pas se mettre sous l'égide de quelqu'un[14] ? Bien qu'il symbolise la force, la bravoure et la justice, son utilité est avant tout de faire face aux attaques en esquivant les coups portés, et c'est pour cela qu'on lui attribue également le symbole de la prudence. Dans la Bible, le bouclier symbolise la foi inébranlable qui permet au chrétien de sortir vainqueur dans le combat spirituel, en lui accordant la protection divine.

Parfois, le bouclier est paré de motifs agressifs ou de dessins menaçants (visages de guerriers, masques terrifiants, monstres, dragons, animaux sauvages…) censés repousser l'adversaire. Ces représentations effrayantes ont un but dissuasif, ce qui fait du bouclier une arme psychologique. C'est le cas dans le mythe de Méduse, qui mourut pétrifiée en voyant son reflet dans le bouclier en bronze rutilant de Persée. Athéna s'empara alors de l'horrible tête de la gorgone et la déposa sur son propre bouclier, terrassant ainsi les adversaires qui regarderaient dans sa direction.

14. Dans la mythologie grecque et romaine, l'égide est un bouclier divin. L'expression « sous l'égide » signifie littéralement sous la protection.

On remarque que le bouclier est très présent dans la mythologie grecque, attribut (parfois magique) des divinités (Zeus, Athéna, Arès), mais aussi des héros (Héraclès, Persée, Thésée, Hector, Achille...). Celui d'Achille a une importance toute particulière dans la compréhension de sa symbolique. Forgé par Héphaïstos, il représente à la fois la Terre, la Mer et le Ciel, avec le Soleil, la Lune et tous les astres. On retrouve tout particulièrement dans ce bouclier le symbole du grand Tout, du Monde. Comme si le bouclier portait en lui la force cosmique, puissance invincible. En se plaçant derrière le Cosmos tout entier, le guerrier est protégé par son arme passive qui fait barrage avec l'extérieur, telle une muraille. Lorsque les soldats serrés en rang créent une barrière défensive, chaque bouclier est comme une écaille d'une même carapace. Vu de dessus, cela ressemble étonnamment aux corps des tatous ou des pangolins dont les carapaces sont faites d'une multitude de plaques osseuses ou d'écailles très résistantes mais souples qui les protègent des prédateurs.

Le bouclier fait « corps » avec celui qui le porte, comme une membrane énergétique. C'est pour cela que les ornements et les figures que l'on y appose sont des emblèmes caractéristiques de chaque guerrier. Cette revendication personnelle s'affiche dès l'Antiquité et se transformera au Moyen Âge avec l'apparition des blasons, les armoiries étant héréditaires et identifiant une famille et non plus un seul individu. Néanmoins, porter son bouclier héraldique demeurera, pour chaque chevalier, une façon d'afficher sa distinction et sa dignité. Le perdre était inconcevable et déshonorant, car on aurait alors considéré que le chevalier avait sciemment abandonné le combat, renoncé à défendre une cause et à sauver sa vie. Dans la Grèce antique, la célèbre sentence d'une mère spartiate à son fils partant au combat — « Reviens avec ton bouclier ou sur ton bouclier » — confirme cette idée.

Le bouclier est donc une arme à fonction identitaire forte, traduisant la capacité qu'a celui qui le porte de défendre sa propre vie avec ferveur et jusqu'au bout de ses forces.

Le Bouclier représente la protection, les frontières, l'armure, la bataille, la force, l'affrontement, le courage, l'esprit guerrier.

Mais aussi l'adversité, les chocs, le conflit, les ennemis et les agressions.

Le Bouclier vous invite peut-être à faire le tirage du même nom, afin de mettre en lumière ce qui demande à être protégé et comment.

Si vous avez tiré la carte à l'endroit

La carte du Bouclier s'est dressée devant vous pour vous assurer une protection infaillible dans tous les domaines. Vous souhaitez entreprendre quelque chose d'important pour vous? Vous redoutez de rencontrer des embûches dans votre projet ou avec certaines relations? Vous craignez d'être attaqué? Rassurez-vous, avec Le Bouclier vous ne craignez rien ni personne! Et même s'il s'avère que certains vous cherchent querelle, si des tensions se font jour ou si des problèmes surgissent sur le chemin, en fin de compte, avec le

Bouclier, vous sortirez vainqueur de toutes les situations. Travaillez avec son énergie pour augmenter vos défenses, et tout ira bien. En activant une armure énergétique autour de vous, vous pourrez repousser naturellement les personnes mal intentionnées. Le Bouclier est votre meilleur allié dans tous les heurts de la vie. Non seulement il vous protégera des coups portés, mais il vous enseignera les stratégies d'évitement si vous le souhaitez. Caché derrière votre Bouclier, vous êtes à l'abri. Ressentez votre force. Protégez votre espace sacré et votre territoire en créant une cuirasse symbolique qui vous encercle. Nul besoin d'être agressif. Mettez l'intention du « retour à l'envoyeur » : tout ce qui arrive vers vous en n'étant pas envoyé avec bienveillance repart vers son expéditeur. Voilà la première action du Bouclier. Néanmoins, si la confrontation est inévitable, cette carte vous demande de réveiller votre esprit guerrier et de révéler votre bravoure. Elle vous affirme que vous avez la capacité d'encaisser les coups de la vie sans faiblir ni faillir.

Il se peut que le Bouclier vous encourage à vous engager dans un combat ou pour une cause en ayant l'assurance que vous êtes suffisamment armé pour cela. Vous ne devez pas redouter la bataille. Même, vous devez accepter de vous battre et aller au-devant si la situation le réclame.

Par ailleurs, vous pouvez visualiser le Bouclier chaque fois qu'un sentiment d'insécurité vous envahit. Demandez-lui de vous protéger et ressentez l'énergie d'invincibilité grandir à l'intérieur de vous. Renforcez vos arrières. Devenez inattaquable.

Si vous avez tiré la carte à l'envers

À l'envers, la carte du Bouclier indique de l'adversité. Vous devez redoubler de prudence et vous armer, car, même si vous ne le savez peut-être pas encore, vous êtes la cible de certaines personnes. Si vous avez tiré le Bouclier, c'est que vous attirez de la jalousie, voire de la méchanceté. N'essayez pas de comprendre pourquoi. Le Bouclier protège ceux contre qui la guerre est déclarée, même si celle-ci n'a pas sens. Votre travail avec cette carte, c'est de prendre conscience du danger et de vous en prémunir, pas d'essayer de résoudre les conflits. Peut-être qu'une confrontation violente s'annonce, il vaut mieux y être préparé.

Faites donc très attention aux personnes qui vous cherchent des ennuis et méfiez-vous, car il est possible que vous ayez des ennemis dissimulés. Des chocs ou des agressions verbales et physiques sont possibles, mais également des attaques psychiques. C'est-à-dire de mauvaises pensées envoyées contre vous. Cette carte vous recommande de dresser votre Bouclier énergétique contre ce type d'agressions camouflées menées à votre encontre. Ne sous-estimez pas leur impact ! Il est nécessaire d'activer dès maintenant une protection autour de vous, sans quoi vous ressentirez probablement anxiété, stress et fatigue. Ces symptômes sont le résultat des projections mentales négatives qui agissent sur votre champ énergétique et atteignent votre corps subtil et vibratoire. N'essayez pas de lutter, vous risqueriez l'épuisement, car chaque intention malveillante que vous recevez malgré vous crée des fuites énergétiques. Et soyez vigilant, car, soumis à ces tensions, votre nervosité risque de s'accroître et votre propre agressivité pourrait se retourner contre vous !

Vous devez défendre votre territoire et vos intérêts en créant ce Bouclier de protection mentalement. Placez-vous derrière lui. Sentez la barrière énergétique se mettre en place. C'est une frontière infranchissable entre vous et les autres. Grâce à elle, votre espace personnel ainsi que votre énergie vitale seront préservés. Vous êtes à présent intouchable.

La Cible

OBJECTIF/INDÉCISION

Le but n'est pas toujours placé pour
être atteint, mais pour servir de point de mire.

Joseph Joubert

Histoire, signification et symbolique

La cible est un support où sont représentés plusieurs cercles et dont le but est d'être visée et atteinte au plus près de son centre. La plupart du temps, elle sert pour des sports (tirs à l'arc ou sportif, fléchettes, sarbacanes sportives) ou pour des entraînements professionnels avec des armes à feu. Les cibles restent par ailleurs très populaires dans les fêtes foraines où elles servent de divertissement sur les stands de tir.

Inventés au XVe siècle, les premiers modèles étaient très différents de ceux que l'on connaît aujourd'hui. Ils ne présentaient pas de cercles concentriques mais des peintures figuratives de scènes avec des hommes ou des animaux. Le musée de la Chasse et de la Nature à Paris, dans le Marais, avait exposé en 2013 quelque cinquante cibles anciennes joliment décorées de la sorte, pour la plupart provenant de Croatie. Selon une tradition germanique du XVIe siècle, les sociétés de tir organisaient des concours avec ce genre de cibles et les vainqueurs remportaient leur tableau troué, à la fois comme trophée et comme œuvre d'art. Tirer sur des personnages était l'expression d'une agressivité non dissimulée. Les tireurs visaient des proies, assouvissant ainsi une forme de pulsion meurtrière. Le directeur du musée lui-même commentait alors : « à travers le motif de la cible, se pose la question du prédateur ». Niki de Saint Phalle, plasticienne, avouait quant à elle tirer sur des tableaux utilisés en cible, pour lui permettre d'évacuer son agressivité. C'est, disait-elle, « un assassinat sans victime. J'ai tiré parce que j'aimais voir le tableau saigner et mourir ». Ce n'est que bien plus tard que les cibles deviennent purement géométriques et abstraites, bien qu'on en trouve parfois avec une silhouette humaine représentée en leur centre.

Si la cible, dans son origine, pose la question de la prédation, de la chasse et de l'agressivité, on peut transposer cette vocation en symbole d'objectifs à atteindre. Le fait que les cibles modernes comportent plusieurs cercles représente la délimitation des buts que nous nous fixons par ordre de priorité, le plus important se trouvant, bien sûr, au centre. La cible symbolise le face-à-face avec nos objectifs, leur définition du plus facile au plus difficile, notre jauge intérieure et la capacité à se fixer un but précis sans sortir du cadre. Elle est un cercle qui symbolise la capacité de concentration et de détermination pour atteindre quelque chose, qui requiert une mise en place précise, interpelle le regard et, plus que n'importe quel autre, indique que tout converge vers le centre.

Enfin, on peut noter une symbolique précise des cinq couleurs de la cible anglaise très répandue : le jaune, au centre, représente l'or ou le soleil, le rouge le pays de Galles, le bleu l'Union Jack, le noir la mort et le blanc la royauté.

Elle représente les objectifs à atteindre, la concentration, la motivation, la précision, la rigueur, l'exactitude et la focalisation.

Mais aussi l'approximation, l'hésitation, l'indécision et le manque de détermination et d'application.

Si vous avez tiré la carte à l'endroit

La carte de la Cible vous questionne sur les objectifs que vous souhaitez atteindre à court terme et à moyen terme. Il est à présent très important de les identifier afin de vous concentrer dessus, car ils requièrent toute votre considération. Vous devez focaliser votre pensée sur ce qui vous interpelle le plus et en faire une priorité.

La Cible vous enseigne qu'une certaine discipline sera nécessaire pour vous approcher au plus près de vos ambitions. Elle vous demande également de travailler sur votre intention avant de passer à l'action. L'attention est portée sur le désir visé et sur les moyens d'y parvenir. Un entraînement régulier et consciencieux vous permettra de développer des compétences spécifiques. Avec la Cible, il vous est recommandé d'aiguiser vos capacités de précision et votre concentration. Vous ne pouvez pas partir dans tous les sens ni poursuivre plusieurs objectifs à la fois. Vous devez vous centrer et établir vos priorités. Puis concentrer votre énergie et vos forces vers un seul et même but. Vos intentions sont comme des flèches. Plus vous serez aligné et focalisé sur votre point de mire, plus vous arriverez à toucher en plein dans le mille. La Cible vous l'assure, vous avez les qualités requises pour obtenir ce que vous recherchez.

La Cible incarne à la fois ce que nous visons, le but, mais aussi ce qui se retrouve en face de nous sans que nous l'ayons forcément recherché, et qui devrait attirer notre regard. Peut-être que quelque chose est placé devant vous, et qu'il est temps de l'examiner méticuleusement. Si cela vous interpelle, n'hésitez pas. Dirigez votre résolution vers cette nouvelle option qui pointe dans votre champ de vision, ajustez votre objectif, et… foncez !

Si vous avez tiré la carte à l'envers

À l'envers, cette carte indique que, d'une manière générale, vous manquez de précision et d'application. Si vous avez une tendance à la dispersion, vous rencontrerez des difficultés pour réaliser vos aspirations. La Cible vous demande de resserrer vos objectifs et de vous concentrer sur une chose en particulier. De combattre votre tendance à l'approximation et à l'éparpillement. D'agir avec plus de minutie et d'ancrage. Et d'apprendre à délimiter un champ d'action et d'intervention. Si vos idées ou vos envies sont trop vastes, elles risquent fort de ne vous mener à rien.

Il faut que votre implication personnelle soit à la hauteur de votre projet et que celui-ci soit bien défini. Actuellement, vous manquez de détermination, si bien que vos envies sont fluctuantes et que, de ce fait, vos buts sont flous. Si vous êtes dans l'hésitation permanente, vos chances d'atteindre un quelconque objectif s'amenuisent. Vous serez toujours à côté de l'enjeu, à trois fois rien de réussir, à deux doigts d'y arriver, à un cheveu du but. Arrêtez de douter. Redéfinissez les contours de ce que vous désirez ardemment dans votre vie. Puis soyez pragmatique, convaincu et sûr de vous-même. Pour toucher le cœur de la Cible, il faut être stable, direct et imperturbable. Percutant.

Par ailleurs, elle vous engage à regarder ce qu'il y a dans votre ligne de mire. Qu'est-ce qui vous échappe? Êtes-vous sûr de regarder au bon endroit? Si jamais vous vous trompiez d'objectif, sachez que vous avez encore la possibilité de rectifier le tir!

Le Cercle de Feu

INITIATION/DANGER

Ce qui est difficile, quand on chevauche un tigre, c'est d'en descendre.

Proverbe chinois

Histoire, signification et symbolique

La carte du Cercle de Feu est représentée par un tigre traversant un cerceau enflammé. Loin de faire référence aux exercices très contestables auxquels sont contraints les félins dans les cirques, notre illustration représente l'énergie de la prise de risque. Ainsi, mon explicitation abordera quelques notions fondamentales liées au feu, mais se concentrera essentiellement sur la symbolique liée au tigre.

Pour rappel, le feu est depuis toujours un symbole d'énergie, de renouveau, de transmutation, d'illumination, de purification, de puissance, de colère et de vitalité. Son rôle auprès de l'homme est évidemment primordial, à la fois essentiel à sa survie et d'une valeur rituelle inestimable, et sa nature est double, à la fois dangereuse et protectrice. La flamme, quant à elle, est un symbole de la vie et de la passion qui animent l'homme dans son désir et ses élans. Par ailleurs, depuis la nuit des temps et dans la plupart des cultures et traditions, le feu est un élément initiatique qui sert aux cérémonies, aux rites de passage, aux purifications et aux célébrations magiques. Il faut « passer son épreuve du feu » pour devenir un homme, un guerrier et prouver sa bravoure, et cette initiation n'est pas sans péril.

Il est intéressant de noter que l'on retrouve cette double symbolique de la flamme chez le tigre, ainsi que des notions proches de celles du feu. À la fois puissant, guerrier, courageux, déterminé, lumineux, le tigre est aussi féroce, dangereux, imprévisible, indomptable et agressif. Il représente l'énergie yang, masculine. Il s'apparente aux émotions fortes : la colère, la peur, la surprise — le tigre surgit — et la passion. Il incarne nos instincts primaires, parfois sombres, en réponse à nos émotions. C'est pourquoi il représente la réactivité et la confiance en soi nécessaires face aux situations imprévues, qui demandent à la fois souplesse, adaptation et force dans l'action.

Les tigres sont, comme tous les félins, un mélange de puissance et de nonchalance, de curiosité et de discrétion, de rapidité et d'attente, de patience et de détermination, de calme et d'agressivité. Grand chasseur, cet animal est un superprédateur. Pas étonnant donc qu'en totémisme il symbolise l'aventurier qui n'a peur de rien et pour lequel aucun obstacle n'est infranchissable, celui qui recherche les défis pour se surpasser. À ce titre, il incarne la pleine santé et possession de ses moyens physiques, le dépassement de soi et la capacité à surmonter ses peurs. Il invite l'homme à affirmer sa force et sa volonté, et à utiliser son pouvoir personnel pour aller au-devant de tous les dangers. Le tigre ne renonce pas devant la difficulté ou l'adversité ; au contraire, parfois, c'est lui qui les provoque... Le caractère sauvage de cet animal associé à sa force physique et sa beauté en fait un emblème où crainte, respect et admiration se confondent et fusionnent pour lui conférer une aura unique et fascinante.

C'est un animal que l'on retrouve dans le folklore de tous les continents, mais son rôle en Asie et en Orient, d'où il est originaire, est évidemment plus prégnant. Ainsi, dans le bouddhisme, il symbolise la foi et l'effort spirituel, le combat contre soi-même, l'individu affrontant sa part obscure et sa sauvagerie. En Malaisie et en Indonésie, on attribue aux guérisseurs le pouvoir de se transformer en tigre et d'incarner de cette façon sa force vitale pour soigner grâce à son énergie. En Chine, le tigre est un éminent emblème de protection et on surnomme les gardiens des quatre directions et du centre les « Cinq Tigres », même si l'animal est plus spécifiquement représentatif du nord, où il dévorerait, au solstice d'hiver, les énergies négatives et la manifestation du Mal. Il purifie alors la Terre de sa saison obscure, permettant le renouveau du soleil.

Enfin, dans toute l'Asie du Sud-Est, le mythe du « Tigre-Ancêtre » le définit comme le grand initiateur. Celui qui accompagne les novices dans la jungle où il les dévore, puis les ressuscite, leur permettant d'accéder ainsi au statut d'initié. Tout comme le fait le feu...

Le Cercle de Feu représente les initiations de la vie, les défis et les challenges, l'élan, l'impulsion et les rituels de passage et de transformation.

Mais aussi le danger, la prise de risque, l'imprudence, la conduite irréfléchie, l'inconscience et le péril.

Si vous avez tiré la carte à l'endroit

Le Cercle de Feu véhicule une vibration de défi. Il indique que la vie vous envoie un challenge et que vous devez aller au-devant de cette proposition même si elle comporte certains risques. Avec le Cercle de Feu, vous n'avez aucune certitude, si ce n'est que « Qui ne tente rien n'a rien », alors, allez-y, foncez !

C'est une carte d'impulsion, qui vous pousse à agir vite et sans trop réfléchir. Plus vous hésiterez, plus le Feu du Cercle vous intimidera. Il n'y a pas de place pour l'hésitation et le doute, qui pourraient vous déstabiliser et vous faire vaciller. Alors, le feu serait dangereux, vous pourriez vous blesser. Le Cercle de Feu demande concentration des énergies et détermination afin que l'élan que nous nous donnons au moment de le traverser nous propulse de l'autre côté, sans que nous nous brûlions. Suivez votre instinct qui vous dit que vous pouvez vous lancer !

Le Cercle de Feu symbolise les initiations de la vie. Lorsque l'on sait ne plus pouvoir reculer, devoir « y aller ». Comme dans toutes les grandes initiations, le risque zéro n'existe pas, et la confiance est de mise. Si l'Univers vous propose de traverser le Feu, symbole de purification et de transformation, c'est que non seulement vous en êtes capable, mais vous en sortirez changé.

En effet, celui qui traverse le Cercle de Feu n'est plus jamais le même ensuite. C'est un rituel de passage éclairant qui apporte les modifications de conscience dont vous avez besoin. Suivez votre élan du cœur, votre stimulation spontanée. Répétez-vous « Je veux, je peux, j'y vais » et passez à l'acte maintenant.

N'oubliez pas que, quoi qu'il en soit, vivre, c'est prendre des risques.

Si vous avez tiré la carte à l'envers

À l'envers, le Cercle de Feu symbolise les prises de risque inutiles. Son message est formel : il faut arrêter de jouer avec le feu ! Le jeu n'en vaut pas la chandelle et vous seriez perdant. Attention à votre côté tête brûlée qui n'en fait qu'à sa guise et défie les lois du bon sens. Vous avez tendance à jouer avec les limites, et ce comportement inconscient est actuellement périlleux.

De plus, le Cercle de Feu à l'envers vous rappelle qu'il n'est pas nécessaire de vouloir vous prouver quelque chose. L'Univers se charge d'envoyer les initiations justes, au bon moment, et de vous faire passer les tests qui vous feront grandir. N'allez pas au-devant du danger, comme par provocation. Cessez de prendre des risques inconsidérés pour vous mettre au défi ou tout simplement pour vous sentir exister. Évitez les démonstrations de force ou les attitudes qui visent à épater les autres. Cela ne vous sera en aucun cas profitable.

Si vous avez tiré cette carte à l'envers, il est possible qu'en ce moment vous vous enflammiez pour un rien, prêt à franchir n'importe quelle barrière, sans conscience des risques encourus ni des pièges qui se cachent derrière. Ce désir qui vous anime vous pousse à des actions qui seront imprudentes et inefficaces. Vous allez vous attirer des problèmes ou attiser les difficultés déjà présentes dans votre vie. Mesurez vos agissements.

Si votre conduite ne change pas rapidement, vous devrez faire face à des incidents qui pourraient être graves. Entendez bien, l'initiation n'est pas synonyme d'épreuve. Surtout, elle n'est pas volontairement impulsée par soi-même !

Quoi qu'il en soit, on ne joue pas avec le Cercle de Feu.

Sa mise en garde est très claire, et sa menace est réelle. C'est un panneau sur lequel est écrit en lettres rouges : *Attention, DANGER !*

Le Labyrinthe

QUÊTE/ERRANCE

La vérité ne dévie pas, mais le chemin pour y accéder se présente souvent comme un labyrinthe que chacun de nous doit explorer.

Jeffery Deaver

Histoire, signification et symbolique

Le labyrinthe est une figure ancienne récurrente qui possède une valeur symbolique autant pour les païens que pour les chrétiens. Présent depuis l'époque préhistorique où quelques vestiges et des représentations ont été retrouvés dans des cavernes, il a marqué l'Antiquité, notamment avec le très célèbre mythe crétois de Thésée et du Minotaure, ainsi que le Moyen Âge, période durant laquelle il est largement représenté dans les édifices religieux.

Sa voie secrète et pleine d'embûches mène au cœur de quelque chose de sacré : de la Cité, de Soi, d'une richesse, d'un idéal, d'une révélation divine mais aussi, métaphoriquement, de l'Univers. Il représente à la fois les détours, l'errance, les choses cachées, parfois même la tromperie et le danger, mais aussi le cosmos, la quête initiatique, l'accès au centre du monde et le trésor spirituel.

L'un des tout premiers labyrinthes construits par l'homme aurait été bâti en Égypte, treize siècles av. J.-C., par Amenemhat III. Hérodote le décrit de manière très détaillée, soulignant la prouesse architecturale, encore plus remarquable, selon lui, que les pyramides de l'époque. Pline y fait également référence, notant que sa fonction apparente, bien qu'inconnue, aurait été d'être une sorte de temple pour honorer le Soleil.

Les plus anciennes représentations de labyrinthes ont été datées du Néolithique et de l'âge de bronze. L'idée de labyrinthe existe depuis toujours, puisque les premiers hommes trouvaient des sanctuaires dans les lieux souterrains aux dédales naturels. À l'intérieur de ces grottes, les gravures et peintures paléolithiques laissent penser que ces galeries n'étaient pas simplement des refuges mais étaient considérées comme des lieux sacrés, peut-être des lieux de culte.

Au-delà de sa symbolique, le labyrinthe avait aussi plusieurs fonctions stratégiques, notamment protectrice et défensive. Construire un labyrinthe autour d'une cité, d'un palais, d'un tombeau, d'un temple ou d'un trésor permettait de les protéger en les cachant et en en rendant l'accès quasiment impossible. Le labyrinthe délimite donc un espace, un territoire bien gardé. C'est pourquoi de nombreux tracés de labyrinthe comportaient des fortifications et des murailles, et même de petites tours. Censé préserver ce qui est précieux des ennemis ou des simples intrus, le labyrinthe se devait d'être impénétrable. Ainsi encerclés, les lieux sacrés ne pouvaient être violés ou profanés.

Dans les croyances de ces époques reculées, les labyrinthes protégeaient des attaques et invasions humaines mais aussi surnaturelles. En effet, nul ne sait ce que le labyrinthe abrite dans son enceinte, et la plupart du temps un être maléfique, un monstre ou un dragon lui était associé. C'est la raison pour laquelle, dans les mythologies, se présenter à l'entrée d'un labyrinthe correspondait à une épreuve qualifiante, y pénétrer était l'épreuve validant un courage, et affronter ce qui se cachait en son centre était l'épreuve triomphante qui élevait au statut de héros ou d'initié. Faire l'expérience du labyrinthe est depuis toujours synonyme d'une traversée initiatique dont on sort changé et grandi, comme le soulignent ces mots de Jean-Marie Blas de Roblès : « Il m'a fallu toute une vie pour comprendre que le centre d'un labyrinthe avait moins de valeur que nos errements pour y parvenir. »

Le labyrinthe est donc une représentation circulaire forte, puisqu'il a imprégné notre imaginaire et notre inconscient collectif, étant présent dans les mythologies du monde entier à toutes les époques sans jamais sombrer dans l'oubli. Rappelons qu'en plus d'être à la fois une figure, une forme géométrique, une représentation symbolique et une image artistique et iconographique, il se retrouve dans de nombreux domaines tels que la psychanalyse, la religion, la peinture, les jeux, les jardins, la littérature, le cinéma… et tant d'autres, pour lesquels il est une source intarissable de fascination et d'inspiration.

Pour tous ceux qui voudraient aller plus loin dans son approche symbolique à travers l'histoire, je recommande l'article universitaire d'Émilie Nguyen, « Le labyrinthe : représentation de l'espace et lecture du monde » sur Odysseum[15], ainsi qu'un travail aux références franc-maçonniques intitulé « Le mythe du Labyrinthe » et publié sur le site *L'Édifice*[16].

Enfin, j'aimerais terminer sur cette phrase de Grégoire Lacroix : « Tout homme est à la fois le labyrinthe et le promeneur qui s'y perd. » Elle traduit à quel point l'immersion dans le labyrinthe peut devenir une quête identitaire fusionnelle et sans fin…

15. Odysseum est un organisme du ministère de l'Éducation nationale et de la jeunesse qui met à disposition des ressources numériques concernant les langues, cultures et civilisations de l'Antiquité. L'article est consultable sur le site eduscol.education.fr/odysseum/les-figures-du-labyrinthe.
16. www.ledifice.net/3022-1.html

Le Labyrinthe représente la quête, l'initiation, le cheminement, les détours, la complexité, le fil conducteur, la persévérance, les trésors cachés, le cadeau et l'issue.

Mais aussi la mise à l'épreuve, la solitude, l'errance, la perdition, la part obscure, nos « monstres » et l'enfermement.

Le Labyrinthe vous invite peut-être à faire le tirage de la Table ronde, qui vous éclairera sur votre quête et votre mission.

Si vous avez tiré la carte à l'endroit

La carte du Labyrinthe indique que quelque chose d'important est à découvrir.

Or le secret du Labyrinthe se trouve toujours en son centre, c'est-à-dire symboliquement à l'intérieur de nous-mêmes. Il n'y a pas de «plus court chemin» pour arriver au noyau du Labyrinthe. Là où se trouvent toutes les réponses à nos questions, tous les remèdes pour guérir nos blessures, toutes les clefs de nos cadenas, toutes les informations identitaires et les révélations pour nous permettre d'aller plus loin. Quoi que nous recherchions, quel que soit notre point de départ, entrer dans le Labyrinthe, c'est accepter d'avancer à l'aveugle dans les méandres d'un lieu aussi mythique et puissant que dangereux et effrayant. Car les chemins sinueux de ce parcours convergent tous vers l'inconnu. L'itinéraire peut être semé d'embûches ou d'épreuves, mais toutes sont initiatiques et testent la résistance et la volonté du sujet, sa résolution à atteindre son but.

La carte du Labyrinthe vous invite à entreprendre ce voyage au cœur de votre Être profond, là où des mystères se cachent encore, pour aller à la découverte de votre «monde intérieur». N'ayez pas peur d'entrer dans les profondeurs de votre cerveau, de votre mémoire, de votre histoire qui se déroule au fur et à mesure que vous avancez.

Si vous avez tiré la carte du Labyrinthe, c'est que vous êtes en quête de quelque chose. La période est propice pour entamer une analyse qui vous aidera à trouver le sens de cette quête. Armez-vous de patience et de détermination avant d'entreprendre cette traversée labyrinthique. Seul, mais aiguillé par votre fil d'Ariane, vous cheminez vers une meilleure compréhension de vous-même et des trésors que vous portez en vous.

Après une période indéterminée d'efforts et de persévérance, le Labyrinthe promet à celui qui a accepté le défi lancé de trouver une issue et une vraie libération. Plus la quête est profonde, plus le cadeau sera grand.

L'unique voie pour y accéder est celle du Cœur.

Si vous avez tiré la carte à l'envers

À l'envers, le Labyrinthe indique que vous vous sentez perdu. Vous cherchez une sortie, mais les voies empruntées ne sont pas les bonnes. Vous avez l'impression de tourner en rond, d'être ralenti ou face à des obstacles, d'errer sans but précis. C'est normal... Le Labyrinthe à l'envers représente ces moments d'errance où l'on ne sait plus vraiment quel objectif poursuivre ni comment. Il donne la sensation qu'« on ne s'en sortira jamais ».

Dans ces moments-là, prenez garde à ne pas vous fier uniquement à votre intuition ou à votre analyse de la situation pour vous guider. Car le Labyrinthe possède cette capacité à vous égarer et à vous orienter vers de fausses pistes.

Alors, attention à ne pas vous perdre encore plus à travers les circonvolutions de la pensée. Votre mental vous leurre et vous emmène là où il veut. Il vous joue des tours, et vous faites maints détours qui vous éloignent encore plus du « bon chemin ». De même, méfiez-vous de vos propres stratégies d'évitement, qui n'ont pour but que de vous écarter de la vérité. Soyez prêt à affronter vos peurs les plus archaïques. S'aventurer sur les chemins du Labyrinthe, c'est aller rencontrer « le monstre » pour se rencontrer Soi-même. Ce monstre a plusieurs visages puisqu'il est en réalité l'archétype de notre part obscure et sauvage, de ces démons enfouis à l'intérieur de nous, qui nous tyrannisent et nous effraient. Il faut beaucoup de courage pour avancer vers ce que notre inconscient a dissimulé depuis si longtemps, croyant s'en protéger ! Et pour comprendre qu'au contraire il est temps d'affronter cette créature qui n'est autre qu'une version de soi-même.

Le sentier sera tortueux, il y aura sûrement des moments de découragement, des égarements, des impasses. Et, bien sûr, un grand sentiment de solitude... Vous vous retrouverez face à des murs que vous avez érigés vous-même, des portes dont vous seul possédez la clef, des coffres-forts dont vous connaissez le code secret.

Ne renoncez pas, poursuivez le chemin : vous portez en vous la solution de l'énigme, la cartographie du Labyrinthe !

Alors, sans jamais perdre votre fil conducteur, vous irez naturellement jusqu'aux entrailles du Labyrinthe, là où se cachent le nœud du problème et le cœur de la Vie.

Vous êtes maintenant capable de vaincre votre dragon !

Le Puits

CONNAISSANCE/OUBLI

La vérité est au fond du puits.

Dicton populaire

Histoire, signification et symbolique

Le puits, c'est cette rencontre de la technique humaine avec les ressources de la Terre-Mère, qui, dans sa générosité, nous abreuve. Au carrefour entre civilisation et nature, il nous enseigne que c'est au cœur des choses que l'on trouve l'énergie vitale, ici symbolisée par l'eau, et qu'il faut creuser pour y accéder. Avant d'aborder plus en détail les différentes significations du puits, il faut déjà distinguer les deux grandes approches symboliques de celui-ci, à savoir l'approche psychanalytique et de l'interprétation des rêves, et celle des traditions religieuses et mythologiques.

Du point de vue de la psychanalyse, le puits est un symbole féminin qui représente notamment une ouverture sur l'inconscient, l'intériorité, la profondeur et la connexion aux énergies yin. On dit de lui qu'il contient l'eau de la vie et les énergies fluides qui sont à l'intérieur de nous. Il est parfois comparé à un sexe féminin, vagin humide qui descend vers les entrailles de la matrice, la Terre-Mère. Dans sa dimension symbolique, on trouve donc la notion d'accès à quelque chose de primordial, mais peut-être aussi de très enfoui. En psychanalyse, le puits peut révéler une porte d'entrée vers notre passé, une invitation à « fouiller » à l'intérieur de soi, à aller contempler une vérité toute nue, vierge de toute idée préconçue.

Le puits est indissociable de l'élément Eau, et selon qu'il soit visualisé plein ou vide, sa signification change. Le puits rempli est censé nous désaltérer et nous rafraîchir comme on « rafraîchit » la mémoire, tandis que le puits asséché nous renvoie à une source tarie, un manque d'amour — peut-être maternel —, une carence affective ou une zone d'ombre sur notre passé. Car le puits renferme bien des secrets et il est supposé être une source de savoirs. Sans eau, il recèle une connotation inquiétante de vide et d'amnésie. Son origine étant fort ancienne, le puits nous ramène à des vestiges de notre propre histoire, que nous avons ensevelie au plus profond de notre être.

Dans les croyances religieuses et les traditions anciennes païennes, le puits revêt un caractère sacré. Il synthétise à la fois les énergies de l'Air, de la Terre et de l'Eau, faisant référence par la même occasion aux trois ordres cosmiques, le Ciel, la Terre et les Enfers. Parfois, il évoque également l'élément Feu, comme dans l'Apocalypse de Jean où le puits de l'Abîme crache du feu et du soufre. Dans certaines légendes, le puits est une porte d'entrée vers les mondes souterrains où se cachent des forces obscures et mystérieuses. Enfin, il est intéressant de constater que, vu d'en haut, le puits ressemble à une immense lunette astronomique qui, du fin fond de la Terre, observe le ciel…

Le puits est aussi symbole de magie. De nombreux contes et légendes relatent l'existence de puits magiques, dont les eaux auraient le pouvoir de rajeunir celui qui la boit ou qui s'y baigne, car ces puits sont parfois naturels, telles ces sources appelées fontaines de Jouvence. D'une manière plus générale, on attribue depuis toujours à l'eau des sources des vertus médicinales et purificatrices, ayant le pouvoir de guérir toutes sortes de maladies. La religion chrétienne s'est emparée de cette croyance ancestrale, associant au puits l'idée de miracle, notamment celui de rendre la vue, car le fond du puits est un miroir à l'image du fond de l'œil.

Quoi qu'il en soit, pour de nombreux peuples, le puits est un symbole d'abondance et de vie, car là où il y a de l'eau, tout est possible. Chez les Hébreux, il était pour cela vénéré comme un lieu sacré, une cavité souterraine mystique, gardienne de la source de vie.

Par ailleurs, le puits a le pouvoir de rassembler les hommes. Avant que l'eau ne devienne courante et dans les endroits du monde où elle est difficile à trouver, il est un point de rencontre important.

Dans sa perception ésotérique, ce sont les symboles de connaissance et de vérité qui sont mis en avant. On glisserait au fond du puits pour approfondir nos recherches, rencontrer l'inconnu, combattre la superficialité, satisfaire notre soif de savoir et de comprendre, et découvrir la sagesse. Il s'apparente à un tunnel dont on ne connaît pas le fond, et qui renvoie à la dissimulation, au secret et à tout ce que l'on a passé sous silence… Le puits est alors une clef d'évolution personnelle et spirituelle, à condition de ne pas craindre de s'abîmer dans ses abîmes…

Le Puits représente la profondeur, la sagesse, la quête de connaissance et de vérité, l'essence de l'Être, le retour aux sources et la purification.

Mais aussi l'ignorance, les abysses, l'engloutissement, la sensation de vide, la noyade et l'oubli.

Si vous avez tiré la carte à l'endroit

Le Puits invite à descendre au fond de Soi, à retourner à sa source intérieure. C'est une carte d'introspection qui incite à la recherche et à une compréhension profonde, sensitive et sensorielle, teintée d'une dimension spirituelle. Elle permet une connexion intuitive avec les eaux de notre subconscient. Lorsque l'on accepte de plonger dans le Puits, il y a une notion d'abandon, de confiance. Car on ne sait pas quand on pourra remonter ni comment.

Le Puits demande une immersion totale, comme un retour à « la Source », aux eaux primordiales qui ont baigné notre Être avant notre arrivée dans ce monde. Vous entrez en contact avec votre « essence ».

Le Puits vous demande de vous abandonner pleinement, nu et vulnérable. Visualisez-vous en train de nager dans des eaux cristallines et purificatrices, qui nettoient votre Être et le renseignent. Cette immersion ne connaît pas de fond, car la quête de la connaissance de Soi et des abîmes de l'Univers est infinie. Néanmoins, chaque fois que vous pénétrez dans le Puits vous en ressortez grandi, avec un sentiment de nettoyage en profondeur, de renouveau et de « savoir ». La sensation d'être « rempli », inondé d'amour et de sagesse. Le Puits est en quelque sorte une ouverture de notre canal de communication avec notre intimité, mais aussi avec le reste de l'Univers.

Si vous avez tiré le Puits, c'est que le moment est venu d'aller au fond des choses ou d'approfondir certaines connaissances. Quel que soit l'objet de votre « plongeon », il vous permettra de vous réinitialiser. Comme une fontaine de Jouvence qui vous vivifie et vous offre une nouvelle « virginité ».

N'hésitez plus, sautez avec foi et joie dans les eaux de la guérison !

Tout devient plus fluide, à présent.

Si vous avez tiré la carte à l'envers

À l'envers, le Puits représente un besoin insatiable de comprendre, de savoir. Comme une quête sans fin, abyssale, insatisfaite et insatisfaisante. Il devient alors le « puits sans fond », vous n'êtes jamais comblé. Vous ressentez un fort sentiment d'insatisfaction et un manque qui vous poussent à plonger en eaux troubles. Soyez prudents, les eaux du Puits sont noires et vous appellent autant qu'elles vous aspirent. Cela peut se manifester de plusieurs manières. Physiquement, cela crée la sensation d'être dévitalisé, passé dans un siphon qui a pompé toutes vos énergies au passage. Psychologiquement, le Puits à l'envers se manifeste à travers des troubles de la mémoire, une confusion, l'impression de ne pas comprendre réellement qui l'on est, de ne pas se connaître et de s'épuiser en questionnements sans réponses. Émotionnellement, vous vous noyez dans des sentiments inconfortables, vous êtes vite submergé et englouti par la tristesse ou par la peur. Enfin, spirituellement, vous avez du mal à canaliser vos énergies et vous êtes traversé par toutes sortes de vibrations et d'informations qui vous perturbent.

L'expérience du Puits s'avère alors très troublante et perturbante, elle ressemble plus à une chute, une descente dans un gouffre aux parois glissantes sur lesquelles il semble difficile de trouver des prises pour remonter.

Si vous avez tiré la carte du Puits à l'envers, il est possible que des mémoires anciennes veuillent remonter à la surface. On vous demande de descendre à la rencontre de ces souvenirs enfouis pour les traiter et les « nettoyer ». Il est possible que vous en ignoriez l'origine. Peu importe, ils imprègnent votre présent et créent des mémoires résiduelles pour votre futur. En acceptant de vous engouffrer dans le Puits, vous accéderez à la dissolution de ces mémoires — affectives, familiales ou karmiques, polluantes pour votre vie actuelle. Travaillez sur cette croyance erronée selon laquelle vous auriez besoin de les comprendre pour faire ce nettoyage. Le Puits vous offre la possibilité d'effacer ces traumas sans qu'ils laissent de traces. Comme l'eau qui glisse sur la peau et enlève le sable, le Puits emportera tout ce qui n'a plus lieu d'être dans votre vie vers l'Oubli.

Le Cratère

JAILLISSEMENT/ BOUILLONNEMENT

Les âmes énergiques, comme les volcans,
jettent de grandes lumières
et de grandes ténèbres.

Chateaubriand

Histoire, signification et symbolique

Nous allons aborder la symbolique de la carte du Cratère à travers celle du volcan. Depuis toujours, les volcans fascinent les hommes et font l'objet de nombreux mythes et récits légendaires, visant à expliquer les phénomènes telluriques liés à leur activité. Tremblements de terre, éruptions, coulées de lave ou simples fumées épaisses, ces manifestations étaient redoutées des premiers hommes. Rien d'étonnant, donc, à ce que l'imaginaire développé autour des volcans renvoie à des forces obscures et souterraines associées parfois aux enfers ou au royaume des morts, à des volontés surhumaines toutes-puissantes, et à la colère des dieux. Bien que craints pour leur force de destruction, ils étaient malgré tout vénérés pour la fertilité qu'ils offrent à la terre.

Les volcans ont souvent été considérés comme les lieux d'habitation des divinités liées au feu. Gardiens du feu sacré de la Terre et des secrets enfouis en elle, ils sont un monde impénétrable pour les vivants. Ils sont à l'origine de beaucoup de croyances et traditions chez les peuples qui vivent à proximité, chacun ayant sa propre version. Pour toutes les populations vivant sur le pourtour de la ceinture de feu du Pacifique, les éruptions volcaniques sont présumées être l'expression de la colère des dieux. Une légende maorie raconte que les volcans Taranaki et Ruapehu étaient tous deux amoureux du volcan Tongariro et que leurs explosions étaient la manifestation de leur rivalité et de leurs querelles. En Australie, le volcan Budj Bim, aujourd'hui éteint, est pourtant présent dans le folklore du peuple Gunditjmara, qui relate sa colère destructrice. La tradition orale aurait ainsi porté jusqu'à nous des faits attestés par les recherches scientifiques : une éruption dévastatrice datée de près de 35 000 ans av. J.-C. En Indonésie, le volcan Bromo situé sur l'île de Java est un lieu de culte depuis des siècles. Des prêtres hindouistes et des milliers de pratiquants vont, chaque année, jeter des offrandes à Brahma dans son cratère, à l'occasion de la fête du Kesodo. Malheureusement, par le passé, en Indonésie comme ailleurs dans le monde, ces offrandes rituelles étaient parfois des sacrifices humains. Pour épargner des populations entières, on n'hésitait pas à offrir quelques vies, à la fois pour adoucir les humeurs des divinités et pour les remercier de fertiliser la terre. La symbolique de la fertilité, de la fécondation et de la sexualité est présente dans d'autres civilisations, comme au Pérou où le volcan Misti, fécondé par la foudre, engendrerait de l'or et de l'argent, et comme chez les Massaïs, où le volcan Lengaï est déifié et vénéré comme celui qui fournit le bétail. Chez les Incas, on retrouve le redouté dieu Pachacamac, lanceur de flammes et d'étincelles, et à Hawaï la légende de la déesse Pelé qui, trahie et chassée par sa sœur, s'abriterait dans le cratère du volcan Kilauea, son désarroi engendrant les grondements du volcan. Au Japon, le Fuji-Yama, montagne sacrée du shintoïsme qui serait la création d'un géant, est considéré comme le royaume de la déesse du Soleil.

En Occident, on retrouve les volcans dans les mythologies gréco-romaines et nordiques. Héphaïstos, dieu grec du feu et des forgerons, et Vulcain son homologue romain, vivraient tous deux en Italie, sous l'Etna pour le premier et Vulcano pour le second. Ces volcans auraient une activité sismique chaque fois que les dieux se mettraient à travailler le métal. Quant aux pays scandinaves, la mythologie viking a aussi ses dieux liés au volcan, comme le dieu du tonnerre Thor, qui a donné son nom à un volcan actif sur un satellite de Jupiter, ou encore Surtur, le dieu du feu islandais, qui a donné son nom à l'île de Surtsey.

Le christianisme ne fait pas exception à la règle et les volcans y ont une place symbolique importante, étant considérés comme la demeure du diable ou la colère de Dieu. Les pratiques modernes continuent d'ailleurs de suivre les pas antiques, notamment en Italie où des processions sont menées par des prêtres à chaque fois que le Vésuve ou l'Etna menace d'entrer en éruption, priant saint Janvier et sainte Agathe d'apaiser les fureurs des grands volcans. Sur l'île de la Réunion, la vierge au Parasol se charge de protéger les habitants des humeurs impitoyables du Piton de la Fournaise. Elle est célèbre par le grand pèlerinage qui lui est dédié et qui a lieu tous les Quinze-Août.

Enfin, je vous invite à rechercher les deux courants de pensée antiques qui se sont opposés sur la naissance des volcans : le neptunisme, défendu par Platon, pour qui les volcans étaient issus de l'océan primordial, et le plutonisme défendu par Aristote, qui croyait en leur création par l'action des vents sur la roche. C'est fort intéressant…

Le volcan, à la fois destructeur et générateur de vie, impose sa loi face à des hommes démunis devant tant de puissance et d'imprévisibilité.

Le Cratère représente la puissance, le magma bouillonnant, la vie intérieure, l'énergie, le feu, la créativité, l'élan créateur, l'ébullition, l'effervescence, la fusion, l'imprévisibilité, le jaillissement et la libération.

Mais aussi les séismes, l'éruption, l'explosion, le fait de fulminer, de ruminer, de gronder, de dévaster, les bouleversements, les tremblements, le débordement, la colère, la violence, la virulence et l'autocombustion.

Il combine les énergies de création et de destruction.

Si vous avez tiré la carte à l'endroit

Le Cratère vous demande de descendre en vous pour voir ce que vous portez qui demande à être mis au monde. Dans le fin fond de vos entrailles, il y a cette envie, ce désir, ce projet qui bouillonne.

Si vous avez tiré la carte du Cratère, c'est que vous êtes sur le point de laisser jaillir quelque chose de puissant. Rien ne sert de vouloir différer ce moment, car comme un volcan qui entre en éruption, vous ne pourrez rien retenir ni contenir. Que ce soit une idée, un projet, une rencontre ou une discussion, cela s'annonce animé ! C'est votre Feu qui est à l'œuvre ! Et quand il sortira, il consumera tout sur son passage tout en illuminant votre vie d'un nouvel élan créateur.

Votre espace intérieur est riche et grouillant de vivacité et de créativité. Ce magma qui vous habite vous « remplit », mais il a besoin de se régénérer, et donc de se déverser à un moment donné. Vous devez laisser s'exprimer votre flamme.

Si vous avez tiré la carte du Cratère en posant une question d'ordre sentimental, elle indique que la passion est de la partie tout en vous recommandant de rester prudent. Attention, dans votre embrasement, à ne pas vivre une histoire qui s'avérerait dévastatrice.

Dans tous les domaines, le Cratère vous met en garde quant à la fusion/confusion ! C'est votre énergie propre qui doit s'exprimer et dominer. Ne vous laissez pas dépasser par une montée d'adrénaline ou l'emballement de quelqu'un. Ressentez ce qui est en ébullition en vous actuellement et préparez-vous à accueillir cette nouvelle effervescence avec enthousiasme.

La manifestation du Cratère est énergique, intense, parfois un peu bouleversante, mais également libératrice. Elle vous permet d'expulser le positif comme le négatif, pour faire place nette à la nouveauté, sans aucune énergie stagnante, sans résidus.

Laissez fuser toute votre ardeur dans une grande explosion de joie !

Si vous avez tiré la carte à l'envers

À l'envers, le Cratère vous met en garde contre son imprévisibilité qui renforce sa dangerosité. Sous des abords endormis, il y a quelque chose qui gronde en vous. Entendez ce bruit sourd qui porte la rumeur d'un séisme intérieur. Votre calme apparent cache une blessure, une rancœur ou une colère prête à exploser. Celle-ci sera d'autant plus virulente qu'elle est en train de monter à votre insu.

Le Cratère vous conseille d'essayer d'entrer en contact avec ce qui se trame depuis un bon moment dans vos profondeurs, surtout avant qu'il ne soit trop tard. Toute cette énergie, ce trop-plein, risque de vous exploser à la figure… en même temps qu'à celle des autres, créant des dommages collatéraux. Plus vous essaierez de vous contenir, plus vous risquez de déborder. Vous avez un besoin urgent d'évacuer. Trouvez une soupape. Faites du sport, parlez à quelqu'un, allez crier dans la nature, défoulez-vous… Agissez avant que cela ne se retourne contre vous ou que vous ne soyez plus capable de vous contrôler.

Pour essayer de modérer cette énergie ravageuse, il vous faut à la fois l'identifier et apprendre à la canaliser. Le Cratère attire votre attention sur les signes avant-coureurs du déchaînement. Si depuis quelque temps vous vous sentez irascible ou irritable, facilement exaspéré par votre entourage, si vous fulminez pour un oui ou pour un non, démarrez au quart de tour, êtes soupe au lait… posez-vous les bonnes questions. Est-ce que vous ressentez de la frustration ? Est-ce que vous chercheriez le conflit, l'air de rien ? Est-ce que vous vous emportez pour des choses sans importance ? Est-ce que tout vous tient à cœur mais vous agresse ? Prenez garde. Il est clair qu'une crise est sur le point de surgir, avec d'autant plus de violence que vous l'aurez refoulée.

Vous ne pourrez pas, quoi qu'il arrive, garder ce ressentiment en vous, au risque de vous sentir en « autocombustion ». Cela se traduirait dans votre corps par des phénomènes inflammatoires, une tension élevée, beaucoup de nervosité. L'agressivité non exprimée se retournerait contre vous et ne ferait qu'alimenter une animosité envers les autres.

La meilleure façon de lutter contre ces bouffées de fureur est de les transformer en pouvoir de création. Le Cratère porte en lui autant la vibration de destruction que celle de création.

Au lieu de ruminer, utilisez cette énergie pour activer de nouvelles choses et autorisez-vous à reprendre du pouvoir sur votre vie. Laissez émerger cette nouvelle réalité qui ne demande qu'à être créée !

Le Supplice

TOURMENTS/TORTURE

Celui qui a le choix a aussi le tourment.

Proverbe allemand

Histoire, signification et symbolique

La carte du Supplice représente la roue des tortures, utilisée depuis l'Antiquité comme moyen de châtiment. On peut trouver de nombreuses représentations détaillées de ces tortures dans des gravures, des sculptures et des peintures, et parfois même sur des blasons et armoiries. Ce qui permet d'avoir une idée assez précise du calvaire enduré par les condamnés…

Les roues de l'Antiquité pouvaient écraser ou briser les os, écarteler les membres, tourner le corps jusqu'à la mort, mais aussi lacérer ou déchiqueter la peau. Dans tous les cas, il semblerait que la souffrance extrême et l'atrocité étaient recherchées. À cette époque, les condamnés étaient attachés sur des roues et subissaient différents sorts, plus cruels les uns que les autres. Quelquefois écartelés, d'autres fois transpercés par des pointes de fer présentes sur une roue elle-même en métal, ils enduraient des exécutions violentes et sanglantes. Comme un spectacle dissuasif. Dans certains récits de la Grèce antique datés d'environ 400 ans av. J.-C., les pratiques de tortures par la roue sont déjà relatées. On les retrouvait d'ailleurs également dans la mythologie, notamment à travers l'histoire du supplice d'Ixion, attaché avec des serpents pour l'éternité à une roue en feu qui tournoie dans les airs. Les véritables roues étaient elles aussi toujours extrêmement impitoyables, mais brèves comparées aux pratiques qui auront lieu entre le XVIe et le XIXe siècle…

Plus tard, au début du christianisme, des récits de persécution de chrétiens particulièrement spectaculaires et barbares sont narrés dans *La Légende dorée*, mais aucunement attestés d'un point de vue historique. Les modèles de roues décrits semblent trop élaborés pour avoir réellement existé et auraient plutôt servi à exalter la dévotion.

Au XVIe siècle, en Europe, le bûcher est devenu réservé aux hérétiques, et pour exécuter les criminels et les brigands de grand chemin, on utilisait de nouveau la roue. On attachait les condamnés sur une croix où ils avaient les membres brisés à coups de barre de fer par un bourreau, puis étaient attachés complètement démembrés sur une roue de chariot. D'où l'expression « rouer de coups »... La roue était ensuite hissée sur un mât pour permettre une dernière « repentance » du criminel auprès de Dieu. Le temps d'agonie dépendrait de la volonté divine... C'est ce que l'on appelait « l'exposition », car la foule pouvait assister à l'agonie, qui durait selon la résistance de l'individu de quelques heures à plusieurs jours. Il pouvait arriver que le supplicié « bénéficie » du « retentum », coup fatal porté par le bourreau pour abréger ses souffrances. Le retentum pouvait être alors une « grâce » du tribunal ou un arrangement passé entre la victime et le bourreau. Parfois, le bourreau étranglait le martyr avant de lui avoir brisé tous les os.

Cette pratique arriérée sera utilisée pendant 300 ans, quelle que soit la gravité du crime commis... La dernière exécution de ce type a eu lieu en Prusse, en 1851.

L'histoire de la roue des tortures signifie symboliquement que parfois la sanction est démesurée et qu'il ne faut pas entretenir une douleur que l'on peut arrêter. La pire des tortures étant celle que l'on s'inflige à soi-même : plus nous sommes endurants, plus l'agonie sera lente...

Le Supplice représente les tourments, le mal-être, les préoccupations, l'anxiété, l'écartèlement, le tiraillement, la blessure et l'amertume.

Mais aussi la torture, les relations et habitudes toxiques, la souffrance, le calvaire, la persécution, la déchirure, l'autodestruction, la douleur morale et physique, et la punition.

Si vous avez tiré la carte à l'endroit

Le Supplice représente les préoccupations qui vous empêchent de vous sentir bien. Ce sont des moments de vie délicats à traverser, car vous ressentez un mal-être profond. Parfois, il se manifeste sous la forme d'un tiraillement. Vous vous sentez écartelé entre deux personnes, deux croyances, deux choix de vie, et vous ne savez quoi faire. Alors, ne pouvant résoudre votre problématique, vous acceptez de vivre dans cet inconfort, avec cette gêne qui pourtant vous oppresse.

Le Supplice vous demande de conscientiser que cette souffrance s'exprime parce qu'elle demande à être guérie. Comme une blessure qui aurait des difficultés à cicatriser et vous rappellerait sans cesse l'origine du mal. Un accident? Une agression? Une maladie? Un deuil? Vous sentez une douleur sourde et lancinante et vous avez pris l'habitude de vivre avec. Pourtant, si vous ne la traitez pas, cette blessure se ravivera à la moindre occasion et redeviendra violente et insupportable.

Le Supplice vous demande de travailler sur vos fragilités initiales, celles avec lesquelles vous cohabitez depuis si longtemps qu'elles sont presque devenues identitaires. Il vous interpelle : pourquoi choisissez-vous de vivre ainsi dans la tourmente ? Car oui, même si cette idée est difficile à admettre, parfois souffrir est un choix. Parfois, nous préférons rester en deuil plutôt que vivre « le deuil du deuil ». Sortir des schémas qui nous mettent en souffrance peut prendre du temps et déclencher des angoisses. Paradoxalement, entamer un processus de libération peut être anxiogène : que nous reste-t-il lorsque la douleur a disparu ? Lorsque l'on a accepté le fait que quelque chose a pris fin, que la vie ne sera plus comme avant ? L'absence. Avant la reconstruction !

Le Supplice n'est pas là pour nous épargner, il met le doigt là où ça fait mal. Il appuie sur nos plaies, sur ce qui souffre en nous et crie la douleur alors que nous restons sourds. Si la cicatrice se rouvre chaque fois qu'elle est heurtée, c'est qu'elle s'est logée au cœur de votre Être. Votre cœur est meurtri. Il saigne de l'oubli, il saigne par négligence, il saigne aussi d'amertume. Car vous entretenez inconsciemment cette peine. Et vous vous en voulez. Peut-être que vous en voulez aux autres aussi. Le Supplice connaît le remède : vous devez pardonner pour aller mieux. Pardonner à ceux qui vous ont fait mal. Et vous pardonner aussi de les avoir laissés faire. Le pardon est un baume pour le Cœur et les maux de l'Âme. Libérez-vous de ce qui vous hante.

Il est temps de panser vos blessures et de réparer ce qui s'est brisé il y a fort longtemps.

Vous pouvez guérir. Mais il faut le vouloir ardemment. De tout votre Cœur.

Si vous avez tiré la carte à l'envers

À l'envers, le Supplice est redoutable. Il est le symbole de la roue des tortures à laquelle on se retrouvait enchaîné, impuissant.

Si vous avez tiré cette carte à l'envers, nul doute que vous vivez une situation très douloureuse et difficile. Des émotions dévastatrices. Si terribles qu'elles meurtrissent votre corps physique aussi. L'alarme est tirée : ne laissez pas vos souffrances gangrener toute votre vie ! Vous devez réagir avant qu'elles n'atteignent votre intégrité physique et que, trop affaibli, vous ne soyez plus en mesure de vous défendre. Car les pires souffrances ne sont pas celles qui nous sont infligées, mais bien celles que l'on s'inflige ou que l'on accepte. Vous devez dire non à la douleur mentale et physique ! Non à l'abus de pouvoir sur vous-même ! Non à la manipulation, à l'asservissement, à l'humiliation qui vous rabaissent et vous affaiblissent jour après jour ! Vous ne devez plus subir aucune persécution. Et pour cela, vous devez dire non à vos comportements autodestructeurs.

Le Supplice à l'envers représente ce qui nous torture et nous rend prisonniers. Posez-vous les bonnes questions : à quoi êtes-vous enchaîné ? Un travail ? Un amour ? Une passion ? Un lieu ? Un enfant, un parent, un partenaire ? Quelle que soit la réponse, vous devez observer en quoi ce lien est toxique pour vous. En quoi il vous ronge.

Parfois, le Supplice représente une habitude nocive ou une addiction. Dans tous les cas, son message est le même : ce qui vous fait du mal est en train de vous détruire lentement. Le Supplice prend son temps. Plus c'est long… Alors, soyez très méfiant envers vous-même. Envers votre capacité à « supporter ». Sauvez-vous tant qu'il en est encore temps, avant que vous ne soyez totalement enfermé dans la situation ! Puis posez une limite claire entre vous et le problème. L'alcool ? Un homme ? Une femme ? Le sexe ? Les études ? Un rêve qui devient obsessionnel ? Le poison peut prendre toutes les formes et vous asservir jusqu'à ce que vous ne soyez plus qu'un résidu de vous-même. Un esclave.

Si vous ne réagissez pas tout de suite, vous courez à votre perte. L'énergie du Supplice à l'envers est corrosive, perverse, insidieuse. Elle nous plonge dans des rapports sado-masochistes et malsains, nous finissons par nous punir nous-mêmes. Nous ne savons plus comment nous en sommes arrivés là, et nous nous mettons à croire que rien ne pourra changer, que c'est trop tard.

C'est pourquoi vous devez stopper ce calvaire dès à présent ! Vous n'avez plus le temps, vous êtes déjà en sursis. Ne laissez pas cette énergie néfaste ruiner votre vie.

Peut-être que, pour vous en sortir, vous aurez l'impression de sacrifier une partie de vous-même, de vous amputer. Que les barbelés qui vous enserrent vous retiendront malgré vous.

Il faudra vous débattre de toutes vos forces. Accepter la déchirure. Accepter d'avoir encore plus mal pendant un moment. C'est le temps du sevrage, de la désintoxication. Le temps où, à moitié agonisant, vous vous sentirez anéanti.

Et pourtant, éprouver cette douleur ultime constitue le seul moyen de parvenir à vous en affranchir.

La Roue de Médecine

GUÉRISON/DÉRÈGLEMENT

Seuls les sens peuvent guérir l'âme,
tout comme l'âme seule peut guérir les sens.

Oscar Wilde

Histoire, signification et symbolique

La Roue de médecine ou Roue chamanique est une vision amérindienne du cercle de guérison. Les roues de médecine sont très anciennes et il en existait plus de 20 000 sur le continent américain avant que « l'homme blanc » ne s'y installe. Elles étaient réalisées avec des pierres et disposées dans des lieux où l'énergie de la Terre était puissante, semblables à ce que nous appelons aujourd'hui des vortex. Les rituels qui s'y tenaient renforçaient l'intensité de ces lieux, qui dispensaient alors une énergie de guérison pour la Terre et ses créatures vivantes.

Les roues de médecine étaient des centres de réunion pour la communauté, des lieux de rassemblement et de réunification où étaient célébrées toutes sortes de cérémonies. Manifestations de cette culture autochtone, elles avaient plusieurs fonctions différentes et pouvaient faire office de lieu de recherches astronomiques, de médiation et de reliance avec le cosmos. Elles étaient la représentation de l'énergie spirituelle dans le monde physique et leur rôle consistait à permettre le dialogue avec l'Univers et le Grand Créateur. On y venait pour prier, méditer, contempler et renforcer sa connexion avec la nature. Ainsi recentré, l'homme au milieu de la roue accède à un degré supérieur de compréhension de lui-même, de ses besoins, désirs et valeurs, mais aussi de sa relation avec le macrocosme et la Création.

Aujourd'hui encore, elles sont utilisées pour permettre aux hommes de restaurer le lien perdu avec la nature, jugé à l'origine des maux dont souffrent les humains et la Terre : crises, mésentente, afflictions, maladies, dérèglements et désordres en tous genres. Pour les autochtones, la roue de médecine est un outil qui permet de retrouver un équilibre sur tous les plans : physique, émotionnel, psychique et spirituel.

Les roues de médecine sont toutes bâties sur un même schéma, bien que l'on trouve certaines variantes selon les tribus, chaque nation possédant son propre enseignement en la matière. Si les rituels et le nombre de pierres diffèrent quelque peu, des constantes s'imposent néanmoins. Ainsi, une roue de médecine est toujours divisée en quatre parties. Ses quatre cadrans représentent les directions nord, est, sud, ouest ; les couleurs de la peau des hommes, blanc, jaune, rouge et noir ; les saisons, hiver, printemps, été, automne ; les quatre éléments, air, feu, eau, terre ; les différents niveaux de l'être, l'âme, l'esprit, le cœur et le corps ; et les quatre stades de la vie humaine : la naissance/petite enfance, la jeunesse, l'âge de la maturité et la vieillesse/mort[17].

La roue travaille sur les cycles et sur le rythme. On y entre comme on débuterait un voyage initiatique qui nous mènerait au centre de nous-mêmes. Une exploration intime au cœur de l'être, où se cachent les blessures, les secrets de notre histoire, mais aussi le pouvoir de guérir en retrouvant l'harmonie perdue.

Activer sa roue de médecine, c'est, pas après pas, enclencher un mécanisme de guérison qui nous est propre. Interroger le sens de notre vie, dans la direction et la signification que nous souhaitons lui donner. Comme un voyageur infatigable qui revisite le monde à maintes et maintes reprises, nous nous engageons sur le parcours de la roue chamanique comme dans une spirale sacrée qui se danse à l'infini.

La Roue de Médecine est la consécration d'une pratique ancestrale de guérison. Elle représente la reliance, l'équilibre, le soin, le processus de guérison, la connexion de l'Être avec la Nature et avec son médecin intérieur, les différentes pratiques et les rituels de guérisons selon les continents, l'énergie vitale et le pouvoir d'autoguérison.

Mais également le déséquilibre, la « déreliance », l'affaiblissement, les blessures cachées, la perte d'énergie, la maladie.

La Roue de Médecine vous invite peut-être à effectuer le tirage du même nom, afin de comprendre les parties de vous-même qui réclament attention et guérison.

17. D'un point de vue amérindien, la naissance est considérée comme un stade à part entière de la vie humaine et non juste un passage ; il en va de même pour la mort.

Si vous avez tiré la carte à l'endroit

Cette carte attire votre attention sur la manière dont vous prenez soin de vous, de votre corps physique, mais aussi de votre esprit. Que signifie pour vous être « en bonne santé » ? Êtes-vous suffisamment à l'écoute de vos besoins et de vos désirs ? Diriez-vous que vous êtes épanoui ?

En tirant la Roue de Médecine, vous êtes invité à reconsidérer la question du soin. Dans notre vision occidentale, « se soigner » signifie traiter une maladie, résoudre un problème.

Or, dans d'autres cultures que la nôtre, le médecin est consulté alors que l'individu est en bonne santé. Son rôle n'est pas de « traiter un problème », mais d'intervenir en amont et d'accompagner les personnes. Avec cette approche, il s'agit d'entretenir le corps et l'esprit dans un bon fonctionnement, c'est-à-dire avec des énergies qui circulent et leur permettent de se sentir bien. C'est le principe d'harmonisation vitale.

Votre corps est votre baromètre et votre premier allié. Vous avez besoin de cette enveloppe pour vivre, alors vous devez lui accorder toute l'attention qu'elle mérite. À chaque instant, votre corps vous parle. Entendez ce dialogue intime avec votre médecin intérieur. La Roue de Médecine vous invite à vous connecter à votre intériorité et à ressentir comment vous vibrez avec le monde extérieur. Elle vous aide à conscientiser que vous faites partie intégrante d'un Tout, et que ce Tout retentit de façon vibratoire sur votre corps physique. Parce qu'il est notre véhicule, le corps est le réceptacle des énergies environnantes. En tant qu'organisme vivant, il répond aux stimulations extérieures, mais également intérieures. Il réagit à nos sentiments, nos émotions, nos sensations, nos perceptions et nos idées. Ainsi, nous sommes le produit de nos pensées et croyances profondes. Ce qui s'imprime en nous s'exprime à travers le corps. La Roue de Médecine vous interroge donc sur vos croyances en matière de santé.

Et rappelez-vous qu'aucune vérité n'existe dans ce domaine ! Chaque être est unique et en constante évolution. Le vivant est adaptable et surprenant ! Rien n'est figé, car votre corps évolue et se transforme avec vous. Ce qui était juste par le passé est peut-être en train de changer pour vous amener vers une nouvelle compréhension de vous-même et de votre manière de vous soigner. La Roue de Médecine vous demande d'harmoniser vos cycles personnels : sommeil, rythmes de votre journée, cycles hormonaux... avec les cycles de la nature. Entrez dans la médecine de la Terre-Mère, et ressentez comment les pulsations de votre cœur s'accordent parfaitement avec le métronome de l'Univers. Ayez plus d'égards pour vous-même. Consacrez-vous du temps comme vous prendriez soin d'un jardin chaque jour, afin qu'il donne des fleurs magnifiques et produise ses meilleurs fruits.

En vous occupant de vous en conscience, vous trouverez la plénitude de votre Être, harmonisé et aligné. Ainsi, vous avancerez sur la voie de la Guérison et de l'épanouissement !

Si vous avez tiré la carte à l'envers

À l'envers, cette carte indique que quelque chose n'est pas équilibré dans votre vie, entraînant une perte d'énergie. Peut-être vous sentez-vous fatigué, mal dans votre corps, confus ou agité... Vous vous rendez compte que quelque chose ne « tourne pas rond ». Il est également possible qu'actuellement vous ou l'un de vos proches ne soyez pas en bonne santé. Quels que soient les problèmes dont vous souffrez, la Roue de Médecine vous lance un message d'espoir !

Car, pour les Amérindiens, les ennuis de santé ont tous une même origine : la « déreliance ». Ainsi, la maladie en tant que telle n'existe pas. Elle n'est que la manifestation d'un déséquilibre. Qu'est-ce qui est venu perturber l'ordre des choses au point de vous affaiblir et de vous rendre vulnérable physiquement et psychologiquement ? Il y a trois sortes d'équilibres fondamentaux : l'équilibre de soi à soi, l'équilibre de soi aux autres, et l'équilibre de soi à la nature et au Cosmos. Interrogez-vous sur l'origine de votre déséquilibre. Est-il lié à une blessure d'ego, à un manque d'écoute ou de fidélité à vous-même ? À un traumatisme de l'enfance ? À un conflit familial, un problème de place, une mémoire cellulaire ? À un environnement toxique ? Ou tout simplement au fait que vous n'êtes plus assez connecté à la nature ?

La Roue de Médecine à l'envers vous recommande d'être plus attentif à vous-même. Prenez le temps de vous observer. Écoutez les messages que votre corps tente de vous délivrer, peut-être à travers cette souffrance ou l'expression d'une pathologie. Qu'est-ce qui, du plus profond de vous-même, crie sa douleur pour que vous l'entendiez et puissiez la traiter ? Quel en est le sens caché ? Les maux du corps sont en quelque sorte les mots de l'Âme qui ne sont pas entendus... Alors, quel est ce fil qui s'est « dérelié », n'assurant plus la bonne connexion entre votre corps physique et le plan atomique et empêchant la fluidité de vos énergies ? Ou peut-être est-ce un nœud (relationnel, émotionnel, karmique) qui empêche la reliance de se faire correctement et bloque votre énergie vitale ? Qu'il soit coupé ou noué, votre fil énergétique de guérison ne peut plus transmettre les bonnes informations à votre corps. Pour rétablir cette reliance, vous devez avant toute chose appréhender vos soucis de santé comme un dérèglement plutôt que comme une fatalité. Sortez de la peur, des idées reçues, des schémas enfermants et des dogmes. Vous devez totalement revisiter votre manière de vous soigner, et vous ouvrir à de nouvelles méthodes. Soyez prêt à abandonner ce que la science vous a appris, ouvrez-vous à de nouvelles croyances. Le processus de guérison, comme son nom l'indique, se déroule par étapes. La première est la conscientisation que rien n'est « inguérissable ». Tout ce que le corps a créé dans la matière, il peut le défaire. Il a la même capacité à matérialiser qu'à dématérialiser. Si votre corps vous envoie des messages sous la forme de problèmes de santé, c'est que vous êtes prêt à les entendre, les comprendre et les régler. Le processus de guérison ne peut s'opérer qu'avec la certitude que la guérison est possible ! Vous devez donc redonner la parole à votre médecin intérieur et retrouver votre pouvoir de guérison ! Qui mieux que vous peut savoir ce qui est bon pour vous ?

Activez dès maintenant cette nouvelle potentialité de rétablissement et la foi absolue que vous pouvez l'incarner !

Le Royaume des Rêves

ASPIRATIONS/FANTASMES

Fais de ta vie un rêve, et d'un rêve une réalité.

Antoine de Saint-Exupéry

Histoire, signification et symbolique

Le Royaume des Rêves est en lien avec la symbolique du *dreamcatcher* amérindien et vient rappeler l'importance des rêves dans notre réalité. Pour appréhender son histoire et sa symbolique, je choisis de vous partager des extraits du livre *Aux rythmes de notre Terre-Mère*, dans lequel j'aborde cette thématique.

« On connaît l'attention que les Amérindiens portent à leurs rêves. Considérés comme des messages de l'âme et de l'au-delà, une possible manifestation du Grand Esprit, les rêves ne sont pas pris à la légère. Ils sont envisagés comme des présages, des mises en garde voire des prédictions certaines. C'est pourquoi ils influencent leur quotidien jusque dans les décisions les plus importantes. Pour eux, rêver c'est entrer en contact avec les esprits des ancêtres dans une autre réalité. Le rêve est une porte ouverte sur un autre espace-temps, c'est pourquoi pour les autochtones, rêver, c'est changer de temps. Cette porte est un passage qui favorise la communication entre les hommes endormis et le Grand Esprit, offrant au réveil une vision nouvelle révélatrice de sagesse.

« C'est sans doute pour cela que le capteur de rêves ou "attrape-rêves" est l'un des objets rituels les plus marquants dans la culture amérindienne.

« De nombreuses légendes concernant son apparition, toutes fascinantes, varient selon les peuples. Elles s'accordent cependant sur un point : l'attrape-rêves serait né de l'intervention d'une femme Araignée (souvent "grand-mère Araignée") qui a tissé sa toile.

« Ainsi, dans la mythologie Ojibwé, on retrouve Asibikaashi, Mère Araignée, qui capturait dans sa toile les rayons du soleil à l'aube. Quand les tribus Ojibwés se dispersèrent à travers l'Amérique du Nord et le Canada, elle ne put plus tisser pour chaque tribu, car les territoires étaient trop vastes et le soleil ne se levait pas partout au même moment. C'est alors qu'elle enseigna aux femmes l'art de fabriquer les attrape-lumière (ou *suncatchers*) pour que le soleil, d'où qu'il se lève, protège les humains des démons de l'obscurité. Les *suncatchers* devinrent petit à petit des *dreamcatchers*, ou attrape-rêves. [...]

« Ce que l'on sait donc communément du capteur de rêves, c'est qu'il a pour fonction de filtrer les rêves et d'en retenir les mauvais. À travers les mailles de son filet, la toile de grand-mère Araignée emprisonne les cauchemars et laisse les beaux rêves et les songes porteurs d'un message important arriver jusqu'au dormeur. Ainsi, son sommeil n'est non seulement pas perturbé, mais il peut recevoir la visite des esprits.

« Au petit matin, les rayons du soleil brûlent les cauchemars et mauvaises pensées qui se sont accrochés à la toile. C'est pour cela que les capteurs de rêves sont toujours placés de telle manière à recevoir les premières lueurs du soleil.

« Ce que l'on sait moins, c'est que le capteur de rêves était utilisé sur les berceaux des nourrissons, dès leur naissance. Il était accroché aux côtés de petits sacs contenant le cordon ombilical séché et des amulettes ainsi que des coquillages dont le bruit dans le vent servait à tenir éloignés les esprits malveillants. [...]

« L'attrape-rêves est un moyen pour les Amérindiens d'entrer en contact avec les mondes invisibles pour en recevoir leurs messages. Grâce à l'attrape-rêves, les hommes reçoivent les guidances des esprits durant la nuit sans courir de danger. »

Le Royaume des Rêves incarne la possibilité de se reconnecter à la dimension sacrée du rêve et de conscientiser l'impact qu'ils ont sur le quotidien, à mieux comprendre la « réalité éveillée ».

Le Royaume des Rêves représente nos aspirations et notre inspiration, le monde des songes, les messages symboliques, le repos, l'évasion onirique, la magie de la nuit, les autres réalités, l'imagination et la pensée créatrice.

Mais aussi le fantasme, l'utopie, l'irréalisme, les chimères, la divagation, la perte de repères et la déconnexion avec le réel. Dans certaines croyances, les rêves faits pendant la nuit annoncent la réalité du lendemain.

Cette carte revêt souvent une dimension prophétique.

Si vous avez tiré la carte à l'endroit

Cette carte vous parle de l'importance d'avoir des rêves et l'envie de les réaliser. Rêver est une nécessité absolue pour tout être humain. Le rêve éveillé permet d'aspirer à transcender son existence en souhaitant accéder à autre chose que la réalité proposée. Il devrait être un moteur, un élan pour se lever le matin. Les rêves de la nuit sont quant à eux des messages que votre inconscient tente de vous délivrer sur ce que vous avez à mettre en œuvre à présent. Cette carte vous invite donc à porter attention à vos rêves et à tenter d'en décoder les informations cachées. Vous ne pourrez pas y accéder avec votre mental, c'est votre Moi supérieur qui vous parle.

Le rêve donne accès à d'autres dimensions, plus symboliques. Il ouvre une porte sur un royaume où tout n'est que transposition, signes et présages. C'est un langage différent, qu'il faut apprendre à décrypter. Les artistes, les poètes ou encore les médiums pénètrent facilement dans le royaume de la nuit. Ils y trouvent leur inspiration, leur muse, y puisent leur force, développent leur imagination et reçoivent les augures. Comme eux, apprenez à faire un pont entre la puissance magique du Royaume des Rêves et le pouvoir de la pensée créatrice. Plongez dans vos songes sans retenue, interrogez-les, et découvrez quelles aspirations secrètes se cachent dans votre subconscient ! N'ayez crainte, vous avez maintenant la capacité de maîtriser vos cauchemars et d'en finir avec vos peurs. Plus rien n'est un obstacle à la concrétisation de vos rêves les plus beaux, les plus doux, les plus grands, les plus fous !

Comme le dit un proverbe, « Il faut dormir pour rêver », alors, accordez-vous le repos nécessaire, entrez à pas feutrés dans l'espace sacré des songes, et écoutez.

Le murmure de votre âme vous fait cette promesse : tout est réalisable à condition de croire en vos rêves !

Si vous avez tiré la carte à l'envers

À l'envers, la carte du Royaume des Rêves révèle que vous avez une tendance à être dans les nuages, que vos idées ne sont pas claires, un peu brumeuses, voire un peu fumeuses… Elle vous met en garde contre la rêvasserie et peut-être des accès de paresse. Votre esprit cherche à s'évader d'une réalité trop pesante, mais les voies qu'il emprunte sont illusoires et sans issue. Déçu par la vraie vie, qui manque de poésie, vous vous réfugiez dans un monde onirique où tout est plus beau. Attention cependant à ne pas enjoliver l'histoire ou vous perdre en divagations de toutes sortes. Le danger serait de prendre vos rêves pour la réalité ! Or vous devez apprendre à faire la différence entre des aspirations qui pourraient se concrétiser et des fantasmes irréalistes. Et il n'est pas si facile de différencier un souhait d'un fantasme. Car les fantasmes naissent souvent à notre insu, parfois cachés dans l'inconscient, et leur nature est trompeuse. Comme un désir inavouable, ils grandissent sans en avoir l'air jusqu'à devenir une obsession qui nous hante la nuit et une frustration qui nous tourmente le jour. Ne vous bercez pas de croyances utopiques, au risque de perdre petit à petit les repères et le lien avec la réalité. Méfiez-vous de vous-même. Si vous sentez au fond de vous que vous aviez « tellement envie d'y croire », que vous ne pouvez pas renoncer à vos espoirs, ou que vous êtes peut-être en train de rêver votre vie et d'inventer une réalité qui n'existe pas… alors, réveillez-vous ! Vous devez combattre vos propres chimères et sortir de votre bulle imaginaire. Cessez de poursuivre un rêve inaccessible, de vous épuiser à force d'attendre ce qui n'arrivera pas. Et songez à tout ce qui pourrait se produire de merveilleux et d'incroyable si seulement vous laissiez de la place dans votre vie pour cela !

Soyez-en sûr, l'Univers vous a réservé (destiné ?) un très beau rêve et attend simplement que vous vouliez bien l'accueillir.

Le Berceau des Ancêtres

HÉRITAGE/SECRETS

Oublier ses ancêtres,
c'est être un ruisseau sans source,
un arbre sans racines.

Proverbe chinois

Histoire, signification et symbolique

Ce n'est pas tant l'histoire du berceau en tant qu'objet qui nous intéresse ici que la symbolique de cette carte, puisque l'objet en lui-même n'est pas un cercle. Faisons quand même un petit tour d'horizon de son histoire. Les berceaux sont présents depuis la nuit des temps, même si le mot n'apparaît en France qu'en 1472. On en retrouve la trace antique en Égypte, en Grèce, à Rome… Plus tard, il devient un objet de valeur : témoin d'une lignée, du bonheur conjugal et de la prospérité d'un foyer, il se transmet dans les familles nanties d'une génération à l'autre. Le plus vieux berceau conservé date du xve siècle.

Un berceau est un petit lit, un « nid douillet et protecteur », qui parfois permet un mouvement, celui « de bercer pour endormir ». Afin de recréer le confort des bras de la mère berçant l'enfant emmailloté, ils prennent la forme d'un petit hamac en tissus, ou en peau, d'un couffin en osier ou d'un petit lit en bois avec de moelleux rembourrages. Ce couchage fabriqué dans toutes les matières et sous différentes formes, parfois simple panier en fibres végétales, ou linges tressés, a pour fonction d'empêcher le petit enfant de tomber du lit — du « nid ». Le berceau symbolise le voyage de la vie. De par sa forme en nacelle et son étymologie latine signifiant « bateau », il nous accueille dès nos premiers jours comme une invitation à entrer dans le périple de l'existence. Dans la mythologie occidentale, on retrouve de nombreux berceaux célèbres : Romulus et Rémus abandonnés dans un berceau sur le Tibre, Moïse dans un berceau sur le Nil, et même Jésus dont la mangeoire de la bergerie lui servit de berceau.

La carte du Berceau des Ancêtres symbolise notre berceau originel, de là où l'on vient, la généalogie de l'âme. Elle se nomme ainsi pour mettre l'accent sur la place et le rôle des ancêtres chez les peuples premiers. Elle fait également référence à la notion « d'annales akashiques » qu'il est intéressant d'aborder au travers de cette carte.

Les annales akashiques, parfois nommées aussi « archives » akashiques, sont un portail vers nos mémoires individuelles et collectives. Elles contiennent le souvenir des expériences de nos incarnations passées, comme une grosse banque de données stockées. Pour Carl G. Jung, elles se situent dans l'inconscient collectif. Elles sont une bibliothèque de l'univers où sont enregistrés les événements de notre monde. Elles sont le témoin de l'histoire de l'évolution de chaque âme depuis sa première incarnation. Elles nous relient donc en quelque sorte à un immense arbre généalogique cosmique. Si elle s'est largement répandue à la fin du XIXe siècle en Occident, la notion d'annales akashiques se retrouve au travers de différents textes sacrés et traditions anciennes, comme dans le Livre du Souvenir chez les juifs ou le Livre de la Vie des chrétiens. Les annales akashiques sont une source inépuisable d'enseignements, un recueil de connaissances et de sagesse, une transmission universelle et l'héritage de nos consciences humaines. C'est pourquoi leur symbolisme est présent dans la carte du Berceau des Ancêtres.

Cette carte représente la lignée, l'héritage, l'histoire familiale, la transmission, les aïeux, les liens du sang, l'hérédité, la parenté, l'arbre généalogique et les annales akashiques.

Mais aussi les secrets familiaux, les non-dits, l'intimité, les choses cachées, les dettes et les mémoires à nettoyer.

Si vous avez tiré la carte à l'endroit

La carte du Berceau des Ancêtres possède une vibration douce et transmet un message bienveillant et réconfortant : vos aïeux veillent sur vous et vous encouragent, de là où ils sont. Forts de la connaissance qu'ils ont de votre histoire personnelle, ils vous aident à avancer dans votre vie, à chaque pas, à chaque difficulté. Vos grands-parents, autrefois, vous ont inondé de leur amour et accompagné de leur expérience. Vous avez la possibilité encore maintenant de vous appuyer sur eux en vous reliant à eux sur le plan de l'Âme. Ces liens d'amour autrefois incarnés continuent d'exister de manière subtile, mais tout aussi puissante. Le Berceau des Ancêtres vous invite à les conserver et à les choyer comme vous le faites avec n'importe quelle relation. Entretenez une communication avec les personnes de votre famille aujourd'hui disparues, parlez-leur, allumez des bougies devant leur photo, préparez des recettes qui vous ont été transmises, portez un bijou leur ayant appartenu, racontez des souvenirs… En perpétuant la mémoire de vos aïeux dans votre vie de tous les jours, vous contribuez à garder un lien fort et actif avec eux dans l'Invisible, pour vous et vos descendants. Ainsi, vous serez dans la transmission concrète, symbolique et énergétique de ceux qui ont écrit votre histoire avant vous. En retour, il est possible que vous découvriez que des dons et des talents vous ont été transmis par une ou des personnes de votre lignée. Comme l'a dit Françoise Dolto, « Tous les souvenirs de nos parents, de nos ancêtres, sont inclus dans nous ».

Si vous traversez une période difficile, vous pouvez invoquer le Berceau des Ancêtres pour vous sentir protégé et recevoir des informations sur vous-même. Fermez les yeux et tentez de ressentir cette étreinte enveloppante qui vous est envoyée par vos ancêtres. Écoutez la voix de la grand-mère qui entonne une berceuse, le souffle du grand-père qui murmure un conseil. Visualisez le regard plein de sagesse d'un ancien. Il peut prendre un visage connu ou inconnu, quoi qu'il en soit il vous sera familier, car c'est le visage d'un de vos ascendants qui aujourd'hui se manifeste pour vous rassurer et vous guider dans vos choix. Recevez dès à présent leurs messages comme un précieux héritage et un soutien indéfectible.

Si vous avez tiré la carte à l'envers

À l'envers, cette carte indique que vous devez faire un travail de recherche sur votre généalogie. Certains aspects de votre histoire personnelle et intergénérationnelle demandent à être éclaircis. Il peut s'agir d'un secret de famille ou plus simplement de non-dits, mais ceux-ci pèsent sur votre existence sans que vous en ayez conscience et créent un déséquilibre. Certaines mémoires alourdissent votre présent et vous empêchent de vous épanouir pleinement. Vous êtes probablement « pollué » par une empreinte liée à l'histoire de vos parents ou au-delà. C'est parce que vous avez en vous des résidus d'un passé qui ne vous appartient pas, mais dont vous êtes « le porteur ». Vous devez prendre conscience que ce rôle qui vous a été donné est très important. Si vous êtes détenteur d'informations familiales, vous devez parler pour rétablir l'harmonie au sein de votre famille. Si ces informations se situent au niveau vibratoire ou cellulaire, il vous faudra entreprendre un travail pour les retrouver et les décoder. Ensuite, selon leur nature, vous saurez quoi faire. Parfois, il faut couper avec un passé trop encombrant, d'autres fois simplement faire un nettoyage. Quoi qu'il en soit, vous avez la responsabilité d'assainir votre lignée et de la guérir.

Un héritage peut se faire à notre insu, et quelquefois il est une charge plus qu'un cadeau. Il peut représenter une dette. Vous avez le devoir de vous acquitter de cette dette qu'un membre de votre famille a contractée. Vous avez été désigné pour le faire. En agissant ainsi, vous réparerez à la fois le passé et le futur. Vous libérerez vos descendants en rétablissant la vérité, en permettant le pardon, le deuil, en brisant une chaîne ou un lien toxique ou en arrêtant une répétition de schémas qui dure depuis des générations.

Pour que vous puissiez écrire votre histoire personnelle, entrez dans l'histoire intime et secrète de votre arbre généalogique. Veillez à classer tous les vieux dossiers qui traînent. C'est une lourde tâche, mais une fois que vous l'aurez accomplie, vous vous sentirez plus léger, soulagé, car vous aurez déposé une charge qui ne vous appartenait pas. Enfin, soyez conscient qu'à chaque minute vous-même êtes en train de créer des mémoires que vous semez en héritage…

« Chaque jour vous créez votre histoire, chaque chemin que vous empruntez laisse votre héritage. »

Michael Jackson

Le Médaillon

RECONNAISSANCE/EXCLUSION

C'est de l'identité qu'est née la différence.

Heinz Pagels

Histoire, signification et symbolique

Le médaillon partage avec les autres bijoux des symboles cachés et n'a pas pour but d'être seulement une parure. Tous les bijoux peuvent avoir un rôle symbolique d'ordre décoratif, esthétique, social, identitaire, magique et/ou religieux, sentimental, parfois érotique. La relation que l'humain entretient avec le bijou et plus globalement l'ornement a ainsi une valeur emblématique forte. Il est le témoin d'une histoire, d'un moment particulier, d'un lieu, d'une transmission, et peut incarner une promesse, un engagement, une protection, un événement ou un souvenir.

Pour parler plus précisément de la symbolique associée au médaillon, il faut déjà le distinguer de la médaille, qui a sa propre signification. La médaille est un bijou assez simple, généralement de forme ronde ou ovale, qui comporte des inscriptions ou des symboles (comme les signes du zodiaque), souvent un prénom ou une date, parfois la représentation d'un saint ou de la vierge Marie. Elle est offerte à l'occasion de célébrations comme les baptêmes, et a, la plupart du temps, une connotation religieuse. Le médaillon quant à lui est un bijou en deux parties qui se referment l'une sur l'autre et peut contenir bien des secrets : mèche de cheveux, fleur séchée, photos, gravure, pierre précieuse, icône religieuse... et tout ce que son porteur aura voulu conserver dedans afin de l'avoir toujours sur lui. Ce qui fait du médaillon un bijou extrêmement intime. Il peut être à la fois un bijou de famille qui se transmet de génération en génération, un bijou romantique, une amulette de protection ou un bijou rituel de cérémonie. On appelle également médaillon des pierres de formes rondes ou ovales gravées. Le camée, médaillon gravé avec un profil grec ou royal, en est un célèbre exemple. Le médaillon existait déjà dans l'Antiquité et était porté aussi bien par les hommes que par les femmes. Il avait alors trois fonctions principales : décorative, affective et protectrice. Beaucoup de médaillons de cette époque ancienne servaient de talismans de protection. Les médaillons à vocation sentimentale contenaient une mèche de cheveux ou un bout de tissu appartenant à l'être cher. Vers la fin du XVIe siècle, les reliques personnelles ont été remplacées par des portraits peints. À cette époque-là, le médaillon devient un bijou plus féminin et ce sont généralement les visages de l'époux et de l'enfant qui sont représentés à l'intérieur.

Mais c'est au XIXe siècle, du moins en France, que le médaillon devient un bijou très prisé par les dames, auprès desquelles il joue à la fois un rôle romantique évident et de marqueur social. Pendant cette époque romanesque, le pendentif, enfoui dans les grands décolletés, est le lien entre les amants, qui seuls savent ce qui se cache à l'intérieur du mystérieux bijou. Il a alors un rôle presque transgressif, puisque porté à la vue de tous mais cachant des secrets de boudoirs… Durant ce même siècle, la reine Victoria, comme preuve de deuil, arbora un médaillon à l'effigie de son défunt mari le prince Albert. À partir de là, cette pratique devint courante pour entretenir le souvenir de l'être disparu.

De nos jours, le médaillon redevient à la mode. Ses côtés *vintage* et bohème très tendance plaisent beaucoup. Le médaillon contenant des photos est aussi revenu au goût du jour depuis une quinzaine d'années. Il ne s'agit plus simplement d'y glisser des images, mais on y ajoute des gravures, les techniques modernes permettant de réinventer de multiples façons les portraits qui s'y trouvent. Aujourd'hui, ce sont les animaux de compagnie qui y sont largement représentés.

On peut souligner d'ailleurs l'usage de la médaille ou du médaillon dans les colliers pour animaux, le plus souvent les chiens, toujours à des fins de « filiation » puisqu'ils servent à retrouver le propriétaire, donc « la famille » de l'animal. D'ailleurs, le médaillon a un lien indéniable avec l'appartenance et on le retrouve souvent dans les histoires humaines (réelles ou fictives) d'abandon et d'adoption.

On retiendra que le médaillon est un bijou particulier à la forte dimension affective, qui remplit une double fonction de révélation et de confidentialité : puisqu'à la fois il distingue et revendique une identité, tout en cachant et protégeant des aspects de la vie privée et intime de celui qui le porte.

Le Médaillon représente l'identité, la légitimité, l'appartenance, l'adhésion, l'affiliation et la filiation, la reconnaissance, la singularité, la distinction, la ressemblance, l'affinité et la parenté.

Mais aussi l'exclusion, la quête identitaire, la conformité, la confidentialité, le sentiment de rejet et la blessure d'abandon.

Si vous avez tiré la carte à l'endroit

Le Médaillon est une représentation symbolique de ce que nous voulons afficher dans le monde extérieur. C'est une projection de nous-mêmes qui permet aux autres de nous repérer et de nous situer. Comme l'a dit Hannah Arendt, « Pour être confirmé dans mon identité, je dépends entièrement des autres». La carte du Médaillon nous interroge sur notre sentiment de légitimité, et l'avoir tirée est une assurance d'acceptation, comme une approbation en réponse à une question posée. Porteur d'un message d'identification, il fait, en quelque sorte, office de carte d'identité, qui vous authentifie autant qu'elle vous «justifie». Le Médaillon arboré est une forme de présentation qui parfois définit l'appartenance à un milieu social ou familial. Par exemple, en tant qu'ornement il peut représenter un bijou de famille et préciser un certain rang social.

Il nous rattache donc à une lignée ou une communauté, et confirme notre «provenance» et notre affiliation à un groupe. Cette dernière peut également être religieuse, comme avec les médailles de baptême. Rien qu'à travers lui, ce sont donc beaucoup d'informations qui sont transmises au monde extérieur.

Le Médaillon attire votre attention sur les notions d'être et de paraître. Sur ce que vous revendiquez comme étant votre identité, votre milieu d'origine, vos goûts ou vos croyances. En le portant, vous assumez une singularité et vous partagez cette identité avec les autres.

Symboliquement, le Médaillon représente donc une attitude, une posture qui vous définit dans la société, ce avec quoi vous êtes en accord ou en désaccord.

On peut aussi recevoir un médaillon ou une médaille en tant que signe de distinction.

Si vous avez tiré cette carte, c'est qu'il faut vous interroger sur la place que vous occupez socialement, mais aussi au sein de votre famille. Est-ce que les autres vous voient tel que vous êtes vraiment? Faites-vous partie du «bon groupe»? Auxquels de ses courants adhérez-vous et est-il en accord avec vos idées profondes?

Par ailleurs, le Médaillon est une carte protectrice. En effet, elle peut représenter l'amulette de protection, le talisman, dont vous avez besoin pour vous sentir en sécurité. Si vous avez un collier que vous aimez porter en un rituel de bien-être, pensez à y ajouter une intention de protection. Si vous n'en possédez pas, n'hésitez pas à vous acheter un pendentif qui deviendra votre médaillon personnel, celui qui fera «corps» avec vous et auquel vous pourrez vous identifier.

Si vous avez tiré la carte à l'envers

À l'envers, le Médaillon nous parle d'une problématique autour de la place. Ce peut être une blessure d'abandon ou la peur de ne pas être reconnu par ses pairs, mais également un besoin d'appartenance à un groupe, une nécessité de trouver sa place dans sa famille. Quoi qu'il en soit, il indique le besoin de comprendre qui l'on est vraiment.

Si vous avez tiré le Médaillon à l'envers, il est possible que vous vous sentiez rejeté. Attention à ce que cette souffrance ne vous pousse pas à rechercher l'approbation des autres coûte que coûte. Ou bien à vous conformer à des repères qui ne sont pas les vôtres, à vous glisser dans un moule!

Avant de renoncer à qui vous êtes et de vous uniformiser, posez-vous les bonnes questions. Depuis combien de temps vous sentez-vous rejeté? Aviez-vous déjà ce sentiment dans l'enfance? Qu'est-ce qui provoque cette exclusion? Comment les autres vous perçoivent-ils? Qu'est-ce qui fait votre différence? Pourquoi avez-vous des difficultés à vous intégrer dans un groupe?

Parfois, pour se faire « accepter », on endosse une personnalité qui n'est pas la sienne. Mais quoi que vous fassiez, n'oubliez pas : vous pourrez toujours essayer de leur ressembler, ils ne seront jamais vos semblables.

Au lieu de chercher à vous fondre et vous confondre parmi les autres, vous feriez mieux d'entamer la vraie recherche, qui se résume à cette question : « Qui suis-je ? »

Avant de finir noyé dans la masse, anonyme parmi les anonymes, « reconnu » par un groupuscule avec lequel vous n'avez pas d'affinités profondes, lancez-vous dans votre quête identitaire.

Le Miroir

VÉRITÉ/MENSONGE

Le monde visible n'est que le miroir de la volonté.

Arthur Schopenhauer

Histoire, signification et symbolique

L'être humain a toujours contemplé son image grâce à son reflet dans l'eau, et avant qu'il ne fabrique des miroirs, il remplissait des récipients afin de s'admirer. Le miroir est cependant un objet très ancien puisque les tout premiers ont été inventés en Anatolie (la Turquie d'aujourd'hui), 6 000 ans av. J.-C. Ils étaient en obsidienne polie. Deux mille ans plus tard, le miroir en surface métallique polie fait son apparition. On le retrouve chronologiquement en Mésopotamie, puis en Égypte, en Chine et enfin dans l'Empire romain, qu'il soit en cuivre, bronze, étain, argent ou même en or. Ces miroirs étaient de petites tailles, peu répandus et très précieux. Malheureusement, même lorsque le polissage était bien réussi, leur qualité s'altérait rapidement à cause de l'oxydation, et il fallait les entretenir avec des pierres ponces. Ils ont néanmoins été utilisés pendant fort longtemps puisqu'il faut attendre le Ier siècle pour voir apparaître les premiers modèles en cristal de roche poli. Cette technique se développera dans la Rome antique, bien que les Romains préférèrent continuer d'utiliser les miroirs en étain pendant encore plusieurs siècles. Ce n'est qu'au Ve siècle que les miroirs basés sur un amalgame de mercure et d'argent apparaissent en Chine, un principe qui sera repris en Europe au XVIe siècle avec de l'étain et du mercure. À cette même époque, le miroir devient très en vogue et bénéficie de la grande inventivité de la Renaissance, qui lui offre une grande variété de styles, de matériaux nobles et de décorations. On ne sait pas avec exactitude à qui revient l'invention du miroir en verre ni sa date précise, mais l'Italie développe des techniques particulières avec ses maîtres verriers, sur l'île de Murano notamment, et dote les miroirs d'une dimension esthétique et artistique jusque-là inégalée. La réputation des maîtres vénitiens va dès lors dépasser les frontières, mais l'Italie veut conserver ses secrets de fabrication et il faudra attendre le XVIIe siècle pour que le miroir en verre se développe dans le reste de l'Europe. Sous Louis XIII, qui souhaite que la France excelle dans les domaines artistiques, le miroir se perfectionne et s'embellit, sa production s'accroît. Toutefois, c'est véritablement sous Louis XIV que le style français s'impose, avec ses dorures et ses sculptures qui rivalisent toutes d'originalité et d'ingéniosité, l'une des réalisations les plus spectaculaires de l'époque étant bien évidemment la galerie des Glaces de Versailles. Du XVIIe siècle à nos jours, l'histoire du miroir est marquée par différents grands courants artistiques et son encadrement se réinvente à chaque style, les plus connus étant les styles rococo, empire, Art Nouveau, Art déco, contemporain et Design.

L'invention du miroir argenté en verre que nous connaissons est attribuée à l'Allemand Justus von Liebig, en 1835, qui remplace l'amalgame toxique étain-mercure par de l'argent métallique issu du nitrate d'argent. Ce changement a permis la banalisation du commerce des miroirs, jusqu'alors considérés comme un produit de luxe. Ce n'est qu'à la fin du XIXe siècle que l'objet entre dans pratiquement tous les foyers, aussi bien ruraux que citadins, pour devenir au cours du XXe siècle un élément courant de la chambre à coucher puis de la salle de bain. L'utilisation du miroir n'a pas seulement changé avec le mobilier et les courants de décoration d'intérieur, mais aussi et surtout avec l'évolution des mentalités et des mœurs, du rapport à l'image et du rapport au corps, à la séduction et au désir, au maquillage et aux soins cosmétiques, à la mode et au souci de contrôler son apparence, dans une société de plus en plus obsédée par le paraître et l'érotisation du quotidien.

Entrer dans la symbolique du miroir, c'est ouvrir une porte sur de multiples références tant mythologiques que littéraires, cinématographiques et même religieuses ! Nous irons donc à l'essentiel en suggérant des pistes que vous pourrez explorer seul. Le miroir évoque souvent en premier lieu le mythe de Narcisse et soulève le rapport à l'image. Mais comment croire un reflet supposé fidèle alors que celui-ci nous renvoie au face-à-face d'une image « inversée », où les défauts seraient accentués ? Pourtant, malgré ce paradoxe, le miroir symbolise souvent la « vérité », comme le miroir magique dans *Blanche-Neige*, qui ne peut mentir à la reine, lui révélant « qui est la plus belle ». On notera qu'il met en lumière, en quelque sorte, « l'envers du décor », ce que l'on ne veut pas ou ne peut pas voir avec notre simple regard.

Le miroir est un emblème important de la mythologie japonaise, étant l'un des trois trésors sacrés du Japon, mais aussi par son lien avec Amaterasu, déesse du Soleil dans le shintoïsme. La légende raconte que Yata-no-Kagami, le miroir bouclier de bronze, fit sortir Amaterasu de la caverne dans laquelle elle s'était enfermée. Par ailleurs, cette dernière était tellement brillante que son père l'envoya régner au Ciel. Allégorie du Soleil, elle fut souvent représentée comme un miroir. Dans de nombreuses croyances ou traditions religieuses, il est un objet rituel magique, utilisé pour la divination, la purification ou garant d'un savoir. C'est le cas dans le bouddhisme tibétain et dans certaines pratiques chamaniques de Mongolie. Les Grecs quant à eux pratiquaient la « catoptromancie », c'est-à-dire l'art de prédire l'avenir grâce au miroir, puisque celui-ci reflète l'âme. De nombreuses légendes décrivent cette pratique qui a essaimé bien au-delà de la Grèce antique, notamment dans les traditions anglo-saxonnes qui prétendent que, certaines nuits particulières (notamment Halloween et Épiphanie), face au miroir, il est possible de connaître le visage d'un futur époux comme de voir son propre reflet à l'heure de sa mort. Les miroirs « magiques » utilisés pour la divination, par exemple dans la Wicca, sont des miroirs noirs dont le fond est fabriqué avec le goudron de Norvège. Le miroir a en effet quelque chose de terrifiant, et la superstition vivace selon laquelle celui qui en brise un serait puni de sept ans de malheur remonte à l'Antiquité !

La littérature quant à elle regorge d'auteurs qui se sont intéressés au miroir et lui ont donné une place importante dans leurs œuvres, notamment Miguel de Cervantes, Avram Davidson, Luisa Gallerini, Jorge Luis Borges, Lewis Carroll… Ce dernier, dans *De l'autre côté du miroir*, soulève un autre de ses symboles fondamentaux qui est l'ouverture d'une porte sur d'autres mondes. Ce sujet est également traité au cinéma dans *Orphée* de Cocteau, où le miroir est une porte sur l'au-delà et le monde des morts. C'est pourquoi il représente un objet important de la littérature fantastique, et vous pourrez trouver une interprétation très enrichissante de son usage dans la recherche universitaire de Magdalena Wandzioch, *Miroir : reflet de l'évolution du conte fantastique au XIXe siècle*.

Enfin, en psychanalyse, Jacques Lacan parle de « stade du miroir », qui est un stade de développement entre 18 et 24 mois où l'enfant est supposé reconnaître son image, permettant la conscience d'un corps unifié et la structuration du Moi.

Le Miroir représente l'image de soi, le reflet, une certaine réalité, le paraître, la séduction, la beauté, et la vérité.

Mais aussi les apparences, l'illusion, la tromperie, le mensonge, les mirages, la projection, la duplicité et la dissociation.

La carte du Miroir est une carte complexe, un peu comme une roue inversée puisque le reflet dans le miroir est à la fois soi-même et la parfaite inversion de son image. Prenez donc le temps de lire avec attention ce qu'elle vient vous dire, tout en gardant à l'esprit qu'inévitablement cette carte vous interroge sur une chose et son contraire… En apparence, car le contraire n'est que le « double », soit la possibilité d'avoir une réponse « entière » si vous arrivez à réunifier toutes les parties de vous-même…

Si vous avez tiré la carte à l'endroit

La carte du Miroir est avant tout une invitation à observer la réalité telle qu'elle est, sans artifices et en pleine lumière. Dans cette réalité, l'acteur principal, c'est vous. Le Miroir vous demande donc de vous placer devant la glace et de vous regarder en face. Que voyez-vous ? Soyez objectif. Ni vaniteux ni trop modeste. Enlevez vos filtres de jugement personnel. Les choses n'ont besoin ni d'être embellies ni d'être ternies. Prenez conscience que c'est votre regard qui falsifie la réalité. Pour entrevoir la situation de manière plus claire, nette et neutre, prenez le Miroir à témoin. Interrogez-le comme dans les contes : « Miroir, mon beau Miroir »… En effet, le miroir ne peut mentir, il nous renvoie notre propre image, que celle-ci nous plaise ou non. Il dit la vérité et toute la vérité. Celle du moment présent. Car la vérité, soumise à l'impermanence du vivant, est une image qui change à chaque instant. Interroger le Miroir, c'est comprendre qu'il n'y a pas de vérité absolue. Dans les réponses que vous trouverez à vos questions, ayez l'objectivité d'y apporter une touche de relativité. Et prenez garde aux projections…

Le Miroir vous questionne également sur votre rapport à votre physique. Êtes-vous conscient de ce que les autres voient de vous ? Le Miroir nous rappelle que notre paraître n'est pas forcément le reflet de ce que nous sommes à l'intérieur. Pourtant, notre apparence est la première chose avec laquelle le monde extérieur entre en contact. Elle conditionne donc en partie nos interactions. Soyez plus attentif à ce que les autres vous renvoient concernant ce que vous dégagez, afin d'apprendre à mieux maîtriser ce que vous affichez.

Enfin, le Miroir vous demande de vous regarder et de vous trouver beau ! Plus vous aurez une bonne image de vous-même, plus les autres le ressentiront. C'est avant tout dans votre regard que doit se révéler votre beauté. Vous devez apprendre à vous apprécier tel que vous êtes. Dès lors, vous vous sentirez plus à l'aise et naturel, cette aisance aura un impact positif, et les gens vous trouveront attrayant. La séduction, lorsqu'elle est bien employée, est un atout important. Apprenez à l'utiliser à bon escient. Écoutez ce conseil que le Miroir vous souffle : ce n'est pas mentir que de se montrer sous son meilleur profil…

Si vous avez tiré la carte à l'envers

Si vous avez tiré le Miroir à l'envers, c'est que vous êtes passé « de l'autre côté du miroir », là où le monde des apparences dirige l'existence. Vous avez pris l'habitude de porter un masque pour jouer votre rôle social. Comme un comédien, vous interprétez différentes émotions, prenez les postures « qu'il convient d'avoir » selon les circonstances. Vous êtes constamment en représentation et jouez en fonction des événements et des protagonistes. Et vous vous jouez de la réalité… Tel un ventriloque qui connaît sa réplique, vous donnez le change, vous faites « semblant ». Le Miroir tire la sonnette d'alarme ! Il est grand temps d'arrêter cette mascarade qui vous fait n'être plus que le reflet d'un personnage conçu par d'autres, une marionnette manipulée par vous-même, incapable d'afficher sa vraie personnalité. Plus qu'aux autres, c'est à vous-même que vous mentez. Prenez garde de ne pas vous perdre au jeu des illusions. À force, vous ne saurez plus qui vous êtes vraiment. Le Miroir vous voit arborer votre sourire de façade et pleurer en secret. Cessez de vouloir faire « bonne figure ». Essuyez donc cette poudre de perlimpinpin et ce maquillage qui coule. Affrontez votre reflet, ce double qui est en train de vous dévorer.

Le Miroir à l'envers, c'est le miroir brisé. La sensation d'avoir une identité morcelée, kaléidoscopique, d'être coupé en deux. Comme un visage fissuré. Un docteur Jekyll et un mister Hyde. Votre part d'ombre éclairée, votre vrai « Moi » tamisé… une multiplicité dangereuse. Attention, vous vous dissociez !

Cette carte vous recommande également d'être vigilant quant aux personnes qui vous font miroiter des choses… méfiez-vous de l'irréalisme et de la déception qui pourraient en découler. Il vous faut voir au-delà des apparences sans vous laisser séduire par certaines qui ont l'air avantageuses : elles pourraient être trompeuses.

À ce caractère éphémère du paraître, à la superficialité ou aux artifices, préférez la vérité. Même toute crue, même cruelle. Car il est temps pour vous de sortir des apparences, où l'exhibition et la duperie règnent sur un univers factice. Vous devez maintenant assumer et revendiquer votre vrai visage, empli de sincérité !

L'Iris

CLAIRVOYANCE/ILLUSION

Le visible ouvre nos regards sur l'invisible.

Anaxagore

Histoire, signification et symbolique

Pour parler de la carte de l'Iris, nous allons aborder la symbolique de l'œil. Organe de la vision, l'œil regroupe plusieurs notions comme la compréhension, le discernement, la connaissance, la lumière, la vérité, la conscience de l'âme, la clairvoyance, les sciences occultes, la voyance, la communication avec le divin et l'illumination.

Il existe une multitude d'expressions sur l'univers de l'œil, dont certaines nous renseignent sur d'autres facettes de ce qu'il représente, comme le courage et l'acceptation de la réalité : « soutenir le regard », « ne pas baisser les yeux », « regarder droit dans les yeux », « avoir quelqu'un à l'œil », « regarder la vérité en face »… Mais aussi la séduction et la protection : « faire de l'œil », « faire les yeux doux », « plonger dans le regard », « garder un œil sur quelqu'un »… Les yeux sont le reflet des sentiments humains, le miroir de l'âme. On peut avoir de la froideur dans le regard, de l'éclat, les yeux trahissent toujours les pensées profondes, d'où le vieil adage « voir la vérité au fond des yeux »… La flamme dans les yeux dévoile l'intensité et la passion qui animent tout être. D'ailleurs, au moment même de la mort, c'est l'étincelle de vie qui quitte le regard, le laissant vide et opaque instantanément.

L'œil fait le pont entre la perception visuelle du monde physique et la perception spirituelle du monde céleste, entre les ressentis du cœur et la logique de la raison. Il sait voir « au-delà ». Il représente la vision juste, l'instrument d'une révélation, servant à déchiffrer et à dévoiler le monde des apparences. Car si l'œil peut voir la beauté, il peut aussi voir la laideur, le regard ayant la capacité à se poser sur toute chose. Ce sont nos yeux qui nous offrent la vision du monde qui nous entoure, avec superficialité ou profondeur, avec une acuité perçante ou des filtres sublimatoires, tout dépend de la manière dont nous décidons de regarder… L'œil symbolise la contemplation de la Vie, qui nous aide à mieux percevoir les réponses à nos questionnements existentiels. La plupart du temps, il a une relation de près ou de loin avec le divin.

L'œil est une représentation tellement répandue sous toutes les formes (peintures, bijoux, gravures, textes, objets...) dans le monde entier et à toutes les époques, qu'il est impossible d'énumérer toutes les mythologies, croyances, tous les contes et légendes dans lesquels il apparaît. Je vous invite à aller rechercher les origines et significations détaillées des symboles suivants : l'œil de Dieu, qui désigne la conscience divine omniprésente qui surveille, protège, mais peut aussi foudroyer ; l'œil de la Terre, qui désigne la pleine lune ; l'œil du jour ou œil du monde pour le Soleil ; l'œil du cœur, appellation soufie de la vision spirituelle et de l'intuition, mais aussi de l'Amour, qui permet à Dieu de voir l'homme et à l'homme de voir Dieu ; l'œil de Shiva, nom du troisième œil dans la tradition hindoue ; l'œil protecteur ou œil bleu de Turquie, talisman qui repousse le malheur, appelé *nazar boncuk* ; l'œil d'Horus, appelé aussi Oudjat ou Wadjet, qui, dans la tradition égyptienne, donne la faculté de voir simultanément à travers plusieurs réalités telles que les mondes de l'éveil, du sommeil, de la mort et du rêve, selon le point de vue divin. L'œil d'Horus est d'ailleurs un puissant symbole de protection et de santé utilisé de ce fait en amulette. On rencontre aussi très couramment l'œil unique ou œil de la Providence, représenté par un œil sans paupière au centre d'un triangle entouré de rayon lumineux désignant le Grand Architecte de l'Univers, l'Essence, la Conscience divine, la connaissance et les savoirs cachés. C'est une autre version de l'œil de Dieu et il est l'un des symboles franc-maçonniques, parfois appelé delta lumineux.

Mais le symbole de l'œil le plus connu est bien sûr le troisième œil, appelé aussi œil spirituel ou ajna activateur et qui correspond au chakra du même nom. Il se situe sur le milieu du front, formant un triangle avec les yeux. Sa place au-dessus des deux yeux naturels symbolise la connexion avec une vision supérieure, cosmique. Correspondant à la glande pinéale, il est le siège de la vision subtile, de la perception sensitive et de l'imagination. La glande pinéale recevant les informations sous forme d'images, le troisième œil permet de se connecter à notre vision intérieure et de développer la pensée créatrice. Parfaitement immobile, il offre une vision « globale », une vue d'ensemble plénière, une unité. À la différence de nos yeux qui ne sont jamais statiques et clignent plusieurs fois par minute. Symboliquement, le clin d'œil représente la complicité, mais aussi les cycles de vie successifs et éphémères.

Pour terminer, il faut rappeler que l'œil peut aussi avoir une connotation négative, comme c'est le cas avec le mauvais œil en sorcellerie. C'est une superstition très ancienne, mais encore bien vivante aujourd'hui, que de croire que des mages noirs ont le pouvoir de « jeter le mauvais œil », c'est-à-dire de poser une intention malveillante sur une personne, qui apporterait le malheur dans sa vie et qui se manifesterait à travers des troubles du sommeil, des problèmes d'argent, des ennuis de santé, des disputes, et plus généralement, de la malchance.

Cette carte représente l'œil, l'optique, le point de vue, le regard, la clairvoyance, la clarté, l'acuité, le discernement, la contemplation et la perception.

Mais aussi les hallucinations, les illusions, l'hypnose, la vue brouillée, la confusion, les mirages et le trouble.

Si vous avez tiré la carte à l'endroit

La carte de l'Iris vous indique que vous traversez une période d'éveil. Votre vision s'aiguise, et votre intuition s'accroît. Cela signifie que vous remarquez des choses qui étaient jusque-là invisibles pour vous. Votre regard se pose de manière nouvelle sur votre environnement, vous envisagez les êtres et les situations sous un autre angle. Vos perceptions changent, et cela peut vous perturber dans un premier temps. Accueillez cette nouvelle vision des choses, car cela signifie que vous êtes prêt à appréhender le monde extérieur différemment. Concrètement, il se produit une ouverture du chakra situé sur le centre frontal, ajna, communément appelé «troisième œil». Ce centre énergétique est relié à notre glande pinéale, connue aussi sous le nom d'épiphyse, une petite glande endocrinienne qui, à l'origine, jouait un rôle dans la perception de la lumière. Si son rôle organique s'est transformé avec l'évolution, elle n'a pas perdu son rôle symbolique, c'est-à-dire que vous appréhendez les choses avec plus de clarté, ce qui peut même aller jusqu'à une forme d'illumination. Forcément, cela peut amener à des modifications de conscience et à des chocs qui vous demanderont d'adopter de nouveaux points de vue.

L'Iris vous offre beaucoup de discernement et de perspicacité. Avec cette carte, personne ne peut vous tromper sur ses intentions, car vous voyez clair dans le jeu de tout le monde. Vous percez les autres à jour et lisez en eux comme dans un livre ouvert. Le don de la clairvoyance est, dans un premier temps, assez déstabilisant, car il permet de sentir les intentions d'autrui, de connaître intuitivement l'avenir. Vous devez apprendre à vous en servir sans peur. Chacun d'entre nous est doté d'intuition, mais cette intuition est souvent reléguée au second plan, derrière la raison et le pragmatisme. Vous ne perdrez pourtant pas votre logique en étant plus à l'écoute des signes que votre «troisième œil» capte et des signaux qu'il vous envoie pour que vous les receviez!

La carte de l'Iris peut vous envoyer des «flashs», des sensations de déjà-vu. Ce n'est pas de la divination à proprement parler, mais c'est la manifestation que votre canal médiumnique est en train de se réveiller. Pour accéder à une plus haute vision «cosmique» et spirituelle, l'Iris vous invite à prendre le temps de contempler la beauté de la Création et de ressentir comment les images que vos yeux perçoivent vous touchent, de façon sensorielle et sensitive. Notre ressenti repose énormément sur ce que l'on voit, notre «point de vue» aussi... Il est temps d'adopter une nouvelle optique en vous laissant guider par cette lumière intérieure qui vous éclairera sur le chemin. Et soyez assuré que vos intuitions ne vous trompent pas. Vous pouvez les suivre les yeux fermés...

Si vous avez tiré la carte à l'envers

L'Iris à l'envers signifie que l'Univers tente d'attirer votre regard sur quelque chose qui vous échappe. Peut-être que vous n'osez pas regarder la vérité en face? Que vous vous protégez par crainte de voir une chose dérangeante? Parfois, pour se préserver d'une réalité trop crue, on se met des œillères. Essayez dans un premier temps d'être pragmatique. Observez les faits tels qu'ils sont, de manière neutre, sans émotion. Comme avec l'œil du rapace, aiguisé et sans affect. Sortez de la lecture basique, du «premier coup d'œil», des certitudes. Cherchez le sens caché derrière ce qui vous apparaît, de prime abord, comme une évidence. Si vous avez tiré l'Iris à l'envers, il est possible que vous fassiez preuve d'étroitesse de vue sans vous en rendre compte. La question est : pourquoi? Quelle est cette vérité que vous ne voulez pas affronter droit dans les yeux? Quelle est la raison qui vous empêche de voir la vie telle qu'elle est? Qu'est-ce qui, actuellement, réclame plus d'attention et de clarté? La carte de l'Iris inversé pointe une déformation, mais elle n'indique pas dans quel sens. C'est à vous qu'il revient d'identifier à travers quel prisme vous regardez le monde qui vous entoure. Avez-vous tendance à enjoliver les choses? À les sublimer, à les transcender? Selon l'angle sous lequel on l'observe, la réalité a plusieurs facettes... Bien mise en lumière, elle est plus facile à accepter, peut-être? Ou bien, au contraire, vous êtes plutôt du genre à voir tout en gris?

Pour faire passer son message, l'Univers peut aussi se manifester à travers votre corps physique. Toutes les affections de l'œil partagent la même symbolique : elles indiquent qu'il y a quelque chose à rectifier quant à la conscientisation de la réalité, qu'il y a quelque chose que l'on ne veut pas voir, une incapacité à se confronter, une vision déformante de l'ego. Parfois, une maladie de l'œil (la conjonctivite, par exemple) peut signifier la souffrance de ne plus voir une personne que l'on aime. L'Iris vous affirme qu'il est temps de lever les voiles de l'illusion et de percer la vérité à jour. Sortez de cette vision embrouillée qui vous maintient dans la confusion. N'entretenez pas le trouble. Vous devez à présent observer les faits de manière rationnelle. Ouvrez grands vos yeux. La vérité est là, juste devant vous. Et parfois, elle est hallucinante!

Le Paon

AFFIRMATION DE SOI/REPLI

L'homme qui a confiance en lui
gagne la confiance des autres.

Proverbe juif

Histoire, signification et symbolique

Originaire d'Inde, la symbolique du paon est en lien avec l'impérialisme, l'Orient, les contes des mille et une nuits et le pouvoir des mille yeux, la beauté et la noblesse. Elle évoque aussi la légende du phénix, car il est l'un des symboles de la résurrection, ainsi que des éléments Terre et Feu. Sa présence est très importante dans les cultures perse, indienne et arabe. C'est un animal qui a besoin d'un très grand espace pour vivre. En semi-liberté, les paons ne s'épanouiront qu'à la condition de disposer d'au minimum 10 000 m^2 de terrain, et parfois, malgré cela, ils s'en vont encore plus loin. Symboliquement, cela signifie que le paon a besoin de posséder un grand territoire et d'en conquérir de nouveaux. L'espèce la plus connue est le paon bleu et c'est celle que l'on retrouve comme animal de compagnie et/ou d'apparat chez les sultans et les pachas, près des bassins des grands palais orientaux ou en Afrique du Nord. Le paon bleu incarne le ciel parsemé d'étoiles et évoque les dorures des tentures orientales et moyen-orientales. Plus rares sont le paon blanc, le paon spicifère, plus élancé, et le paon opale, d'un gris bleuté.

Le paon a été un symbole religieux marquant dans l'Inde antique, chez les hindouistes et les bouddhistes (Bouddha se serait incarné sous cette forme), mais aussi dans les croyances gréco-romaines et chrétiennes. On le retrouve aussi en tant qu'« Ange-Paon » dans le yézidisme ou religion des Sept Anges, né en Iran durant l'Antiquité. Pour les chiites, le paon est un emblème de résurrection et d'éternité. Les plumes de sa queue protégeraient du mauvais œil, de la faiblesse, de l'infortune et de la maladie.

Pour entrer dans la symbolique totémique du paon, voici un passage issu du coffret *Les Animaux-guides*, aux éditions Trajectoire.

« Paon représente la magnificence, le luxe, l'affirmation de l'ego, la vision, le rayonnement, la résurrection, l'expansion et le charisme.

« Présent en Amérique du Nord durant l'ère tertiaire, le paon a disparu du territoire américain et fut réintroduit tardivement, si bien que dans les légendes amérindiennes il n'est pas question de Paon à proprement parler mais d'un grand oiseau de feu rayonnant baptisé "oiseau tonnerre".

« De nombreuses tribus vénèrent cet oiseau dont la description varie, mais qui est toujours porteur d'un message de puissance et de résurrection. À l'instar de Paon, qui, dans de nombreuses cultures incarne une énergie solaire et, comme le phœnix, peut renaître de ses cendres, plus beau, plus fort, plus rayonnant.

« La médecine de Paon aide à combattre les fragilités narcissiques en reconnectant la personne à son pouvoir personnel et en l'aidant à redorer son ego. Il pousse à se mettre en avant, à revendiquer ses qualités et à incarner ses désirs, à séduire et dominer son monde avec force et charisme.

« Symbole de virilité, d'impérialité et de prospérité, Paon a une haute opinion de lui-même et met son énergie flamboyante au service de ses conquêtes, permettant à ses ambitions de s'expanser.

« Il aime être en représentation, capter l'attention, voir et être vu, c'est la médecine des "mille yeux".

« Il vient alors pour éclairer notre vision, nous donner de l'audace et de la vanité, qualités indispensables au déploiement de la personnalité qui tend à s'affirmer. »

Le paon qui fait la roue symbolise l'éventail des possibilités qui se déploie, et la capacité que chacun d'entre nous a de voir de multiples façons puisque sur chaque plume, l'ocelle évoque un « œil ». Pour cette même raison, c'est aussi un symbole d'éveil spirituel et d'ouverture de la conscience. Dans les yeux représentés sur le haut des plumes, certains voient un lien avec l'hypnose ou la fascination, le paon ayant un pouvoir « hypnotique » sur celui qui l'admire en train de faire la roue. Ce terme même de « roue » renvoie à l'idée du renouveau et fait de lui un animal solaire, qui révèle sa lumière dans un mouvement semi-circulaire. Le paon déployant toute sa beauté et son envergure lors de la parade nuptiale, il incarne à la fois la séduction mais aussi la puissance d'un couple fort et rayonnant, d'autant plus que le paon qui trouve sa moitié s'unit pour la vie.

À tous ceux qui souhaiteraient approfondir leur connaissance de cet animal fascinant, je suggère d'aller lire l'article très intéressant et très complet intitulé « Le Paon, la mythologie et les religions », sur le blog *Les Animaux et leurs messages*, et de lire ou relire les fables de Jean de La Fontaine du « Paon se plaignant à Junon » et du « Geai paré des plumes de paon », qui retranscrivent très bien la symbolique de ce majestueux animal.

Le Paon représente l'affirmation de soi, le rayonnement, le charisme, l'ego, la fierté, la renommée, la célébrité, la prospérité, l'arrogance et la rivalité.

Mais aussi la timidité, l'introversion, le retrait, le repli sur soi, l'effacement, l'invisibilité, le manque de confiance et d'estime de soi.

Cette carte sera particulièrement positive si la question posée concerne le domaine matériel ou professionnel. Car le Paon indique une mise en avant, une reconnaissance sociale importante, un succès, des talents reconnus. De même, il évoque l'argent, les biens, le luxe.

Si vous avez tiré la carte à l'endroit

La carte du Paon s'affiche fièrement devant vous afin que vous vous redressiez et ressentiez ce rayonnement qui émane de votre être. Son énergie se situe au niveau du plexus solaire. Elle vous invite donc à travailler avec cette partie du corps, en ouvrant vos épaules et en visualisant votre plexus comme une source d'énergie qui irradie. Plus vous aurez conscience de ce qui émane de vous et plus vous agrandirez votre pouvoir personnel. Le Paon vous invite à avoir de l'audace, voire un peu d'arrogance. De cette belle arrogance, celle qui est bien placée parce qu'elle est juste et justifiée. Elle exprime simplement l'assurance de votre envergure et de vos talents. Votre ego demande à s'exprimer et, quoi que vous fassiez, les autres remarquent votre présence et votre prestance. À l'instar de l'énergie du Paon et de son caractère flamboyant, vous devez vous exposer et vous mettre en avant. De même que la réputation du Paon le précède, votre personnalité fait que, tout naturellement, vous en imposez. Vous ne passez jamais inaperçu. Vous avez ce truc en plus qui attire le regard, qui magnétise, qui hypnotise. Vous captez et captivez l'assistance.

Alors, il est temps d'assumer pleinement qui vous êtes, de prendre votre vraie place, d'aller sur le devant de la scène. Soyez sûr que la renommée vous y attend !

Le Paon a besoin d'être vu et entendu. Non pas simplement pour satisfaire son ego, mais parce que ce qu'il a à offrir au monde ne peut rester caché. Vous avez le devoir de mettre en avant votre travail, vos œuvres, vos compétences. Alors, allez-y, il faut en « mettre plein la vue ». Ce que vous afficherez dans le monde extérieur connaîtra le succès et suscitera de l'admiration. Votre aura charismatique a de l'ascendance sur les autres, il vous appartient de l'utiliser avec bienveillance, sans écraser quiconque. Car il faut de belles personnes rayonnantes et puissantes pour éclairer la scène du monde, pour diriger, pour inspirer les autres. Soyez ce modèle attirant qui galvanise la foule. Préparez-vous à être reconnu dans votre domaine, puis connu, car celui qui utilise l'énergie du Paon attire à lui la notoriété.

C'est pourquoi reconnaître votre propre valeur est maintenant votre priorité, car ce travail commence par soi-même ! Le Paon sait qui il est et ne doute ni de sa beauté ni de ses qualités. Vivez cette vie exaltante qui est la vôtre !

Si vous avez tiré la carte à l'envers

À l'envers, la carte du Paon indique une fragilité narcissique. Charles-Albert Poissant a dit : « Plus l'image de soi d'un individu est grande, plus son champ des possibles sera grand et moins il percevra de choses impossibles. » Vous devriez méditer sur cette affirmation et cesser de rechercher l'approbation dans le regard des autres. Personne d'autre que vous-même ne pourra valider qui vous êtes et le bien-fondé de vos actions. En cherchant la reconnaissance extérieure, vous donnez aux autres le pouvoir d'émettre une opinion sur ce que vous entreprenez, de dire si cela est bien ou mal, si cela en vaut la peine. En réalité, vous leur permettez (pire, vous leur demandez !) de vous juger. Vous devez absolument développer la confiance en vous et vous octroyer votre propre légitimité ! L'estime de vous-même et de ce que vous accomplissez ne peut venir que de l'intérieur. Si vous ne trouvez pas cette force d'assurance en vous, vous chercherez à plaire pour être rassuré… et la moindre critique négative vous touchera et mettra en péril le peu de confiance que vous avez. Cessez de vouloir l'amour des autres. Cultivez l'amour-propre !

Le paradoxe du Paon à l'envers, c'est que votre ego est fort, mais qu'il n'arrive pas à s'exprimer. Comme un paon qui n'oserait pas faire la roue et afficher l'étendue de sa beauté et de ses potentialités. Vous avez un éventail de possibilités, servez-vous-en ! Ouvrez-vous aux autres sans rien attendre d'eux, simplement pour déployer votre personnalité et être qui vous êtes vraiment.

En restant replié sur vous-même, vous n'utilisez pas tous les dons que l'Univers vous a donnés. Vous restez en position d'infériorité alors qu'au fond vous rêvez d'être sous les feux de la rampe.

Il faut oser !

Le Sceau de Salomon

SAGESSE/POUVOIR

La véritable force commence par la sagesse.

Jean Van Hamme

Histoire, signification et symbolique

Le Sceau de Salomon est une figure géométrique qui représente une étoile à six branches, composée de deux triangles imbriqués l'un dans l'autre, l'un pointant vers le haut et l'autre vers le bas. Il porte également le nom d'hexagramme. Symbole du judaïsme, ce sceau était par ailleurs répandu et largement utilisé en Asie et au Moyen-Orient depuis des temps immémoriaux, puisqu'on en retrouve la trace attestée dès l'âge du bronze. Il serait donc extrêmement réducteur d'en explorer uniquement le sens dans la tradition juive et kabbalistique, plus récente, même si celui-ci y est prégnant.

De nombreux vestiges montrent que le sceau était représenté à des fins parfois simplement ornementales, parfois magiques ou religieuses, sur divers objets ou monuments dans les sociétés romaine, hébraïque, byzantine, sumérienne et assyrienne. C'est donc un symbole très ancien qui a traversé les époques et les civilisations, et dont le sens a évolué selon les cultures et au fil de l'histoire. Néanmoins, on lui retrouve associés des pouvoirs de protection, de sagesse et de magie dans pratiquement toutes les coutumes, y compris dans la tradition païenne pour laquelle il représente un talisman sacré.

Aux origines de la religion juive, l'hexagramme devient l'emblème de David, puissant roi d'Israël et père de Salomon. On le nomme alors l'étoile de David ou bouclier de David, en référence à une légende qui raconte que celui-ci, poursuivi par Saül, se cacha dans une grotte. Une araignée tissa alors une toile en forme d'étoile à six branches à l'entrée de la cavité, pour le protéger en le rendant invisible aux yeux de Saül, car elle avait entièrement obstrué le passage. Le sceau revêt à cette période, à l'instar de son porteur, une symbolique guerrière, de conquête, de pouvoir et de victoire, et incarne l'Arche d'alliance entre Dieu et son messie, et plus largement l'alliance entre le divin et l'humain.

Lorsque Salomon succède à son père, il s'empare de ce symbole, lui donnant son nom. Le « Sceau de Salomon » devient alors une sorte de distinction et de marque d'appartenance et de reconnaissance, endossant en outre une toute nouvelle signification. Puisque le roi Salomon était réputé pour sa sagesse, sa bienveillance, son impartialité et un sens de la justice qui s'en remettait au cœur, son sceau se fit un symbole de paix, d'harmonie, de communication pacifique, de sagesse et de secrets bien gardés. La croyance disait que si le sceau était apposé sur un document, tout était passé sous silence et rien ne serait dévoilé. Selon le Talmud, Salomon portait un anneau magique gravé de son sceau et qui avait la faculté de repousser les démons. Dès lors, même si l'existence de cet anneau n'a jamais pu être attestée, il devint une figure puissante de protection de l'homme contre les forces du mal.

Par ailleurs, la symbolique ésotérique du Sceau de Salomon évoque l'union des contraires, de deux énergies qui ne s'opposent pas mais ne peuvent exister l'une sans l'autre, comme le haut et le bas, l'invisible et le visible, l'infini et le fini, le macrocosme et le microcosme, l'homme (triangle vers le haut) et la femme (triangle vers le bas), le divin et l'humain. Face à la dualité, le Sceau de Salomon propose l'unité. C'est donc une énergie unificatrice et d'harmonisation. Proche du Pentagramme, il s'en différencie toutefois par l'idée de transcendance. Ici, dans la figure de l'hexagramme, il est question de l'homme qui tente de s'élever jusqu'à Dieu et de Dieu qui fait descendre son énergie jusqu'à l'homme, ce qui signifie que Dieu est une présence ou énergie extérieure et supérieure, avec laquelle l'homme tente d'entrer en contact. Dans le Pentagramme, au contraire, l'idée est celle d'un principe immanent, c'est-à-dire que Dieu serait présent partout dans l'univers et de ce fait également à l'intérieur de soi. La nature du divin fait partie de l'homme, car il est à la fois au-delà et au-dedans.

La dimension de perfection contenue dans ce sceau est aussi à souligner. Il représente le premier nombre parfait en mathématiques et, pour certains, il symboliserait l'achèvement de la création du monde en six jours. Dans *Le Sceau de Salomon, secret perdu de la Bible*, Janik Pilet, professeur universitaire et physicien, explore ce concept et retrace son histoire à travers les peuples de l'Indus, les astrologues chaldéens, Salomon, Ézéchiel, saint Jean, saint Luc, mais aussi les alchimistes du Moyen Âge et ceux des XVIIe, XVIIIe et XIXe siècles. Il souligne que ce sceau, réservé aux initiés, servait ce qu'il appelle « l'inspiration spirituelle ».

Le Sceau de Salomon est bien évidemment présent dans l'Islam, David étant un prophète important dans la religion islamique sous le nom de Daoud tandis que son fils y est appelé le prophète Souleyman. L'histoire du pêcheur, un conte des *Mille et une nuits*, pilier de la littérature islamique médiévale, fait en outre référence au Sceau de Salomon.

En franc-maçonnerie, il est l'emblème de la justice, de l'alignement, de l'intégrité, de la vérité et de la sagesse, mais aussi une représentation architecturale du cosmos.

Enfin, le sceau de Salomon est aussi une plante, le *Polygonatum*, répandue en Europe et en Asie, et dont les tiges aériennes laissent une trace en forme d'étoile à six branches sur le rhizome.

Le Sceau de Salomon représente la paix, la sagesse, la bonté, le secret, l'harmonisation, la diplomatie, la communion entre l'homme et la nature, les esprits de la nature, la communication, la prophétie et la connexion aux forces célestes.

Mais aussi le pouvoir, le contrôle, les dysfonctionnements, la neutralisation, l'annulation, les dons et la connexion aux forces terrestres.

Cette carte possède une vibration très positive. À l'endroit, elle viendra neutraliser les aspects négatifs des autres cartes du tirage, vous rendant « inatteignable ». À l'envers, elle mettra en garde contre les mauvaises influences, mais atténuera néanmoins les difficultés à condition que vous activiez votre pouvoir d'annulation des forces contraires.

Si vous avez tiré la carte à l'endroit

Le Sceau de Salomon est un puissant symbole de protection et d'harmonisation. À l'instar du roi qui l'a créé, son message est porteur de sagesse et de paix. Si vous avez tiré cette carte, c'est que les différentes parties de vous-même sont en train d'être rassemblées. L'énergie du Sceau de Salomon est bienveillante, bienfaisante et unificatrice. Elle met en lien ce qui est en haut avec ce qui est en bas. Elle reconnecte votre partie humaine à votre partie divine. Elle permet d'intégrer les forces célestes dans un but terrestre. C'est la rencontre du microcosme et du macrocosme. Elle vous fera donc vivre l'expérience de la complétude, et vous ressentirez que vous fusionnez avec le Tout. Vous êtes invité à découvrir la communion entre l'homme et la nature.

Dans cet état, vous pourrez développer de nouveaux dons. Un de ceux offerts par le Sceau de Salomon est la communication plénière. Vous allez développer non seulement toutes les aptitudes pour communiquer de façon supérieure (l'intelligence, la bonté, la diplomatie, la dialectique, l'empathie, le bon sens et la clairvoyance), mais également la capacité à entrer en communication avec toutes les formes de vie, parfois de manière télépathique. Ainsi, le Sceau de Salomon est la carte par excellence qui nous parle de la communication animale. En vous laissant initier par ce Sceau, vous ne ferez plus de distinction entre les règnes animal, minéral, végétal et humain. Si le Sceau de Salomon est arrivé jusqu'à vous, c'est que vous êtes prêt à intégrer une nouvelle manière d'aborder le langage. Vous allez apprendre ce que « communiquer » veut dire, et vous commencerez à échanger avec tous les êtres à travers des perceptions sensibles et un autre canal que celui du mental. Grâce à l'énergie de Salomon, grand prophète, attendez-vous à recevoir des messages sous forme de guidance.

Par ailleurs, on parle du jugement de Salomon comme étant l'un des plus justes. Si vous avez tiré cette carte, vous êtes non seulement protégé par une justice supérieure, mais vous êtes aussi porteur de ce jugement absolu. Parce que Salomon jugeait avec son cœur, son discernement n'en était que plus grand. Vous êtes invité à vous faire confiance, car vous ne vous trompez pas.

Le Sceau de Salomon vous ouvre les portes d'une très haute sagesse ancestrale, vous délivrant d'anciens secrets et permettant la reconnexion au Sacré et à la magie de la vie.

Si vous avez tiré la carte à l'envers

À l'envers, le Sceau de Salomon vous assure une protection contre tout ce qui pourrait vous nuire, et notamment contre vous-même. On parle « d'auto-envoûtement » lorsque nos vibrations sont si basses qu'elles sont néfastes et se retournent contre nous. L'anxiété, la peur, le stress, le manque de confiance, le sentiment d'insécurité, la culpabilité, la rancœur, la haine et autres sont autant de pensées négatives qui créent des courants d'énergie autodestructeurs. Le Sceau de Salomon a un pouvoir de régulation qui permet d'atténuer les dysfonctionnements et les troubles nerveux jusqu'à les neutraliser. Vous êtes fortement invité à utiliser sa puissante énergie bénéfique pour rétablir un équilibre dans votre vie et dans ce que, peut-être, vous avez créé malgré vous.

Le Sceau de Salomon à l'envers vous met face à votre propre pouvoir. Celui de guérir, de créer de belles choses, de vous élever, comme celui de détruire, de vous rendre malade, et de vous abaisser à ce que la matière a de plus vil et primaire. Il enseigne que tous les dons que nous possédons (magnétiques, artistiques, créateurs, psychiques, etc.) peuvent être utilisés à faire le bien comme à faire le mal. Dans la polarité inversée, le Sceau de Salomon nous connecte aux forces terrestres, là où le pouvoir et les pouvoirs peuvent devenir dangereux s'ils ne sont pas bien employés. Vous risqueriez d'attirer à vous des énergies puissantes à des fins qui ne seraient pas nobles. Prenez conscience de tout ce que votre pensée crée autour d'elle et à l'intérieur de vous. Si, en utilisant votre pouvoir personnel et vos dons, vous avez provoqué de la souffrance chez vous ou chez autrui, vous avez la responsabilité d'annuler cet état et de rétablir l'harmonie.

Par ailleurs, on attribue au Sceau de Salomon la particularité de repousser les démons et les esprits négatifs, les djinns, les mauvais génies. Par extension, en travaillant avec lui, vous apprendrez à tenir à distance toute forme de pensée malfaisante et toute énergie qui n'œuvre pas vers l'élévation de la matière. Car ce symbole a le grand pouvoir de mettre en lien l'humain et le divin. Inversé, c'est l'énergie divine qui descend dans la matière à la rencontre de l'homme. C'est l'initiation de l'Esprit qui s'incarne et apporte l'ordre cosmique sur la Terre. Dès lors, il vous appartient de « gouverner votre monde » avec sagesse et d'utiliser vos dons sans abus et pour des causes élevées.

Apprenez à maîtriser les forces de la nature, non pas en essayant de les soumettre, mais en agissant pour la paix. Rétablissez le respect et la communication entre les créatures, entre les hommes et les animaux.

À travers son Sceau, recevez l'autorité de Salomon, utilisez votre pouvoir en pleine conscience et à bon escient.

Le Cercle de Sorcières et de Fées

MAGIE/MALÉFICE

Lorsque vous lui ouvrez la porte,
la magie est partout.

Olivier Lockert

Histoire, signification et symbolique

Ce que l'on nomme communément rond de sorcières ou cercle de fées est un phénomène naturel qui se trouve dans les prairies et les sous-bois : des cercles à la circonférence parfaite, formés par des champignons. Selon les pays, l'appellation diffère. En France et en Autriche, la plus courante est rond de sorcières ; en Allemagne, bagues de sorcières ; dans les traditions celtes, cercles elfiques ou anneaux de fées ; tandis qu'en Angleterre, c'est cercle ou rond de fées. Mais son nom scientifique, moins poétique, est mycélium annulaire. Cette formation circulaire est assez répandue puisque les conditions requises à son apparition tiennent simplement à de l'ombre, de l'humidité et une terre tassée. De ce fait, de nombreuses variétés de champignons peuvent créer des ronds de sorcières ou de fées, comme les bolets, les rosés des prés ou les vesses de loup. Si les cercles de sorcières et de fées ont la réputation d'être des lieux magiques avec des vibrations spéciales, ils peuvent tout à fait s'expliquer de manière scientifique. Alors pourquoi autant de légendes et de superstitions autour de ces cercles auxquels on attribue des pouvoirs étranges ? Eh bien, tout d'abord parce qu'ils peuvent avoir plusieurs apparences… la plus reconnaissable étant bien sûr celle d'un cercle formé par les sporophores, c'est-à-dire la partie visible des champignons qui a poussé en dehors du sol, la partie invisible étant le mycélium. Ce qui est étonnant, et qui a évidemment ajouté au côté mystérieux de la manifestation, c'est que tous les champignons sortent en même temps… Ensuite, lorsqu'ils ont disparu, ils laissent place à une herbe grasse et luxuriante qui forme elle-même un cercle bien visible car plus foncé. La terre, nourrie par les champignons qui lui ont servi d'engrais, voit une herbe drue croître en suivant le disque qu'ils avaient tracé.

Et puis, à l'inverse, on peut observer en même temps un rond d'herbe jaunie et malade car desséchée par l'action du mycélium qui absorbe tous les nutriments présents dans le sol pour grandir afin de donner à nouveau un champignon. De ce fait, quel que soit le cycle de vie du champignon, il forme un cercle aux allures différentes mais qui attirera irrésistiblement le regard du promeneur curieux.

Le fait de voir des cercles aussi parfaits sur les sols des sous-bois a contribué aux folklores merveilleux des cercles de sorcières et de fées... Sorcières dont on sait que pour leur sabbat elles se réunissaient et dansaient en cercle et qu'elles utilisaient aussi cette figure magique dans plusieurs pratiques rituelles. Ainsi, certains de nos ancêtres croyaient que les cercles d'herbes séchées avaient été brûlés par leurs danses. Celui qui franchissait le cercle pouvait ne jamais en sortir, subir un envoûtement ou autre maléfice, ou bien être forcé à danser jusqu'à l'épuisement. Quant aux touffes de végétation bien vertes et vivaces, elles auraient représenté la porte du royaume des fées. Celui qui y pénétrait prenait le risque d'être enlevé par elles, de devenir fou ou invisible pour les autres mortels, mais aussi par chance, d'être gratifié de dons, notamment celui de voir le petit peuple et ses créatures magiques (fées, lutins, korrigans, elfes, etc.). Car, comme chacun le sait, les fées sont taquines, joueuses et d'humeur versatile.

Un cercle de sorcières et de fées s'agrandit avec le temps. L'anneau formé par le mycélium s'élargit et le diamètre du rond de sorcières évolue d'environ trente centimètres par an. Il est donc possible de connaître son âge, sachant qu'à ce jour les plus étendus auraient plusieurs centaines d'années et feraient 600 mètres de diamètre. Ils se trouvent aux États-Unis et au Canada.

Personnellement, il m'est arrivé d'entendre des anciens ici, en Provence, appeler « cercles de sorcières » des clairières entourées d'arbres formant un rond presque parfait. À l'intérieur de ce cercle, il y aurait des énergies particulières et protectrices pour qui respecte et aborde avec bienveillance le monde des fées et le travail des sorcières. Y méditer souvent permettrait de voir certains êtres du petit peuple — fées, gnomes, lutins et farfadets — si ceux-ci daignent vouloir se présenter...

Vous trouverez une proposition de tirage inspiré par cette carte, que j'ai intitulée : La Roue celtique de Taranis, tirage Wicca.

Le Cercle de Sorcières et de Fées représente la magie, les croyances, les rituels, les savoirs cachés, les sortilèges, le petit peuple, les créatures fantastiques, les êtres élémentaires, la féerie, le merveilleux, les esprits et la protection.

Mais aussi le mauvais sort, les envoûtements, l'ensorcellement, la superstition, les malédictions, le spiritisme, la goétie, le travail occulte, la magie noire et les maléfices.

Le Cercle de Sorcières et de Fées vous invite peut-être à faire le tirage Wicca « La Roue celtique de Taranis » spécialement conçu pour vous permettre de vous reconnecter aux rituels ancestraux magiques.

Si vous avez tiré la carte à l'endroit

Le Cercle de Sorcières et de Fées possède une vibration très particulière puisqu'elle est en lien avec les mondes magiques. C'est une carte espiègle et sage, puissante et protectrice, qui renferme les secrets des temps anciens. Elle est très imprégnée des traditions et cultes du Moyen Âge, ce millénaire durant lequel cohabitèrent la religion, le paganisme, l'alchimie, la magie, la sorcellerie et même le chamanisme. Magiciens, guérisseurs, sorciers, prêtres ou chamanes, tous exerçaient selon leurs croyances et savoirs, et leurs pratiques avaient un rôle social. Ce qui, aujourd'hui, nous paraît surnaturel faisait partie d'un quotidien où les actes magiques côtoyaient les actes ordinaires.

En tirant la carte du Cercle de Sorcières et de Fées, vous avez ouvert les pages d'un vieux grimoire. Il y a de la magie dans l'air, du mystère dans chaque grain de poussière, et, soyez-en certain, des phénomènes vont se produire… Vous avez cru voir une ombre ? Une lumière inhabituelle ? Vous sentez des présences à vos côtés ? Des orbes apparaissent sur vos photos depuis quelque temps ?

Les différents esprits tutélaires contenus dans cette carte se manifestent pour vous mettre en contact avec d'autres réalités et réveiller les pouvoirs qui sommeillent en vous. Nous avons tous des savoirs cachés, des dons, et nous devons les retrouver. Que vous soyez déjà sur ce chemin ou que vous commenciez tout juste à vous y intéresser, Le Cercle de Sorcières et de Fées s'est réuni pour vous accompagner dans cette démarche de la meilleure manière qui soit. Pour que vous regagniez les formules magiques, les potions de guérison, les rituels de protection, les charmes et les sortilèges qui pourraient vous aider et soutenir d'autres personnes.

Essayer de vous rappeler, lorsque vous étiez enfant, ce qui a nourri votre imaginaire. Quels étaient vos contes de fées préférés ? À quel héros vous étiez-vous identifié et quel était son pouvoir ? Quelle est cette légende qui vous a marquée ? Son univers fantastique ne vous a pas quitté. Il attendait patiemment le moment où votre conscience allait de nouveau croiser le merveilleux.

Enfin, Le Cercle de Sorcières et de Fées est là pour vous rappeler d'aborder la vie avec une touche de magie. Vous devez retrouver la fantaisie, rejoindre votre forêt de Brocéliande. Repérez ce visage dans ce vieux tronc, ce dragon dans la roche, écoutez le murmure de la mousse, la sagesse des arbres, admirez ce nuage qui vous a souri et ce petit elfe à peine dissimulé dans la corolle de la fleur. Une vue de l'esprit ? Une chimère ? Peut-être… ou peut-être pas. Apparition ou illusion, qu'importe. Il nous appartient d'entretenir ce lien féerique avec le monde qui nous entoure.

La vie est un pur enchantement. Décidez maintenant d'y entrer par la porte magique !

Si vous avez tiré la carte à l'envers

À l'envers, Le Cercle de Sorcières et de Fées murmure qu'il se trame quelque chose dans le clair-obscur. Vous pouvez vous sentir fatigué sans raison, un peu angoissé… Faites-vous plus de cauchemars qu'habituellement ? Votre pensée est-elle dissipée ? Avez-vous des idées noires sans savoir pourquoi ? Vous sentez-vous mal à l'aise ou anxieux lorsque tombe le crépuscule, l'heure appelée « entre chien et loup » ? Avez-vous déjà ressenti de l'air froid passer furtivement sur votre peau alors qu'il n'y a aucun courant d'air ? Quand vous êtes seul, vous arrive-t-il de vous sentir observé, épié ? Ou de ressentir une présence oppressante ?

Toutes ces impressions ne sont pas le fruit de votre imagination. D'ailleurs, accordez-vous le fait que ce sont de réelles perceptions. Vous entrez peut-être en contact avec des entités négatives, ou bien quelqu'un vous a fait « du travail ». Cela signifie qu'une ou des personnes se sont adonnées à des pratiques occultes, et que vous étiez au centre de leur rituel. Certains parleront d'envoûtement, d'autres de mauvais sort. Pour vous préserver de ces attaques, vous pouvez avoir recours à plusieurs choses. Vous pouvez invoquer votre esprit protecteur ou gardien (parfois un animal totem, parfois un défunt, parfois une représentation angélique, féerique ou elfique à laquelle vous vous sentez relié) et lui demander de vous protéger et de vous prémunir de toute forme de malveillance à votre égard. Vous pouvez aussi porter sur vous une pierre protectrice, une amulette, ou une médaille. Tout ce qui aura un effet bénéfique, rassurant, bienfaisant.

Avec cette carte présentée à l'envers, on vous met en garde contre tout ce qui touche à la magie noire. Peut-être que quelque chose est fait contre vous, mais vous devez également vous tenir loin de tous les agissements en lien avec des pouvoirs dont vous ne maîtrisez pas les énergies. Le Cercle de Sorcières et de Fées vous le rappelle : on ne « joue » pas avec ces énergies sans avoir acquis un certain savoir, et sans assumer un certain danger.

Éloignez-vous des cultes sectaires, du spiritisme, des invocations de forces obscures.

Travaillez également sur vos superstitions et vos doctrines. La pensée étant créatrice, prenez garde de ne pas attirer à vous de mauvaises croyances ni d'influences négatives par vos peurs. N'oubliez pas que la pire des malédictions, c'est de commencer à y croire…

Dans ce cas, la meilleure façon de conjurer ce qui vous hante sera d'activer une croyance opposée, positive et lumineuse.

Yin Yang

HARMONIE/OPPOSITION

C'est à travers l'altérité qu'il sera possible de rejoindre la complémentarité.

Michele Camposeo

Histoire, signification et symbolique

Le Yin Yang est un symbole chinois très ancien, emprunté au taoïsme. On retrouve sa trace écrite à partir du IIIe siècle av. J.-C., mais tout laisse à penser qu'il serait antérieur à cette période. C'est Zou Yan, philosophe, astrologue et cosmologiste du IIe siècle av. J.-C., qui a essentiellement développé la pensée autour du Yin Yang. Dès son apparition, le Yin Yang est lié à l'observation des phénomènes naturels, astronomiques et météorologiques, et symbolise l'alternance.

À l'origine, les principes du Yin et du Yang désignaient de manière abstraite les aspects contraires de l'espace et du temps et les contrastes de l'univers. Plus tard, ils devinrent des entités cosmogoniques, opposées mais complémentaires, à la racine de toute existence et garantes de l'équilibre du Cosmos et de la Vie. Le Yin et le Yang animent le Qi, principe vital, et leur combinaison est à la fois solidaire et complémentaire.

Issus du souffle originel, le Yang, souffle pur et léger, aurait créé le Ciel, et le Yin, souffle opaque et lourd, aurait créé la Terre. Entre les deux se trouve le monde des humains. Indissociables, ils s'engendrent et s'annulent, tour à tour, le déclin de l'un annonçant le développement de l'autre, la vie se nourrissant de la mort, à l'instar des cycles de la nature… dans une continuité infinie.

Le Yin Yang est un cercle constitué de deux formes qui s'emboîtent parfaitement, l'une blanche et l'autre noire, chacune ayant au même endroit un point de la couleur de l'autre. Comme des poissons tête-bêche, le Yin Yang suggère un mouvement perpétuel, à l'intérieur du cycle de vie que représente le cercle. Le Yin et le Yang sont amenés à se tourner autour mais aussi à se rencontrer, à s'opposer mais aussi à se conquérir, à se succéder, à s'attirer jusqu'à se mélanger. Ce cercle est donc l'expression de l'Univers dans sa polarité inversée, l'alliance des opposés et des forces contraires. C'est la révélation de l'harmonie par la dualité.

Les couleurs qui le constituent sont chargées de symboles antagonistes.

Le noir, c'est le Yin. Il représente le principe féminin, l'obscurité, la nuit, la Lune, le froid, l'hiver, les choses cachées, le repos, l'inertie, la fragilité, la soumission, l'inconscient, l'intuition, l'inspiration, l'imagination, l'intérieur, la profondeur, la matière…

Le blanc, c'est le Yang. Il représente le principe masculin, la lumière, le jour, le Soleil, la chaleur, l'été, les choses révélées, le dynamisme, la mobilité, la force, la domination, le conscient, la logique, l'expiration, la création, l'extérieur, la superficialité, l'énergie…

C'est grâce à la complémentarité de ces deux éléments qui s'assemblent que se crée le principe d'harmonie.

Le point blanc dans le noir et le point noir dans le blanc symbolisent qu'il y a un peu de Yang dans le Yin et inversement. Il n'existe pas d'absolue vérité, tout est toujours, même imperceptiblement, teinté de son contraire.

Le Yin Yang représente l'harmonie, l'unité, les principes masculin/féminin, la complétude, la complémentarité, l'harmonisation des énergies, la nuance et la polarité.

Mais aussi l'opposition, la dualité, la dysharmonie, le déséquilibre, l'antagonisme, le sentiment d'incomplétude et de manque.

Si vous avez tiré la carte à l'endroit

Le Yin Yang nous enseigne que chaque chose a besoin de son contraire pour exister et se révéler. Le « Tout » possède les deux polarités : le bien et le mal, l'ombre et la lumière, le jour et la nuit, le masculin et le féminin, le passif et l'actif, le chaud et le froid, etc.

Cela signifie que le monde se forme à partir de l'alliance d'éléments a priori antagonistes. Le Yin Yang nous révèle que c'est grâce aux énergies qui s'opposent et en même temps se complètent que l'unité se crée.

Avoir tiré le Yin Yang est un signe que vous devez rechercher cet équilibre et cette unité, à la fois dans votre vie, mais aussi et surtout en vous-même. La première chose à faire est de regarder ce qui, à l'intérieur de vous, a besoin d'être harmonisé. Quelle partie de votre personnalité utilisez-vous le plus ? Le côté féminin ou le côté masculin ? Est-ce que votre détermination nécessite une remise en question ? Votre affirmation, un peu de souplesse ? Ou bien vos émotions en appellent à un peu plus de raison ? Observez ce qui doit être accordé différemment. Pour trouver le bon équilibre, tout est une question de dosage…

Par ailleurs, si vous avez tendance à avoir une vision des choses très tranchée, le Yin Yang vous rappelle que chaque partie contient un peu de l'autre. Vous êtes donc invité à reconsidérer ce qui pourrait manquer de nuance dans vos différentes approches. Le cercle du Yin Yang nous enseigne que rien ni personne n'est tout bon ou tout mauvais, et que même à l'intérieur de nous coexistent des paradoxes, des contraires, des avis opposés. Cela peut paraître perturbant, mais si l'on s'accorde sur le fait que chaque homme porte en lui une part de féminité et chaque femme, une part de masculinité, que dans chaque situation douloureuse il y a un enseignement profitable, que chaque expérience négative comporte un aspect positif ou que chaque grande joie peut être subtilement teintée de tristesse, alors il sera plus facile d'accepter que ce que nous percevons comme des incompatibilités sont en réalité des complémentarités qui s'enrichissent mutuellement.

Ne dit-on pas que les opposés s'attirent ? Le Yin Yang vous propose de vivre l'expérience de l'acceptation de la dualité pour atteindre la complétude.

Lorsque vous rencontrerez l'unité intérieure, elle se manifestera également et naturellement à l'extérieur, apportant équilibre, amour et réconciliation.

Vous êtes en train de trouver la voie de l'harmonie et de la plénitude.

Si vous avez tiré la carte à l'envers

Le Yin Yang à l'envers est l'expression d'un déséquilibre, d'une dysharmonie. Il se manifeste pour que vous preniez conscience de ce qui s'affronte au lieu de s'associer. Est-ce dans votre vie relationnelle, professionnelle ? Comment va votre couple en ce moment ? Et votre santé ? Le Yin Yang à l'envers peut se ressentir de diverses manières. Par exemple, vous pouvez ne pas prendre en compte un aspect de vous-même parce qu'il vous dérange, vous opposer rapidement à tout ce qui n'est pas totalement en accord avec vos idées ou votre sensibilité, vous sentir en conflit intérieur ou comme n'étant qu'une partie de vous-même.

Parfois, le Yin Yang à l'envers indique que vos énergies sont bloquées ou circulent mal. Il faut travailler sur le principe d'harmonisation vitale. Votre corps comme vos actions ne peuvent fonctionner correctement si l'équilibre dont vous avez besoin est rompu. Le Yin Yang nous transmet l'apprentissage de la relativité. Avec ses points de couleurs opposées dans ses deux parties, il nous interpelle sur ce que nous ne voyons pas tel que c'est, ou sur ce que nous refusons de voir parce que cela vient remettre en question notre système de valeurs. Reconnaître que le pire despote a des qualités, que dans la meilleure de nos intentions il y a quelque chose qui peut blesser quelqu'un, c'est reconnaître que les notions de bien et de mal sont plus subtiles que ce que propose une simple interprétation binaire. Comment continuer à défendre une seule et unique vérité si l'on concède que dans les moments les plus durs il y a un peu d'espoir ? Que dans chaque cœur sombre il y a de la lumière, comme chaque être lumineux possède une part obscure, aussi infime soit-elle ? En voulant nier que les polarités se confondent et se révèlent, vous luttez contre une évidence. La vie n'est ni uniforme ni monochrome. La vérité absolue n'existe pas. Il y a parfois une forme de cruauté dans la beauté... et vice versa. Et personne n'est à 100 % quelque chose sans avoir en lui un peu de son contraire.

Le Yin Yang vous envoie alors ce message : vous devez apprendre à différencier la dualité, qui représente des éléments opposés, mais interdépendants et inséparables, et le dualisme, qui affirme la séparation et la non-conciliation des éléments contraires.

Vous devez maintenant ajouter une petite touche contrastée à votre programme de vie. Ressentez votre double nature. Trouver ce lien indissociable avec votre moitié : celle qui se trouve à l'intérieur de vous, mais aussi l'autre, la moitié qui vient vous compléter pour former l'union, le couple. Les choses deviendront inenvisageables sans « l'autre », votre inséparable moitié.

Enfin, le Yin Yang n'est, par essence, pas statique. Alors, ne restez pas figé sur vos positions. Rien n'est vrai, rien n'est faux. Personne n'a totalement tort ou totalement raison. La réalité est teintée de dualité. Acceptez-le.

Et n'oubliez pas, il n'existe pas d'opposition irréconciliable...

La Rosace

ÉPANOUISSEMENT/FRAGILITÉ

Sois comme la fleur, épanouis-toi librement et laisse les abeilles dévaliser ton cœur !

Râmakrishna

Histoire, signification et symbolique

À l'origine, la rosace est une figure géométrique tracée par des courbes à l'intérieur d'un cercle, à partir de son centre. Elle ressemble à une roue, une étoile à six branches ou une fleur à six pétales. La rosace apparaît au Moyen Âge avec l'art gothique, où son nom est un terme d'architecture. Elle est liée aux symbolismes de la rose et de la roue. En cela, elle représente à la fois l'Amour, la pureté, la coupe de vie, la perfection, le mouvement cyclique et le renouvellement. Symbole très ancien, la rose est la fleur préférée des alchimistes pour qui elle représente la connaissance intégrale du Grand Œuvre et la compréhension universelle. De ce fait, la rosace évoque également une élévation vibratoire, un accomplissement spirituel et une transcendance achevée. Elle est une expression de l'harmonie, de la beauté et de la poésie qui règnent dans le monde comme en chacun de nous, quand la force d'Amour est à l'œuvre.

La plupart des cathédrales possèdent une rosace, soit sculptée dans la pierre, soit en vitraux laissant passer la lumière divine dans l'édifice religieux. Elle est un ornement architectural majeur tant par son esthétique que par sa symbolique. Les toutes premières étaient des fenêtres appelées roues romanes, issues de l'oculus et assez simples, mais elles se développeront jusqu'au milieu du XIIIe siècle, où elles connaîtront leur plus grand succès. Le symbole de la rose en est évidemment la cause : représentation de la chasteté, de l'accomplissement de l'âme qui s'élève, du pardon et aussi des épines de la couronne du Christ, donc du sacrifice. On peut aussi remarquer, d'un point de vue historique, que la rosace est un emblème fort en cette période tourmentée du Moyen Âge, où la foi et la raison s'opposent. La rosace éclot et « explose » donc pendant le temps des croisades… Et ce n'est sûrement pas le fruit du hasard, si on souligne l'opposition entre la rose et l'épée…

Par ailleurs, la rose est à l'Occident ce que le lotus est à l'Orient et aux mandalas bouddhiques. Elle synthétise les notions d'épanouissement, de force et de fragilité, de beauté, d'éveil et de Sacré. Quand la lumière entre par les pétales de la rosace, c'est la lumière divine qui entre en chacun de nous, éclairant le chemin et qui, avec l'alliance du soleil et de la rose, révèle l'essence de la Vie et de l'Amour.

La Rosace représente la pureté des sentiments, la chasteté, la douceur, la tendresse entre deux personnes, la délicatesse, le charme, l'élégance, l'innocence, la beauté, la royauté, l'épanouissement, la sérénité, la sensibilité et la subtilité.

Mais aussi la fragilité, la naïveté, l'éphémérité, la vulnérabilité et le sacrifice.

Si vous avez tiré la carte à l'endroit

La carte de La Rosace nous parle de la floraison de notre Être à partir de l'ouverture du cœur. En nous connectant au chakra du cœur, d'une part nous développons notre épanouissement intérieur, d'autre part nous apprenons à communiquer de cœur à cœur et à rester reliés aux êtres chers malgré la distance. Elle aide à renforcer le lien affectif avec l'être aimé.

Cette carte indique que les relations sont sincères et bienveillantes, en amour comme en amitié. Elle symbolise la fidélité, la dévotion et le respect des serments d'amour. Elle nous invite à être dans la compassion et le don de soi, et à offrir notre amour sans réserve. La tirer est un très bon présage dans le domaine sentimental. Elle peut indiquer le début de quelque chose, quand tout est encore vierge et possible. Une histoire rafraîchissante comme la rosée du matin déposée sur la frêle fleur. Symboles d'amour pur et platonique, le doux parfum et la texture veloutée de la rose sont néanmoins une invitation à un éveil des sens et de la sensualité.

En cas de tristesse, la carte de la Rosace annonce un réconfort et un apaisement prochain. Vous pouvez également travailler avec ce Cercle pour guérir vos blessures affectives et retrouver la sérénité. Activez votre Rosace comme un bouclier d'Amour, une protection suprême pour le couple.

La rose est le joyau des jardins, la reine des fleurs. Elle place l'amour à un rang très élevé, révèle la noblesse des sentiments, tel un amour chevaleresque, à l'image des Templiers qui adoubaient les Dames du Temple grâce à une rose et non une épée.

La Rosace, c'est l'Amour puissant et fragile à la fois, délicat, beau et pur. Une expérience qui unit le cœur et l'âme. En cela, la Rosace vous offre de vivre de beaux et doux moments, sur le plan sentimental autant que sur le plan spirituel. Il se peut que vos relations affectives soient en train d'évoluer spirituellement et sur le point de révéler un lien au-delà des émotions. La connexion entre la vibration du cœur et la vibration du divin est à l'œuvre.

Avec la Rosace, vous apprenez à aimer différemment et sans limites.

Si vous avez tiré la carte à l'envers

À l'envers, elle indique un équilibre affectif précaire. Soyez plus à l'écoute de votre ressenti. Votre sensibilité est grande, et elle peut être perturbée par de petites choses qui ont leur importance. Votre paix intérieure dépend d'une harmonie très subtile. Prenez-en soin.

Elle peut indiquer une relation affective éphémère ou qui décline. Observez s'il y a un manque de sincérité ou de réciprocité dans les sentiments. Ne soyez pas trop naïf, tout le monde n'a pas des intentions pures et honnêtes.

Quoi qu'il en soit, vous traversez une phase de fragilité émotionnelle et vous êtes d'autant plus vulnérable à tout ce qui vient perturber vos énergies du cœur… Il est possible que pour vous protéger vous sortiez vos épines, mais c'est là une bien maigre défense, qui masque un profond désarroi et un grand chagrin… La Rosace à l'envers signifie que le chakra du cœur est bloqué et empêche la communication sacrée entre deux personnes qui s'aiment. Si votre cœur est entaché par des émotions sombres, appelez la lumière.

Vous êtes sans doute trop dévoué aux autres et pas assez tendre avec vous-même, alors que tout votre être réclame plus de douceur, de respect et de considération. Accordez-lui ce qu'il réclame, aimez-vous, donnez l'exemple !

À l'instar de son emblème, la rose, fragile et éphémère, il se peut que vous vous étioliez lentement et que vous perdiez un à un vos pétales par manque « d'eau d'Amour ». Votre source d'Amour n'est pas intarissable, et si vous continuez à vous sacrifier sans recevoir, vous ne serez bientôt plus que l'ombre de vous-même.

Attention de ne pas laisser des énergies ou des relations négatives dessécher votre cœur.

Pour y parvenir, vous devez commencer par vous aimer vous-même.

L'Anneau

ENGAGEMENT/RENONCEMENT

Le mariage, c'est la volonté à deux
de créer l'unique.

Friedrich Nietzsche

Histoire, signification et symbolique

À travers la carte de l'Anneau, je vous invite à entrer dans l'histoire de l'alliance, de l'Antiquité à nos jours. La tradition de l'anneau ou bague de mariage, symbole d'engagement et d'amour éternel, remonte à l'Égypte antique et les premières traces avérées d'anneau conjugal remontent à 6 000 ans av. J.-C. Ce rituel nuptial symbolisait déjà l'union entre deux êtres, et l'anneau aurait eu le pouvoir « magique » de consacrer à jamais le serment amoureux en liant les cœurs pour toujours. Cette croyance prend sa source dans le choix de l'annulaire gauche, considéré par les Égyptiens comme le doigt relié au cœur par une veine allant de l'un à l'autre. Les Grecs appelleront celle-ci la *vena amoris* ou veine de l'amour, mais malheureusement, si l'idée est poétique et romantique, d'un point de vue physiologique, cela ne repose sur rien, chaque doigt possédant un réseau veineux identique. À l'époque des Égyptiens, les anneaux étaient fabriqués à partir de matières diverses comme le roseau, l'osier ou le chanvre tressé, le cuir, l'os et même le bois.

Les anneaux en métal apparaissent plus tard, vers le IIIe siècle en Occident, dans la Grèce puis dans la Rome antiques, et sont alors rarement en argent ou en or. Simple anneau de métal, le plus souvent en fer, épuré et sans fioritures, il symbolise le cercle, c'est-à-dire l'infini, l'éternité et l'unité. En s'unissant, le couple devient « un », active la réunification du corps, du cœur et de l'âme, et les deux amoureux scellent ainsi leur destin. Ce rituel perdure dans l'Europe chrétienne durant tout le Moyen Âge, y ajoutant sous l'influence de la religion la valeur morale de « fidélité » et une promesse d'exclusivité…

À l'époque médiévale, l'alliance se portait à droite, sur l'annulaire ou parfois au pouce. C'est à partir du XVIe siècle qu'elle se porte de nouveau à l'annulaire gauche en France et au Royaume-Uni, puis par la suite dans la quasi-totalité de l'Europe. De nos jours, l'anneau de mariage se porte majoritairement à gauche dans le monde entier, exception faite de l'Espagne, la Grèce, la Hongrie, la Pologne, la Russie, la Norvège, l'Autriche, l'Allemagne et le Mexique.

Au XVe siècle arrive une nouvelle tradition autour de l'anneau : la bague de fiançailles, qui prend sa propre place et une signification distincte de l'alliance. Elle vient marquer officiellement « la demande » en mariage dans l'attente de la cérémonie et de la légalisation de l'acte. Elle est souvent plus ornementale et raffinée que l'alliance, à l'allure plus épurée, et pour cause. Porté quotidiennement et « pour la vie », l'anneau de mariage se doit d'être « confortable et pratique ».

En Europe, il semblerait que l'échange de deux anneaux soit assez récent et ne soit apparu qu'au XIXe siècle. Auparavant, la plupart du temps, un seul anneau de mariage était offert de l'homme à la femme, qu'il lui passait au doigt le jour des noces. Cet anneau faisait souvent partie de la dot, et témoignerait donc plus de l'appartenance de la femme à l'homme que d'une réciprocité… Mais d'autres théories, plus sentimentales, défendent qu'il s'agit simplement d'une question de moyens et de classe sociale.

De nos jours encore, les alliances ont une place importante dans les traditions culturelles, et l'anneau est devenu un bijou précieux par sa valeur matérielle, la majeure partie du temps en or et souvent orné de pierres précieuses, notamment de diamant. Il est aussi gravé pour personnifier le lien qu'il représente. De ce fait, il se transmet moins d'une génération à l'autre, comme ce fut le cas à une époque pas si lointaine…

Les vœux formulés au moment de l'échange des alliances accompagnent la symbolique de l'anneau qui prend toute sa valeur dans l'engagement de « s'aimer toute la vie jusqu'à ce que la mort nous sépare », autant sur le plan matériel (on s'engage à protéger l'autre et à subvenir à ses besoins) que sur le plan affectif (on promet de chérir et soutenir le partenaire dans la douleur comme dans le bonheur).

L'anneau porté au doigt matérialise cet engagement aux yeux de tous et donne, par là même, un statut social et familial qui s'affiche dans le monde extérieur.

L'Anneau représente l'union, l'alliance, la confiance, le pacte, le mariage céleste et terrestre, l'entente, la réciprocité, la complémentarité, le couple, la relation, les retrouvailles, l'engagement, la communion et les accords.

Mais aussi l'abandon, la mésentente, la méfiance, les désaccords, le détachement, le divorce, la trahison, le renoncement, la rupture et la séparation.

Si vous avez tiré la carte à l'endroit

L'Anneau symbolise tous les accords conclus entre deux parties.

Si vous avez tiré cette carte, c'est que l'accent est mis sur vos relations. Elle est propice aux engagements, dans tous les domaines, bien qu'elle ait une connotation affective. Ce qui signifie qu'avant de vous engager, même si c'est dans un registre professionnel, elle vous recommande de bien sonder votre cœur. Si vous êtes sur le point de sceller une association, de signer un contrat, il faut que cette démarche vous touche profondément. Qu'elle vous implique personnellement. Que vous soyez à 100 % partie prenante de la cause.

L'Anneau est un pacte, et celui-ci ne peut être pris à la légère. En acceptant de « passer l'anneau à votre doigt », vous faites vœu de respecter des obligations. Ces obligations et ce contrat moral sont mutuels, mais il est de votre responsabilité de ressentir le plus honnêtement possible comment ils résonnent à l'intérieur de vous. Jusqu'à quel point votre implication est sincère et jusqu'où vous pourrez vous investir ? L'Anneau nécessite le don de soi et la réciprocité. Rappelez-vous, « dans le véritable amour, il n'y a pas d'amour-propre ». L'intérêt devient commun, et le couple ou le binôme, plus important que votre seule individualité. Avec une carte comme celle-ci, il vous est donc également recommandé de vous assurer de la confiance que vous avez en votre partenaire, de votre entente, de vos affinités et de ses attentes. Ainsi, vous serez à même de juger si, l'un et l'autre, vous pourrez satisfaire vos espérances.

Plus tout sera limpide entre vous, plus votre association sera bénéfique, agréable et fructueuse.

D'un point de vue sentimental, l'Anneau est une carte très favorable et indique que votre vie amoureuse connaîtra un tournant heureux. Parfois, il annonce des retrouvailles, ou tout simplement l'officialisation d'un lien amoureux par des fiançailles ou un mariage.

Dans tous les cas, l'Anneau signifie de belles promesses, des serments honorés, un attachement réciproque. Les liens sont renforcés. Il vous propose de vivre l'expérience de la complémentarité et du soutien harmonieux. De trouver ce double avec qui vous assortir et développer une complicité, une belle connivence.

Ressentez cette connexion qui vous unit à l'autre, à votre moitié, et vivez votre relation dans une communion parfaite. L'Anneau s'est manifesté, car vous êtes en train d'expérimenter l'union sacrée entre deux êtres.

Si vous avez tiré la carte à l'envers

À l'envers, l'Anneau indique que vous êtes arrivé à un point de non-retour. Cette limite à deux doigts de craquer, ce lien en train de lâcher.

Il vous demande de prendre de la distance avec la situation afin de prendre la bonne décision. En restant au centre de l'histoire, vous n'avez pas le recul nécessaire pour trancher. Vous êtes comme pieds et poings liés, comme emprisonné, en train d'étouffer et de vous débattre dans un schéma qui ne vous convient plus, mais auquel vous ne pouvez renoncer. Pourtant, le message de l'Anneau inversé est clair et sans appel : vous devez vous détacher de ce qui vous entrave. Travail, relation amicale, liens familiaux, partenaire, associé, conjoint... Quel que soit le degré d'intimité que vous avez avec la personne ou le sujet concernés, soyez réaliste : la séparation est déjà consommée. Il ne manque plus que d'acter cette rupture dans le monde extérieur.

Il est temps pour vous de retrouver votre indépendance, de vous remettre au centre de votre existence et de votre espace sacré ! Vous êtes la personne la plus importante de votre vie. Si vous l'avez oublié, l'Anneau inversé se charge de vous le rappeler. Aucune convention, aucun engagement n'a à être respecté au détriment de votre personne. Vous devez rompre avec ce qui n'est plus la vérité de votre cœur. Éloignez-vous de la discorde, de la méfiance et des émotions toxiques.

Même si c'est difficile de renoncer à un rêve, à un amour, à une relation que l'on a sublimée, nous devons nous honorer et nous aimer par-dessus tout. Avoir le courage de réaliser que l'on s'est trompé, ou tout bonnement que les choses ont changé avec le temps.

Pour cela, il faut combattre la peur de l'abandon et la blessure de la trahison. En restant aux côtés de ce qui ne vous correspond plus, vous vous trahissez vous-même. En acceptant de lâcher prise et d'en revenir à vous, vous vous offrez le plus beau des cadeaux : la liberté d'être qui vous êtes vraiment et d'aimer un jour prochain à nouveau, à la hauteur de vos idéaux.

Alors, vous pourrez être aimé en retour pour ce que vous êtes, sans compromis, juste avec simplicité et sincérité.

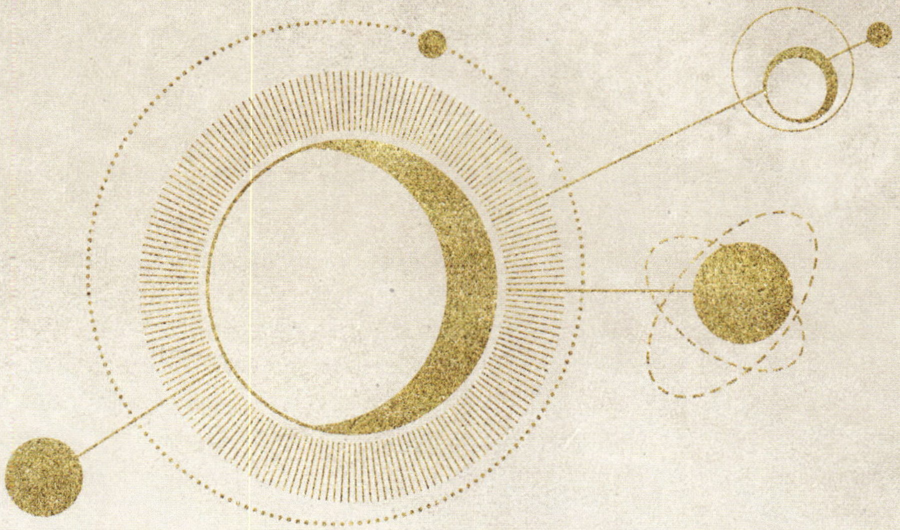

Le Sceau de la Justice

ÉQUITÉ/PRÉJUDICE

L'équité vient du cœur,
la justice de la raison.

André Chavanne

Histoire, signification et symbolique

Pour expliciter les symboliques contenues dans la carte du Sceau de la Justice, nous allons regarder du côté de l'histoire des sceaux et des symboles liés à la justice, représentés pour la plupart dans l'illustration.

L'origine des sceaux remonte à l'Antiquité. En Mésopotamie, quelques milliers d'années av. J.-C., il existait des sceaux de clôture et des sceaux de validation. Les premiers étaient utilisés pour fermer des récipients tandis que les seconds attestaient de l'authenticité des actes juridiques. On retrouve la trace de leur usage dans la Rome antique, où ils avaient la même fonction, puis à partir du VIe siècle en France, où ils servaient aux rois à cacheter leur correspondance afin d'en garantir l'exactitude et la provenance. À la fin du VIIe siècle, le sceau souverain devient garant de l'incorruptibilité d'un écrit, légalise les actes et s'apparente à une preuve.

On note que le sceau est à cette époque plus répandu dans les régions du Nord que dans celles du Sud, où il apparaîtra fréquemment seulement vers le Xe siècle, période à laquelle il s'étend aussi à toutes les couches de la société, d'abord dans l'Église, puis chez les grands seigneurs. Vers l'an 1000, les femmes commencent aussi à utiliser le sceau et il entre de plus en plus dans la sphère privée. Au début du XIVe siècle, son usage s'est banalisé et tout le monde peut l'utiliser pour représenter un métier, le cachet d'une ville, d'une institution religieuse ou scolaire. Le sceau est une forme de signature identitaire à laquelle tout le monde a accès. Il entre en désuétude avec le développement des paraphes, autographes et actes notariés certifiés, mais reste néanmoins utilisé par les hautes instances royales et ecclésiastiques pour apporter de la solennité à un acte public particulièrement important et accréditer sa notoriété. À la fin du XVIIIe siècle, des actes individuels ou de portée générale étaient encore scellés par le chancelier de France ou le garde des Sceaux deux fois par mois. Pourtant, à partir de la Révolution, l'apposition du sceau sur les textes législatifs et les courriers juridiques ne se justifie plus officiellement. Mais le scellement des lois n'a pour autant jamais été aboli, ce qui fait qu'on retrouve de manière épisodique mais non systématique des scellements de textes de loi jusqu'en 1923, date à laquelle le procédé est vraiment abandonné pendant une vingtaine d'années.

Puis, à partir de 1946, l'utilisation du sceau connaît un renouveau. On notera que les couleurs de cire ont varié selon les époques et leurs destinations : pour la justice, elle est d'abord rouge, puis jaune au XIXe siècle, et verte depuis 2002. En sigillographie, ou étude des sceaux, la cire verte est normalement utilisée pour attester d'une valeur perpétuelle, la jaune pour les actes administratifs, la rouge pour les correspondances importantes et la bleue… pour les déclarations d'amour.

Du côté de l'histoire et des symboles de la justice, bien qu'il existe énormément de représentations allégoriques de celle-ci, nous allons nous pencher sur l'une des plus répandues depuis le XIIIe siècle, à savoir la déesse grecque Thémis, portant dans sa main gauche une balance et dans la droite un glaive. On soulignera que la mythologie gréco-romaine regorge de divinités personnifiant la justice, toutes exclusivement féminines. Les principales sont Justicia chez les Romains, qui représente la force morale et se trouve être le pendant de Thémis chez les Grecs, mais aussi chez ces derniers Eunomie, fille de Zeus et de Thémis, qui incarnait la loi et l'ordre, sa sœur Dicé qui représentait les châtiments et l'application des peines, et Némésis déesse de la juste colère des dieux et l'expression de la vengeance…

Thémis, fille d'Ouranos (le Ciel) et de Gaïa (la Terre), incarne quant à elle la justice supérieure imminente et l'ordre établi. Étymologiquement, son nom signifie « la loi divine ». Elle est la femme de Zeus et sa conseillère attitrée, assise à sa droite, car on lui prête une grande clairvoyance. Ses attributs sont la balance, le glaive ou l'épée, et le bandeau sur les yeux.

La balance est le plus ancien symbole de la capacité à juger. On la retrouve lors de l'opération de la pesée de l'âme dans certaines mythologies, qui intervenait afin de connaître la valeur morale du défunt et le poids de ses péchés. Elle représente l'équilibre, la pesée du pour et du contre, le poids des arguments, la recherche de justesse, de mesure et d'équité. Elle symbolise également la neutralité puisqu'elle ne penche ni d'un côté ni de l'autre.

Le glaive (ou l'épée) représente la capacité à trancher une situation et notamment un conflit. Il est l'attribut qui incarne la force, la froideur, l'implacabilité et la sanction. À travers sa matière, le fer, on trouve aussi l'idée qu'en justice il est nécessaire de se forger une idée solide avant l'exécution, parfois douloureuse, de la décision.

Le bandeau quant à lui est un gage d'impartialité, puisque, les yeux bandés, Thémis ne peut que rendre un verdict objectif sans être influencée par celui qu'elle doit juger. Le fait que le bandeau la rende aveugle appuie le sens que la justice examine les situations en s'appuyant sur sa clairvoyance.

D'autres symboles importants, non attribués à Thémis, sont associés à la Justice, comme les Tables de la Loi, le genou dénudé – qui représente la clémence car dans l'Antiquité il était coutume de s'agenouiller, tête baissée, en direction des genoux de celui dont on implorait l'indulgence – et enfin la main de la Justice dont je vous livre en bonus la signification fort intéressante : le pouce représente le Roi, l'index la raison, le majeur la charité, l'annulaire et l'auriculaire la foi catholique. Cette main de la Justice signifiait que le Roi était le juge absolu et que ses décisions étaient toutes-puissantes et sans appel !

Le Sceau de la Justice représente la loi, l'équité, l'intégrité, la droiture, la loyauté, l'honnêteté, les valeurs morales, l'exigence, la justice supérieure, la vérité, les convictions, la justesse et le positionnement.

Mais aussi l'inégalité, la malhonnêteté, les conditionnements, les jugements, le point de vue, l'intransigeance, l'inflexibilité, la faute, la fraude, les délits, la corruption, le préjudice et l'injustice.

Elle est en lien avec tout ce qui touche de près ou de loin à la loi.

Le Sceau de la Justice vous invite peut-être à faire le tirage Le Cercle de Loi, pour vous aider à vous positionner et à trancher une situation.

Si vous avez tiré la carte à l'endroit

Le Sceau de la Justice se présente à vous pour que vous regardiez les choses en face, dans un souci d'exactitude et de vérité. En premier lieu, cette carte vous appelle à examiner votre comportement et la manière dont vous vous positionnez en règle générale dans votre vie. Peut-on compter sur vous ? Êtes-vous une personne impliquée ? Qui défend ses droits et ceux des autres ? Qui partage facilement ses opinions ? Êtes-vous capable d'entendre d'autres points de vue ? De vous remettre en question ?

Le Sceau de la Justice nous enseigne qu'on ne peut juger à la hâte. Il nous met en garde face à notre impartialité, le plus souvent due à nos émotions.

Si vous avez tiré cette carte, tout ce qui est en lien avec la loi est à favoriser. Vous êtes invité à légaliser tout ce qui peut l'être : union, entreprise, testament… On vous recommande de faire les démarches nécessaires pour officialiser ce qui, jusque-là, n'était pas encore « légitime ».

Par ailleurs, à l'instar de son symbole, la balance, le Sceau de la Justice vous interpelle sur ce qui pourrait manquer d'équilibre dans votre vie. Que vous donniez trop ou pas assez, le résultat est le même. Ce n'est pas « juste », donc pas équilibré. Quel que soit le domaine interrogé, on vous demande de réfléchir à votre positionnement, en vous questionnant sur ce qui est équitable, et non égalitaire. Dans la première notion, il s'agit que tout le monde y trouve son compte, dans la juste mesure et à proportion. Dans le second cas, tout le monde est traité de la même manière, ce qui parfois peut engendrer des injustices… De plus, vous devez apprendre à faire en fonction de ce qui est juste pour vous, et non plus en fonction du respect d'une parole donnée. La première des loyautés commençant par soi-même, le seul engagement que vous devez honorer est celui qui correspond à vos propres valeurs.

La véritable intégrité est un subtil équilibre entre la prise en compte de l'autre et celle de soi, la capacité à faire entendre sa vérité intérieure sans renier la réalité commune. Et laissez, en toute confiance, la Loi supérieure de l'Univers trancher.

Recherchez à présent dans votre vie la justesse plutôt que la justice, incarnez la droiture, et tout sera aligné, pour le bien de tous.

Si vous avez tiré la carte à l'envers

À l'envers, le Sceau de la Justice vient pointer du doigt un risque d'ennuis face à la loi. Soyez vigilant à propos des déclarations, des procédures administratives, veillez à être dans la légalité en tous points, car, en cas de problème, vos interlocuteurs ne seraient pas très conciliants ! Retourné, le Sceau de la Justice fait preuve d'intransigeance et de rectitude. « Nul n'est censé ignorer la loi », alors soyez rigoureux et renseignez-vous bien afin de ne pas vous trouver en fraude malgré vous.

Sachez également qu'en cas de conflit il vous serait difficile de trouver un accord à l'amiable.

Par ailleurs, méfiez-vous des petites entourloupes ou arnaques dont vous pourriez être victime. En se présentant à l'envers, cette carte vous avertit qu'il peut y avoir de la malhonnêteté dans l'air. Que ce soit dans le cas d'un préjudice moral (accusations, calomnies, faux témoignages, abus de confiance, etc.), d'un préjudice matériel (vol, perte, escroquerie, etc.) ou d'un préjudice physique (agression, accident, etc.), la loi des hommes ne serait pas forcément de votre côté. Pour vous prémunir, vous devez absolument d'une part rester prudent en ce moment, d'autre part assurer vos arrières de façon à être soutenu en cas d'incident. Entourez-vous des bonnes personnes, renseignez-vous sur vos droits et ne lâchez pas l'affaire !

Le Sceau de la Justice peut vous placer dans des situations délicates et inconfortables où vous serez attaqué. Votre respectabilité et vos valeurs peuvent être en jeu. Vous devez rétablir la vérité et adopter une attitude irréprochable. Cette carte vous met donc en garde sur votre conduite. Ne prenez pas les choses à la légère sans vous soucier du qu'en-dira-t-on. Vous serez probablement jugé selon des points de vue et opinions personnels, c'est-à-dire de manière très subjective et arbitraire. De ce fait, pour pouvoir vous défendre, soyez responsable de vos actes et conscient de ce que vos actions reflètent.

C'est en quelque sorte un rappel à l'ordre. Si vous êtes amené à vous rendre justice, vous devrez vous appuyer sur votre honnêteté. Éradiquez tout comportement dommageable qui pourrait nuire à votre image, porter atteinte à votre réputation. Alors, vos intérêts seront défendus et votre honneur sera sauf.

La Ronde

RASSEMBLEMENT/DIVISION

La solidarité est la tendresse des peuples.

Tomás Borge

Histoire, signification et symbolique

La ronde est une danse traditionnelle circulaire très ancienne. Si elle évoque immédiatement un univers enfantin, elle symbolise aussi instantanément un mouvement de solidarité qui unit des hommes décidés à faire corps et se tenir « sans se lâcher la main ». La ronde n'est possible que si chacun adopte le même rythme, ce qui bien sûr signifie que chaque individu est en accord avec l'ensemble.

Pour tous ceux qui seraient intéressés par une étude approfondie sur la danse circulaire, je vous invite à rechercher un article de Sarah Di Bella « Rondes ? Branles ? Permanence et complexité d'un topos de la représentation occidentale », dans la revue *Recherches en danse* (2016), disponible en ligne. Vous y découvrirez de manière détaillée comment le cercle en mouvement est une représentation de l'ordre cosmique depuis l'Antiquité, à travers l'analyse de deux œuvres : « Le branle des folles », estampe anonyme du XVIe siècle, et la gravure de Jacques Callot « La ronde », du début du XVIIe siècle.

On distingue plusieurs danses en cercle, qui sont des rondes ou des danses circulaires s'en approchant. La plupart du temps, les danseurs se tiennent par la main mais pas obligatoirement. Parmi elles, la sardane, née au XVIe siècle en Catalogne, qui se danse encore aujourd'hui à l'occasion de fêtes traditionnelles, la caracole, danse circulaire folklorique wallonne qui se pratique coude à coude en forme d'escargot, et la très ancienne carole, qui proviendrait de traditions magiques de l'Antiquité. La carole, dont le nom viendrait de *carolla*, qui signifie petite couronne, se dansait en se tenant par le doigt, la main ou le poignet, sur des musiques populaires. Très pratiquée dans la seconde moitié du Moyen Âge, elle était essentiellement festive mais on la retrouve aussi parmi les principales danses religieuses. De tout temps, la danse a été associée au sacré, et la carole se dansait avant les grandes fêtes comme Noël et Pâques, et pour célébrer la naissance ou la résurrection du Christ. La ronde prend ici un sens religieux et mystique et a pour but de témoigner l'allégresse, la reconnaissance et l'adoration. On dansait la carole pour honorer Dieu dans un mouvement de foi collective.

Les rondes et les « branles » (danses circulaires d'origine européenne) sont souvent des danses qui revendiquent une identité culturelle et transmettent un folklore lié évidemment aussi à la musique. Elles sont légères et joyeuses et véhiculent un message positif sur l'union, la force et le plaisir à se retrouver. Cette revendication culturelle est bien présente chez les peuples autochtones, et notamment les Amérindiens, chez qui la danse circulaire tient une place très importante. Hommes et femmes dansaient dans leurs costumes traditionnels pour des raisons variées : souvent guerrières, parfois chamaniques ou thérapeutiques ou simplement pour des célébrations. Ces danses, malgré un déclin à la fin du XIXe siècle, sont encore vivantes aujourd'hui grâce aux pow-wow.

Alors, la ronde, pratique de divertissement social ou danse sacrée ? Quelle que soit leur vocation, ces danses entraînent les hommes et les femmes autour du monde à célébrer ensemble la vie et tous ses aspects.

La Ronde représente la combinaison des forces, les associations, la collaboration, la coopération, le rassemblement, la solidarité, le soutien, la pluralité, les assemblées, le groupe et la communauté.

Mais aussi la division, le clivage, l'écartement, le relâchement, la dissension, la dissidence, la dislocation et l'individualisme.

Si vous avez tiré la carte à l'endroit

La Ronde, c'est cette danse que nous souhaitons mener avec d'autres, parce que l'union fait la force et nous permet de mettre en route nos énergies pour une œuvre commune. C'est un moment dans la vie, où l'on prend conscience que, seul, la réalisation est non seulement moins facile, mais également moins joyeuse, moins exaltante. S'enrichir du savoir de l'autre, de sa présence, de ses conseils, rend l'action plus forte.

Avec la Ronde, il y a l'idée que nous sommes « tous égaux sans ego ». Chacun a sa place et sa raison d'être. En participant à des idées ou des projets communs, on contribue alors à une avancée dont seul le but est mis en avant. La communauté passe avant l'individu, et le projet collectif, avant le désir individuel.

Si vous avez tiré la Ronde, c'est qu'il y a un appel à rejoindre un groupe, à vous associer, à créer avec et pour le collectif. La Ronde vous interpelle sur la nécessité de partager, d'aller vers les autres, de s'entraider et de défendre des valeurs communes.

Peut-être avez-vous également besoin de soutien en ce moment ? La Ronde vous l'assure, vous trouverez l'aide qu'il vous faut. Vous pouvez compter sur votre famille et vos amis, mais aussi sur un élan de solidarité plus général. Vous serez épaulé avec bienveillance et générosité. Vous pouvez même solliciter des aides matérielles, car la Ronde symbolise aussi les ressources mises en commun pour aider à produire. En mutualisant toutes les énergies, vous parviendrez à votre objectif. Alors, n'hésitez pas à demander, à lancer un appel autour de vous. La Ronde vous propose de vivre l'expérience du sentiment profond de fraternité. Aujourd'hui, c'est vous qui demandez et recevez, demain vous soutiendrez. La Ronde permet à chacun de se sentir à la fois utile et assisté dans une création.

Si vous êtes impliqué dans une organisation, une entreprise ou un projet participatif, la Ronde vous confirme que vous pouvez vous appuyer sur vos collaborateurs. Vos idées s'assembleront tout naturellement pour se concrétiser. Certains manquent d'entrain? Vous avez les moyens de les motiver. Mobilisez votre entourage! Vous devez être l'élément fédérateur.

Entrez dans la Ronde! Rejoignez toutes ces personnes qui tournent dans le sens de la marche du monde. Dans ce mouvement joyeux, entraînant, et dans la responsabilité des uns envers les autres. Reconnectez-vous ensemble, sur un même tempo, et mettez votre cœur à l'ouvrage. Car de votre coopération naîtra un nouvel horizon qui se dessine à l'unisson.

Si vous avez tiré la carte à l'envers

À l'envers, la Ronde peut indiquer que vous n'êtes plus en accord avec des idées ou valeurs que vous partagiez auparavant avec les membres d'un groupe. Qu'il s'agisse de votre famille, de votre travail, d'une activité de loisir ou d'un mouvement (spirituel, politique, idéologique), vous sentez que votre point de vue n'est pas au diapason de celui des autres. Vous ne les rejoignez plus dans leur mode de pensée, et la manière qu'ils ont d'agir vous dérange, voire vous heurte.

Avec la Ronde inversée, il peut y avoir de l'incompréhension, la sensation d'être à contretemps, pas dans le même courant que les autres.

Le conseil est le suivant : éloignez-vous pour l'instant, prenez vos distances afin d'évaluer ce qui a changé et pourquoi. Rien ne sert d'aller à l'affrontement et de semer la zizanie au sein du groupe. Lâchez l'affaire quelque temps, et quand vous reviendrez vous saurez prendre la bonne décision. Soit vous resterez en vous adaptant, soit vous partirez à la recherche d'un meilleur équilibre... Peut-être même que ce sera à vous de le créer en initiant un nouveau mouvement!

Si vous êtes à la tête d'une association, d'une entreprise ou toute autre organisation nécessitant de la coopération entre personnes, la Ronde vous recommande de réunir tout le monde pour faire un point. Car, à votre insu, une division s'est créée au sein même de votre collectivité. Avant une scission irréparable, rassemblez tous les membres et essayez de comprendre ce qui a causé ce fractionnement. Chaque parole a son importance. C'est pourquoi il vous faudra être attentif à chaque vision, tout en privilégiant celle de l'ensemble.

Associer des différences peut être un atout, mais aussi une faiblesse. Car, si les regards pluriels et la diversité apportent incontestablement une richesse, tout le monde doit néanmoins regarder dans le même sens et suivre la même direction sans revendiquer sa vérité unique. La métaphore de la Ronde est très parlante : on ne peut pas tirer dans des sens opposés, ni se marcher sur les pieds ni vouloir imposer son rythme, au risque de créer une dispersion et une désunion.

Si la contestation commence à gronder, vous serez peut-être amené à vous séparer de certains ou à dissoudre votre équipe.

Car la foule est aussi porteuse qu'elle peut être dangereuse. Parfois, un simple groupuscule parvient à créer le clivage et à détruire un fonctionnement.

Écartez les dissidents et rétablissez l'harmonie dans votre clan.

L'Engrenage

SYNERGIE/DÉPENDANCE

Une seule chose compte :
c'est l'engrenage magnifique qui s'appelle le monde.

Ella Maillart

Histoire, signification et symbolique

L'engrenage est un symbole de la révolution industrielle, du mouvement et de la combinaison des forces. Il représente à la fois la puissance, la vitesse et la transmission de l'énergie au sein d'un ensemble. On le retrouve sur certains blasons ou armoiries, comme c'est le cas pour la ville de Mulhouse, le Laos, le Vietnam et les anciennes armoiries de Birmanie. Une roue de 24 dents est également l'emblème du Rotary club.

Connu depuis des millénaires, déjà utilisé par les Égyptiens et les Grecs durant l'Antiquité, il a permis d'accomplir des prouesses remarquables et de dépasser certaines limites techniques de l'époque. On ne connaît pas la date exacte de sa création, mais certaines théories laissent à penser que les mécaniciens grecs ont découvert les systèmes d'engrenages entre le Ve et le IVe siècle av. J.-C., même s'ils auraient été peu utilisés à cette époque. Aristote pourrait en être l'un des inventeurs, quatre siècles av. J.-C. Il est également fort probable qu'Archimède et Ctésibios (tous deux scientifiques et ingénieurs de la Grèce antique) utilisaient des engrenages. La découverte de la machine d'Anticythère, mécanisme de bronze à roues dentées solidaires, ainsi que d'une roue dentée en Sardaigne, atteste de leur utilisation aux IIe et IIIe siècles av. J.-C. Au Moyen Âge, dès le Xe siècle, l'utilisation d'engrenages en bois est populaire, notamment dans les moulins à eau et à vent. Aujourd'hui encore, ils restent un élément indispensable aux entreprises automatisées, malgré le progrès et l'avancée des nouvelles technologies. Mais pourquoi et comment cet outil primaire est parvenu de l'Antiquité jusqu'à notre époque moderne en demeurant tout autant irremplaçable ?

L'engrenage, sous des abords simplistes, est un outil sophistiqué qui offre d'innombrables possibilités, déjà par son incroyable polyvalence qui révèle un potentiel illimité. Et pourtant, la toute première forme d'engrenage, et celle qui a très certainement fait comprendre son mécanisme, ce sont deux mains qui entrelacent leurs doigts. Concrètement, un engrenage est un assemblage de roues dentées qui, en entrant en contact, se transmettent de la puissance. Son utilisation est très diversifiée puisqu'il permet d'effectuer de nombreuses tâches, dont l'une des principales est la transmission d'un mouvement. Symboliquement, cela signifie qu'il aide à la mise en route et la mise en œuvre de processus. Chaque engrenage comprend une roue motrice qui va impulser son mouvement aux autres roues, de tailles différentes. C'est de cette combinaison que naît la synergie qui permet d'atteindre l'objectif visé : réguler la vitesse et augmenter la puissance d'un mécanisme. Une pièce « meneuse » ou conductrice est donc présente dans tout engrenage. Ce n'est pas forcément la plus grande roue qui mène l'engrenage, ce peut être la petite, appelée pignon, et dans ce cas, elle produira plus de force. À l'inverse, si c'est la roue au plus grand diamètre, et donc possédant le plus de dents crantées, qui mène le mouvement, cela générera un accroissement de la vitesse, car les petites roues devront réaliser des rotations beaucoup plus rapides pour arriver à suivre le rythme. Le parallèle symbolique est donc assez évident... Chacun dépend d'un autre, mais il y a un meneur malgré tout auquel les autres parties s'adaptent et s'accordent pour permettre un fonctionnement optimal. L'engrenage peut également intervenir dans les changements de direction, dans la recherche de précision et dans le déploiement de l'énergie. Il est intéressant de constater que les systèmes d'engrenages sont tout aussi bien utilisés à des fins extrêmement délicates, détaillées et complexes, comme dans l'horlogerie, que pour délivrer de la puissance à l'état brut, comme dans les industries minières.

Pour ceux qui voudraient découvrir le sujet plus en détail, je vous suggère la lecture des *Dents de l'effort : les engrenages*, dans *Les Carnets*, Musée des arts et métiers.

L'Engrenage représente les fonctionnements, les mécanismes, le mouvement productif, la coordination, le processus, l'interdépendance et la synergie.

Mais aussi les blocages, les dérèglements, les dysfonctionnements, les automatismes, la routine, l'usure, l'imbrication et la dépendance.

Si vous avez tiré la carte à l'endroit

L'Engrenage nous interroge sur notre manière de fonctionner, seuls et avec les autres, puisque cette carte symbolise notre fonctionnement aussi bien interne qu'externe. Elle représente en quelque sorte les rouages de notre machine intérieure. Elle nous demande de réfléchir aux mécanismes archaïques qui conditionnent parfois, malgré nous, notre manière d'agir. Quand la machine est «rodée», c'est de toute évidence plus facile d'entreprendre des choses. «Tout roule». Pourtant, cela peut parfois représenter une faiblesse. Car lorsqu'une habitude devient un automatisme, nous ne prenons plus le temps de réfléchir autrement, d'entrevoir de nouvelles manières de procéder. Ainsi, nous entrons dans un fonctionnement familial, relationnel, parental, professionnel ou sociétal qui définit le rôle qui nous a été attribué ou que nous avons choisi d'endosser. Ce rôle, à force d'être récurrent, peut devenir identitaire, et donc enfermant. Il peut aussi, à terme, nous user, comme une pièce d'un moteur qui finirait par lâcher. L'Engrenage vous interpelle sur la nécessité d'agir sans plus vous poser aucune question. Car le risque de tomber dans une routine, un schéma ou de répéter des actions qui n'auraient plus de sens et vous épuiseraient existe bel et bien.

Évidemment, l'Engrenage est une carte de rapport aux autres puisque, par définition, elle nous inscrit dans un processus à plusieurs, un dispositif. Bien équilibré, l'Engrenage indique une combinaison de forces qui interagissent pour faire fonctionner un ensemble. Chacun a sa place et une mission en adéquation avec ses capacités. Il vous sera facile de ressentir votre utilité dans ce mouvement, et tout se déroulera avec fluidité. L'Engrenage est un assemblage pertinent, un enchaînement d'actions qui se fait naturellement, nous entraînant vers un but donné. Si ce n'est ni mobile ni fluide, c'est que quelque chose ou quelqu'un n'est pas à sa place. Car dans l'Engrenage, chaque partie est indissociable d'une autre, et c'est leur assemblage qui donne la cohérence et la performance.

Lorsque la synergie est à l'œuvre, tout ce que vous entreprendrez sera productif. Vous vous rendrez compte qu'être à plusieurs rend le projet plus facile, plus opérationnel, et que vous êtes non seulement moins fatigué, mais plus efficace. L'Engrenage vous met en corrélation avec les bonnes personnes, les bons outils et les bonnes informations, vous donnant ainsi de l'allant et l'énergie des forces potentialisées.

Si vous avez tiré la carte à l'envers

À l'envers, l'Engrenage indique souvent une difficulté à faire machine arrière, la sensation d'être pris dans une roue infernale malgré soi. Elle peut indiquer des blocages momentanés, ou signifier que quelque chose s'est mis à dysfonctionner.

Il vous faudra alors être très attentif, car, avec l'Engrenage, c'est souvent un petit rien qui peut dérégler ou ralentir le tout. D'où provient ce petit grain qui enraye la machine? De vous, des autres? D'un facteur extérieur? Dans toute organisation, il faut veiller à ce que chaque élément soit bien employé, que chacun soit à sa juste place. Puis maintenir une bonne coordination de l'ensemble. Si vous sentez que quelque chose est en train de dérailler, cherchez quel est « le maillon faible ». Qu'est-ce qui, dans votre chaîne quotidienne, perturbe le déroulement de votre journée? Est-ce que votre emploi du temps est agencé correctement? Qu'est-ce qui est bancal et fragilise la cohésion? Y a-t-il quelque chose à réparer, au sens propre comme au figuré ? Avez-vous fait les bonnes alliances, les bons partenariats? Est-ce que les engagements pris de part et d'autre sont respectés? L'Engrenage vous enseigne à composer avec les autres, tout en vous gardant une marge de manœuvre. Si toutes vos activités sont dépendantes d'autres personnes, vous pourriez vite vous retrouver coincé dans ce que vous avez à faire. Attention également à ne pas faire d'amalgame entre vies privée et professionnelle. À l'envers, l'Engrenage n'est pas favorable à l'imbrication de tous les domaines de votre vie. Il vous recommande de ne pas entrecroiser travail et relations proches. Vous iriez vers un enchevêtrement de problèmes, d'autant plus difficiles à résoudre qu'ils empiéteraient sur votre vie intime. Au contraire, vous devez garder de l'autonomie. Le risque est de vous sentir étriqué et piégé. Ce n'est pas le bon moment pour vous associer ou vous impliquer dans un projet à plusieurs. Vous pourriez vous retrouver entraîné dans quelque chose d'irréversible ou d'inextricable.

Enfin, l'Engrenage nous rappelle la nécessité, dans ces temps modernes, de rester connectés à notre humanité pour ne pas tomber dans une mécanique implacable où nos actions, déconnectées de notre cœur et de notre pensée, deviendraient peu à peu « robotisées ».

La Spirale

ÉVOLUTION/INVOLUTION

La vie est un tourbillon
dont les lignes s'agrandissent toujours.

Réjean Bonenfant

Histoire, signification et symbolique

Une spirale est, par définition, une courbe qui tourne autour d'un axe, formant un enroulement dans l'espace. En mathématiques, c'est une courbe qui débute en un point central et, à mesure qu'elle tourne autour, s'en éloigne. Dans son sens figuré, elle traduit l'évolution fulgurante et souvent incontrôlable d'un phénomène.

La spirale est le symbole par excellence du mouvement de l'infini puisqu'à partir d'un point elle se déroule sans jamais s'arrêter. Cette rotation incarne l'évolution cyclique. Il existe plusieurs sortes de spirales : la spirale simple ou « plate », la spirale hélicoïdale ou à hélices, et la double spirale. Cette dernière nous renvoie directement à la spirale de notre ADN et, par extension, au cycle de mort/renaissance, qu'il soit individuel ou universel. Chez les animaux totems, cette énergie est associée à la médecine de la perdrix, qui représente la spirale sacrée, mais aussi aux oiseaux de feu comme le condor ou le phœnix qui renaît de ses cendres.

En Inde, la double spirale représente le cycle cosmique (Kalpa) et la destruction qui précède tout nouveau cycle (Pralaya). Chez les Mayas, la spirale symbolise l'instant zéro, qui, dans le calendrier, correspond au solstice d'hiver, c'est-à-dire l'avènement de la nouvelle année chamanique, du renouveau. On note que lors du passage du solstice d'hiver, dans certaines traditions, il est coutume de danser et de chanter « en spirale ». Les danses en spirale sont, plus que toute autre, représentatives d'une montée d'énergie, telle la danse des derviches tourneurs, qui peuvent aller jusqu'à la transe afin d'entrer en contact avec l'énergie divine. Au solstice, donc, on célèbre par les danses-spirales l'énergie solaire qui revient dans nos vies. Ces danses évoquent l'état de permanence, de centrage et de perpétuité face à un état d'impermanence, de mobilité et d'éphémérité. C'est l'être qui tournoie sur lui-même, créant des forces concentriques et essayant d'allier son mouvement intérieur au mouvement de l'Univers, le rythme cosmique. Le corps faisant des cercles répétitifs mime les planètes en orbite autour du Soleil. Ce mouvement giratoire incessant produit une « ivresse spirituelle » qui permet de communier avec le divin. C'est pourquoi la spirale symbolise l'évolution d'une énergie, d'une forme ou d'un état, tant dans sa progression circulaire qu'ascensionnelle.

La spirale est aussi un symbole de forces contraires, puisqu'elle a deux sens de rotation et qu'elle incarne autant l'évolution que l'involution. C'est pourquoi on la retrouve à la fois dans la tradition hindoue sur le bâton brahmanique, et en Occident sur le caducée d'Hermès ou le Fulmen de Zeus. Les deux premiers sont de grands bâtons avec deux serpents qui s'enroulent telle une spirale. Le bâton symbolise l'axe du monde, et le serpent à la fois le poison et l'antidote. Le bâton brahmanique est le bâton du pèlerin, il est une allégorie de la colonne vertébrale humaine. Les deux hélices qui sont formées par les serpents représentent protection et châtiment à la fois. Quant au caducée, attribut du dieu grec Hermès, c'est un bâton de vie et de mort. S'il touche un vivant avec sa partie la plus épaisse, il lui donne la mort, alors que s'il touche un mort avec sa partie la plus fine, il lui rend la vie. Par ailleurs, le Fulmen ou « le Foudre » est l'attribut de Zeus, une arme spiralée qui représente des faisceaux de foudre. Il est également ici question de la double nature de la foudre, qui à la fois détruit et fertilise, brûle et éclaire…

Un autre symbole important de la spirale est la guérison. Celle-ci est représentée par le bâton d'Esculape, dieu gréco-romain de la Médecine, emblème des pharmaciens et des médecins dans de nombreux pays — à ne pas confondre avec le caducée d'Hermès. Sur celui d'Esculape, un seul serpent, une couleuvre, s'y enroule en spirale. Il aurait eu le pouvoir de guérir toutes les maladies.

Enfin, il est assez merveilleux de constater que la nature regorge de motifs en spirales, dans l'infiniment grand comme dans l'infiniment petit : plantes, coquillages, escargots, galaxies… comme si cette énergie résidait au cœur du monde et de toute forme de vie.

La Spirale représente le tourbillon de la vie, la concentration des forces, les possibilités d'évolution et de transformation, la déprogrammation, la révolution et la source d'énergie pure.

Mais aussi la dispersion, l'agitation, un sentiment de régression, la perte d'énergie, une involution et une descente infernale.

Elle peut être ascendante ou descendante.

Si vous avez tiré la carte à l'endroit

La Spirale est une carte d'énergie vitale qui nous parle de notre mouvement primaire, celui qui se trouve à l'intérieur de nous. Attachée au symbole de la double hélice de l'ADN, elle nous invite à entrer au cœur de notre mouvement interne pour tenter d'en comprendre les informations.

Ainsi, elle vous questionne : pensez-vous que vos énergies vitales circulent correctement? Êtes-vous suffisamment à l'écoute du message de votre corps? Êtes-vous en accord avec ce que vous ressentez profondément? Est-ce que cette vibration qui vous anime intimement correspond à ce qui se passe dans votre vie?

La Spirale est une source d'énergie concentrée et concentrique qui vous demande d'apprendre à ressentir cette circulation, ce potentiel à l'état brut, et à le laisser se propager à l'intérieur de vous. Puis observez comment votre énergie se répand autour et à l'extérieur de vous. Qu'est-ce qu'elle crée, qu'est-ce qu'elle véhicule et attire? L'utilisez-vous de manière consciente? Comment est-ce qu'elle vous nourrit et à quoi sert-elle? Tentez de percevoir ce va-et-vient entre le dedans et le dehors, l'impact, et la manière dont votre énergie profonde communique, et redistribue en permanence des informations.

Plus vous serez connecté à ce langage cellulaire énergétique, plus vous en verrez la manifestation dans le monde extérieur.

Si vous avez tiré la carte de la Spirale, c'est qu'une période d'évolution positive s'annonce. Préparez-vous à vivre une petite révolution! Tout ce qui arrive à partir de maintenant ira dans le sens de votre progression. Plus votre énergie sera en accord avec le mouvement que l'existence souhaite vous proposer, plus la transformation se fera naturellement vers une élévation. Vous êtes en pleine phase d'ascension. Vous n'avez qu'à accompagner cet élan, et votre vitalité s'en trouvera décuplée.

La Spirale vous invite à célébrer la Vie comme dans la danse des derviches tourneurs, comme dans une transe, un tourbillon de joie. Alors, vous constaterez qu'à travers ce mouvement perpétuel vous avez la possibilité de créer et de recréer votre univers chaque jour, de vous régénérer, de renouveler une programmation initiale pour aller vers votre propre révélation.

La manifestation de l'énergie pure rayonne d'infinies possibilités de création et de guérison. Laissez-la vous traverser et vous amener là où la vie vous attend!

Si vous avez tiré la carte à l'envers

À l'envers, la Spirale indique une période d'agitation. Ça bouscule, ça remue, ça donne le tournis! Durant ce moment de grand « brassage », on vous demande de vous recentrer afin d'optimiser votre capital énergétique. Plus vous serez centré et ancré, moins les éléments perturbateurs extérieurs auront d'emprise sur vous. Car, à l'envers, la Spirale engendre une déperdition de vitalité, des « fuites » énergétiques. Comme si toutes vos énergies (physiques, intellectuelles, émotionnelles et spirituelles) étaient en gravitation autour de votre corps. De ce fait, vous pouvez ressentir de grands coups de fatigue, comme si vous étiez totalement vidé, essoré. Il faut que vous vous remettiez au centre de vous-même pour permettre à vos énergies de réintégrer votre corps physique et de circuler à nouveau normalement. Ainsi, elles pourront jouer leurs rôles en alimentant votre dynamisme, votre créativité, votre réflexion, votre réactivité, etc.

La Spirale dégage beaucoup d'intensité, mais si elle est mal canalisée, elle vous aspire et pompe toutes vos forces. Soyez donc attentif à la dispersion, qui vous ferait perdre beaucoup d'énergie et d'efficacité.

Si vous avez tiré la carte de la Spirale à l'envers, c'est que l'on vous recommande de mobiliser vos capacités physiques et mentales afin de lutter contre la tornade qui arrive…

Rassemblez-vous tout en restant ouvert et souple, car parfois l'impact extérieur est si fort que la seule chose à faire est de l'accompagner. Paradoxalement, c'est dans l'œil du cyclone que vous êtes le mieux protégé ! Symboliquement, cela signifie que si vous êtes au cœur d'une tempête rien ne sert de lutter, car vous allez vous épuiser. Acceptez de vous laisser emporter par le typhon ! Suivez ce mouvement imprévu et restez concentré. C'est la meilleure attitude à adopter pour ne pas être dévasté.

La Spirale vous donne ce conseil : ce que vous pourriez juger de prime abord être une régression ou une involution est peut-être en réalité une occasion de déprogrammer des conditionnements, des schémas répétitifs. À travers cette expérience dense et perturbante du vortex inversé, vous découvrez que les anciennes informations sont balayées pour laisser la place à de nouvelles énergies.

Permettez-vous de recevoir cette initiation comme un nettoyage purificateur et déployez dès à présent votre nouveau potentiel !

Le Cerceau

INSOUCIANCE/IMMATURITÉ

Il reste toujours quelque chose de l'enfance, toujours...

Marguerite Duras

Histoire, signification et symbolique

Le terme de cerceau désigne un cercle qui peut être fabriqué dans diverses matières telles que le fer, le bois ou le plastique. On en distingue différentes sortes : ceux pour cercler les tonneaux, les jouets pour enfants, les agrès de gymnastique rythmique et les agrès aériens au cirque.

Les cerceaux étaient présents dès l'Antiquité, et étaient à la fois des objets de loisir et de divertissement pour les plus jeunes mais aussi d'entraînement martial. Leur succès est avéré, et on les retrouve fréquemment sur des gravures ou des peintures, et mentionnés dans les œuvres de Cicéron, Horace, Ovide et bien d'autres. Le cerceau est également un attribut des divinités juvéniles comme Éros ou des éphèbes comme Ganymède.

Dans la Rome antique, le cerceau, appelé alors *trochus*, revêt diverses fonctions. S'il est un jeu très populaire auprès des enfants, il est aussi indiqué en médecine pour entretenir une bonne condition physique. Divers médecins recommandent son utilisation, dont Hippocrate et Oribase qui s'accordent sur le fait que l'exercice du cerceau aurait de nombreux bienfaits sur le corps, bien au-delà de l'entretien de la tonicité et de la souplesse (cf. *Traités sur le régime* d'Hippocrate et *De l'exercice du cerceau* d'Oribase, IVe siècle av. J.-C.). Antylos, quant à lui, s'est penché sur sa fabrication pour qu'il puisse répondre aux critères hygiénistes, en présentant les bonnes dimensions, et pour que sa baguette ait une fonction ergonomique.

On sait qu'il était utilisé autant comme objet de distraction que de formation, puis de compétition. Il servait notamment aux exercices d'entraînement militaire qui préparaient les futurs chefs de l'armée romaine. Il a donc été utilisé de manière très sérieuse par une élite pour développer les facultés d'adresse, de concentration et de coordination. Enfin, certains pratiquaient le jeu du cerceau de manière professionnelle, notamment dans le cadre de courses, qui étaient à la fois considérées comme un sport et un art. Les participants devaient pousser et maîtriser le cerceau lancé à vive allure à l'aide de la *clavis* (baguette), mais aussi lui faire faire des figures. Il était question de vitesse, d'adresse, de rapidité d'exécution et d'esthétique.

Jusqu'à la seconde guerre mondiale, le cerceau est resté un jeu très courant en Europe. Les enfants poussaient le cerceau de bois à l'aide d'une baguette. Cette pratique est de nos jours encore très répandue dans les pays pauvres, puisque très économique. Il n'est pas rare de voir en Afrique des enfants faire rouler des cercles en ferraille.

S'il est nettement passé de mode depuis les années soixante en ce qui concerne les jeux d'enfants, il est encore largement vendu pour la pratique du hula-hoop, du fitness et de la gymnastique rythmique et sportive. Et grâce à un engouement récent de la jeunesse pour les pratiques circassiennes, il reconquiert peu à peu le cœur des enfants.

Le Cerceau représente le jeu, l'enfance, l'insouciance, l'optimisme, la spontanéité, la fraîcheur, l'émerveillement, l'innocence, la confiance et la reconnexion à l'enfant intérieur.

Mais aussi l'immaturité, les caprices, l'inconsistance, l'éparpillement, la naïveté, la crédulité, la puérilité, les bêtises, les enfantillages et l'inexpérience.

Si vous avez tiré la carte à l'endroit

Le Cerceau est une carte qui swingue ! C'est un hula-hoop, un tourbillon de joie et d'insouciance. Il vous demande d'apporter à votre vie un mouvement de gaieté et vous interpelle sur la nécessité de jouer. La vie n'est-elle pas un grand jeu dont nous pouvons tous réinventer les règles à chaque instant? Depuis quand êtes-vous devenu si sérieux, si préoccupé par les tracas du quotidien que vous en oubliez de prendre du bon temps? À quand remonte la dernière fois où vous vous êtes émerveillé devant une chose simple et belle? Depuis quand n'avez-vous pas ri aux éclats? Le Cerceau vous demande d'examiner l'adulte que vous êtes devenu et d'éliminer toute forme de sévérité à votre égard et à l'égard des autres. Combattez vos côtés trop rigides, austères, ou taciturnes. Actuellement, votre vie manque de légèreté et de simplicité. Vous avez laissé trop de place à vos soucis, et ceux-ci ont peu à peu grignoté votre insouciance. Il est grand temps de vous reconnecter à votre enfant intérieur ! Il vous attend impatiemment, les yeux pétillants et le cœur enjoué.

Dialoguer avec son enfant intérieur, c'est s'offrir la possibilité de réinterroger sa vie de manière spontanée, avec un regard neuf et sans aucun conditionnement. À travers l'énergie enthousiaste et innocente de l'enfant, tout paraît alors possible. Peu à peu, vous balaierez les aspects maussades de votre vie et lui redonnerez ses vraies couleurs et sa vraie saveur. Une vie acidulée, chatoyante et lumineuse.

Le Cerceau vous pousse à courir après une envie, un rêve. Un caillou vous fait trébucher, et alors ? Ce n'est que partie remise !

Le Cerceau nous enseigne que si la vie nous égratigne, ce n'est pas grave, tant que nous poursuivons la course folle de nos désirs d'enfant, et que nous nous laissons un espace pour nous amuser et relativiser.

Alors, cessez de jouer à cache-cache avec votre petit Moi, sautez à pieds joints dans les flaques, chantez à tue-tête et racontez-vous des histoires dont vous êtes le héros. Le Cerceau roule, roule, et vous entraîne à retrouver la fraîcheur et la candeur qui feront de votre vie un éternel jeu de piste et d'aventures fantastiques, là où les méchants finissent toujours punis, et où les gentils ont des étoiles d'espoir plein les yeux.

Si vous avez tiré la carte à l'envers

Le Cerceau à l'envers souligne chez vous un côté infantile, un peu immature.

Il peut se manifester de différentes manières et vous met notamment en garde contre une tendance à l'éparpillement. Comme une voix qui dirait « Arrête de jouer et range ta chambre ! », le Cerceau vous réprimande. Votre attitude n'est pas celle d'un adulte responsable. Vous vous laissez aller à une vie un peu trop débridée, en suivant vos envies sans assumer les obligations qui vous incombent. Il y a une différence entre être léger et être inconsistant ! Reprenez-vous ! Vous ne pouvez pas en faire qu'à votre tête en ne respectant aucune règle ou en les transgressant quand ça vous chante ! Attention à ne pas laisser trop de place à un ego capricieux et tout-puissant qui imposerait son désir comme seule loi. La vie n'est pas uniquement une succession de petits moments où vous ne faites que ce qui vous plaît ou vous arrange. Vous devez gagner en maturité pour pouvoir accéder à la véritable insouciance. Celle qui permet à tout être conscient de gagner en liberté et en légèreté, parce que, justement, il a fait le travail d'assumer pleinement qui il est, et ce qu'il a à accomplir. Il est temps d'arrêter vos enfantillages et de devenir plus sage. Actuellement, même si tout le monde vous trouve sympathique, vous n'inspirez pas la confiance. Vous devez vous ressaisir, arrêter de contourner vos devoirs, terminer ce que vous avez commencé, et combattre les côtés puérils de votre personnalité.

Par ailleurs, le Cerceau à l'envers attire peut-être votre attention sur votre naïveté. Vous faites trop facilement confiance. Et, trop souvent, vous vous laissez embarquer dans des bêtises qui n'ont pas lieu de survenir dans votre vie. N'écoutez pas n'importe qui, et ne suivez plus le premier venu. Vous êtes trop crédule, vous vous faites avoir. Parfois, par un besoin irrépressible de vous sentir apprécié, de vous « faire des amis », vous vous mettez dans des situations délicates. Prenez conscience que c'est une forme d'immaturité affective qui vous pousse à vous comporter de la sorte.

Le Cerceau à l'envers se résume en une phrase : il est temps de grandir un peu.

Le Yoyo

LÂCHER-PRISE/FLUCTUATION

L'art de vivre consiste
en un subtil mélange de lâcher-prise
et tenir bon.

Henri Lewis

Histoire, signification et symbolique

Le yoyo est le deuxième jouet le plus ancien connu, juste après la toupie. On en retrouve des gravures en Grèce dès le ve siècle av. J.-C., mais des dessins dans d'anciens temples égyptiens seraient aussi considérés comme des représentations de yoyos. Bien qu'il fût vraisemblablement très populaire dans l'Antiquité, sa trace s'est perdue pendant une longue période. Il a refait surface en Angleterre à la fin du xviiie siècle, sous l'appellation de *Bandalore*. En France, on le nommait émigrette (du fait qu'il ait été rapporté par les émigrés de la Révolution française) ou joujou de Normandie.

Très répandu à l'époque napoléonienne, il fait partie des jeux favoris des enfants de l'aristocratie. C'est un objet de valeur, parfois fragile car réalisé en verre ou en cristal. On en trouve également en bois précieux (ébène, acajou, merisier) incrustés de corne, de nacre, de pierres précieuses et d'ambre. Que ce soient les yoyos utilisés par la noblesse ou les yoyos plus rustiques utilisés par le peuple, il est reconnu que le yoyo permettait d'apaiser les tensions et de réduire le stress. Symboliquement, il permet « le lâcher-prise »…

Si un premier brevet est déposé outre-Atlantique en 1866, ce n'est que vers 1920 qu'il connaît une réelle renommée aux États-Unis, grâce à un certain Pedro Flores et son « Filipino Yo-Yo ». Il est nommé ainsi car il est fabriqué aux Philippines, où l'art du yoyo s'est considérablement développé. Sa ficelle entoure désormais son axe (et n'y est plus attachée directement), permettant de nombreuses figures. Les Philippins l'utilisent autant comme un sport national que comme un jouet pour enfant. En philippin, *yo-yo* signifie revenir.

Cela relance l'hypothèse selon laquelle les premiers yoyos auraient été conçus en Asie (certaines sources citent la Chine, d'autres l'Indonésie ou les Philippines). En suivant cette hypothèse, non attestée officiellement, ce serait en observant les caméléons que les autochtones auraient voulu copier leur manière de chasser. Pour reproduire le jet de la langue qui se déroule pour attraper une proie, ils auraient attaché une ficelle autour d'un caillou. Ainsi seraient nés les ancêtres des yoyos, qui auraient donc été à la base utilisés comme armes et non comme jouets…

L'industrie du yoyo commence avec Flores, qui monte un atelier de fabrication. Jusque-là, les yoyos étaient des pièces uniques sculptées à la main. En 1930, Donald Duncan, un investisseur américain, rachète l'entreprise de Flores et développe le marché du yoyo à l'international, suite au succès des premières compétitions aux États-Unis l'année précédente. C'est lui qui dépose à cette même époque le nom de « yo-yo ». De 1955 à 1965, le yoyo connaît un essor notable, notamment avec l'arrivée des modèles en plastique, moins chers et moins fragiles. Son utilisation se banalise. En 1965, l'appellation « yo-yo » devient un terme usuel et la concurrence se développe. Pendant cinq ans, ce sera l'âge d'or du yoyo.

Entre 1970 et 1980, son marché connaît un creux et le jouet tant plébiscité tombe un peu en désuétude. Pourtant, en 1980, il revient sur le devant de la scène, et depuis il poursuit sa progression. Souvent soutenu par de grandes marques, ultra populaire au Japon, il se modernise : c'est la naissance du yoyo à embrayage, puis du yoyo en aluminium à roulement à billes. Les modèles les plus récents sont fabriqués dans un souci de prouesse, de compétition et de développement de nouveaux styles de figures.

Dans son histoire, on se souviendra qu'il a été inclus dans le projet « Toys in Space » et qu'il a donc bénéficié d'un premier voyage dans l'espace en 1985 afin que l'on étudie les effets de la microgravité sur lui, avant d'y retourner une seconde fois en 1992.

Le yoyo est donc un jouet qui a traversé les époques et les continents. Il a su évoluer avec le progrès et les besoins, se réinventant chaque fois plus performant. Et à en croire l'engouement qu'il suscite encore aujourd'hui, il n'a pas fini de nous étonner et de révolutionner le monde du jouet !

Le Yoyo représente le lâcher-prise et la maîtrise, l'éventualité, les circonstances, le lien incassable, le retour à l'envoyeur, le détachement, la confiance, la foi et « la main de Dieu ».

Mais aussi la fluctuation, l'inconstance, l'incertitude, l'instabilité, les aléas, la retenue, les va-et-vient et la cyclothymie.

Si vous avez tiré la carte à l'endroit

Le Yoyo vous demande de vaincre votre peur et vous invite à faire un saut dans le vide, en toute confiance, en sachant qu'un harnais invisible vous empêchera de vous écraser. Avec le Yoyo, rien n'est sûr, tout est aléatoire. De ce fait, il nous enseigne le lâcher-prise et la foi. Nous devons savoir que si nous attendons d'avoir toutes les informations, de connaître tous les paramètres pour nous lancer, nous ne sauterons jamais le pas.

Il faut donc, à un moment donné, décider d'« y aller », tout simplement, sans rien retenir, sinon il ne se passera rien ! Comme pour le yoyo immobilisé dans votre main qui attend que vous lui donniez l'impulsion nécessaire au mouvement. C'est à vous d'amorcer une initiative. Le retour dépendra de l'impulsion donnée et de l'intention envoyée dans l'Univers. Il faut donc agir en conscience et en mesurant l'intensité de votre intention.

Le Yoyo vous invite également à ressentir le lien qui vous unit au Créateur et la manière dont celui-ci vous a déjà récupéré au vol à plusieurs reprises. À des moments où vous pensiez que vous étiez en chute libre, que tout était perdu, que ça allait mal finir, vous avez été rattrapé, comme par miracle, à la dernière minute. Le Yoyo, c'est cet instant précis où vous sentez que la force s'inverse, que la tendance bascule et, alors que vous étiez en train de vivre une descente vertigineuse, vous remontez à grande vitesse. Grâce au fil invisible de votre existence, celui-là même qui vous relie à « la main de Dieu ». Cette métaphore représente une volonté supérieure qui interagit avec notre volonté individuelle et nous protège. Alors, avec la foi absolue qu'il ne peut rien vous arriver de mauvais, vous vous sentirez pousser des ailes et vous prendrez votre envol.

Le Yoyo porte un message d'espoir et de soutien : c'est parce que vous accepterez de tout lâcher qu'un nouvel élan pourra se manifester. Ne vous cramponnez pas à une illusoire sécurité. Le Yoyo sait que tout peut basculer du jour au lendemain. Que la vie peut nous faire vivre des « à-coups » un peu violents. Cultivez le détachement et sentez l'élément déclencheur qui vous aidera à vous abandonner et à répondre à l'appel du vide les yeux fermés.

Plus vous vivrez dans le lâcher-prise et plus, paradoxalement, vous pourrez maîtriser le prochain mouvement que vous souhaitez donner à votre vie.

Le Yoyo vous l'affirme : vous vivez ce moment juste avant le lancement de quelque chose d'important. Allez-y, jetez-vous !

Si vous avez tiré la carte à l'envers

À l'envers, le Yoyo témoigne d'une période inconfortable ou d'une situation déstabilisante dans laquelle il est difficile de trouver un équilibre. On peut se sentir un jouet du destin qui nous ballotte dans tous les sens. Ou bien être confronté à sa propre cyclothymie. Ou bien sentir que l'on tire trop sur la corde et qu'elle nous revient en pleine figure comme un élastique. Il peut également annoncer des perturbations dans les relations. Il met en évidence, dans tous les cas, une période fragile avec des hauts et des bas.

Si vous avez tiré le Yoyo à l'envers, vous risquez de vous trouver face à de nombreuses hésitations. Vous vous balancerez d'une idée à une autre, d'une envie à une autre, d'une opinion à une autre. Un coup oui, un coup non… Et puis, de nouveau, oui. Le Yoyo à l'envers donne mal à la tête ! Avec lui, difficile d'arrêter quoi que ce soit, de prendre une décision ferme, de trancher ou d'acter sans regretter immédiatement après et finalement choisir l'option inverse. Voilà l'avertissement du Yoyo : vous êtes trop « *up and down* » pour réfléchir correctement. Il vaut mieux attendre que cette oscillation interne se calme avant de prendre quelque résolution importante que ce soit.

Avec le Yoyo à l'envers, la seule certitude, c'est que vous n'en aurez pas ! Il n'y aura pas d'évidence, car les circonstances sont trop fluctuantes pour vous permettre de vous positionner. À l'extérieur comme à l'intérieur ! Ces moments de va-et-vient perturbent à la fois votre jugement et votre ressenti puisque vous passez par des phases hautes et des phases très basses, et que les deux vous traversent tour à tour avec la même intensité. À chaque fois que vous croyez être tout en bas, une impulsion vous aide à remonter. Mais dès que vous vous ressaisissez et approchez de quelque chose, il y a de nouveau un relâchement et vous chutez une fois encore.

De ce fait, tout ce que vous entreprendriez avec cette énergie du Yoyo à l'envers serait extrêmement arbitraire et instable. Il vaut mieux attendre, ou du moins faire preuve d'un peu de retenue. Si vous enclenchez un mouvement malgré tout, vous pouvez vous casser la figure ou tout bonnement vous faire éjecter !

C'est comme si vous décidiez de faire du parapente un jour de grand vent…

Le Yoyo nous enseigne que la Vie a une nature inconstante, et que lorsque tout n'est qu'éventualités, il faut savoir patienter un peu pour trouver un fil auquel se rattacher. Un fil de sécurité. Un fil qui donnera aussi du sens.

Vous ne pourrez pas combattre les aléas, mais vous pouvez vous en protéger en recherchant à l'intérieur de vous une stabilité et une quiétude. Pour cela, visualisez votre alignement, et activez la reliance entre votre point d'ancrage interne et un point au-dessus de vous. Respirez. Conscientisez le léger mouvement ascendant et descendant de votre respiration. Il calmera petit à petit l'agitation du fil du Yoyo. Peu à peu, vous recommencerez à maîtriser votre fréquence énergétique et vous reprendrez du pouvoir personnel dans vos décisions et vos actions.

La Galette

PARTAGE/AVIDITÉ

Le contenu d'une cacahuète est suffisant pour que deux amis puissent le partager.

Proverbe burkinabé

Histoire, signification et symbolique

Si la galette a nourri notre imaginaire (et nos goûters, avec les petites galettes au beurre…) depuis notre plus tendre enfance, à travers des contes comme *Le Petit Chaperon rouge* ou *Roule galette*, elle n'en a pas moins une connotation symbolique et religieuse forte. Mais avant d'entrer dans la signification et l'histoire des galettes, il faut rappeler qu'à l'origine le pain était rond et que, dans plusieurs cultures, le pain est une galette, toute simple, faite de farine et d'eau, et que celle-ci peut être la base de l'alimentation dans certains pays.

Pour entrer dans la symbolique de la galette, je vous propose de nous pencher sur l'histoire du très célèbre gâteau des Rois appelé souvent galette des Rois. Si aujourd'hui cette galette est mangée au moment de l'Épiphanie, c'est-à-dire autour du 6 janvier pour célébrer les rois mages, à l'origine elle était confectionnée à l'occasion des fêtes liées au solstice d'hiver. La tradition de la galette n'a donc pas une source chrétienne comme on pourrait le croire. Son partage faisait partie d'un rituel de divination et pouvait être réitéré plusieurs fois dans le mois. Cette ancienne coutume païenne est vraisemblablement en lien avec les fêtes des Saturnales de l'époque romaine, c'est-à-dire bien antérieure à l'Épiphanie qui serait apparue à la moitié du Ier siècle en Orient pour fêter le baptême du Christ.

Lors du festin des Saturnales, un roi était désigné par le hasard, c'est-à-dire par le biais de dés ou d'osselets. Pour « l'élu », la croyance voulait que l'année s'annonce sous de bons auspices. De ce fait, il se devait d'être généreux avec le reste de l'assemblée, et pouvait aussi distribuer de petits gages en guise d'amusement. Cette fête était alors joyeuse, conviviale et sans excès, contrairement à d'autres fêtes païennes du dieu Saturne qui étaient orgiaques, démesurées et outrancières. Celle-ci permettait surtout de revivre « l'âge d'or » où tous les hommes étaient égaux. On raconte que, durant cette fête, les privilèges étaient abolis et que les esclaves étaient invités à manger à la table de leur maître. On retrouve donc ici l'une des symboliques les plus importantes de la galette : le partage équitable dans une ambiance festive et généreuse.

La tradition d'élire un roi autour de la galette a perduré pour devenir une coutume appelée « le roi boit » à partir du XIVe siècle, qui se pratiquait vers le 5 janvier. On continue d'utiliser l'expression « tirer un roi » alors que la désignation de celui-ci ne se fait plus par les dés mais grâce à une fève cachée dans la galette. Au départ, cette fève était une graine, symbole de fécondité, d'œuf et de vie. Symboliquement, elle « ensemence » la galette pour la rendre fertile. Ainsi, celui qui en mange un bout ne devrait manquer de rien durant l'année qui s'en vient. Quant à celui qui la trouve, il se doit d'offrir à boire à tous les présents, d'où l'appellation « le roi boit » ! La fève-légume aurait progressivement été remplacée par des fèves en porcelaine (puis plus tard en métal et en plastique) pour que celui qui les trouve ne puisse les avaler… Car selon certaines sources, les plus avares n'hésitaient pas à manger la fève pour ne pas payer leur tournée !

Partout en Occident, qu'elles aient été païennes ou religieuses, les fêtes associées à la galette mettaient l'accent sur le partage et la générosité, parce qu'elles permettaient de célébrer le retour du soleil dans nos vies, du 21 décembre au 6 janvier.

La galette des Rois est en France une pâtisserie très populaire, mais on ne la trouve que pendant le mois de janvier où elle peut être dégustée jusqu'au 31. Les recettes et les appellations changent selon les régions. Ainsi, on la retrouve sous les noms de gâteau de Chaudière, galfou, galette de l'Épiphanie, pogne, tourte des Rois, royaume, et d'autres… De même, elle peut se présenter aussi bien sous la forme d'une couronne briochée saupoudrée de sucre perlé et agrémentée de fruits confits, que d'une tourte feuilletée fourrée à la frangipane ou fourrée de compote de pommes.

Notre choix a été de représenter une galette aux allures très printanières et non pas hivernales, pour accentuer le côté chaleureux et gourmand de ce dessert, avec des couleurs vives et joyeuses, et le plaisir de partager un moment doux et sucré en toute saison…

La Galette représente le partage, l'équité, la convivialité, les festivités, la générosité, la douceur, l'envie, le plaisir, la consommation et la gourmandise.

Mais aussi la convoitise, les excès, l'avarice, la privation, la restriction et l'avidité.

Si vous avez tiré la carte à l'endroit

La Galette vous invite à goûter au miel de la vie. Inspirez profondément et sentez cette bonne odeur qui titille vos sens, vous fait saliver, vous rappelle à votre côté bon vivant! En tant qu'humains, nous avons l'obligation d'alimenter notre corps physique quotidiennement ou presque, et la responsabilité de le sustenter avec de bonnes choses saines et nourrissantes. Mais cette nourriture n'est pas suffisante pour que notre corps soit en pleine forme. Il faut également le nourrir avec Amour!

C'est pourquoi la Galette peut se manifester sous différentes formes : un goûter d'anniversaire, un bon repas du dimanche, un pique-nique familial, une soirée entre amis, un moment festif ou une invitation pleine de promesses… Elle annonce un moment doux, sucré et rassurant, de ces moments qui gravent en nous de délicieux souvenirs. Cette mémoire de nos papilles réenchante l'enfant à l'intérieur de nous : notre petite madeleine de Proust, les crêpes de notre grand-mère, le gâteau au chocolat qui cuisait dans le four l'hiver, ce baiser échangé à la dérobée… Ressentez comme en un instant vos yeux pétillent à nouveau d'envie et de gourmandise !

La Galette vous rappelle à quel point partager des moments avec vos proches est fondamental. La simplicité et les échanges chaleureux autour de la table contribuent à nourrir un sentiment de bien-être et de sécurité. Comme l'a écrit Jean Anthelme Brillat-Savarin dans *Méditation XI*, « La gourmandise, quand elle est partagée, a l'influence la plus marquée sur le bonheur ».

Si vous avez tiré la carte de la Galette, c'est qu'il vous faut être à l'écoute des besoins et des envies de votre corps, et qu'il est temps de prendre soin de vous et des autres. Profitez des savoureux moments que la Vie propose en la croquant à pleines dents, sans réserve. Ne boudez pas votre plaisir et communiquez-le. Soyez ouvert, confiant et généreux. Vivez en bon épicurien, acceptez l'invitation qui vous est faite, organisez des rencontres, créez des espaces et des moments de convivialité.

Le bonheur est contagieux, alors donnez l'exemple en transmettant votre joie de vivre et votre goût pour les belles et bonnes choses de l'existence.

Si vous avez tiré la carte à l'envers

À l'envers, la Galette vous invite à trouver un juste équilibre dans le donner/recevoir. « Charité bien ordonnée commence par soi-même ». Être généreux ne veut pas dire s'oublier. Il faut penser à soi et prendre sa part du gâteau avant qu'il n'en reste que les miettes.

L'autre message de la Galette inversée vous met en garde contre les excès en tous genres. Vous devez réguler vos désirs et vos pulsions liés notamment à l'alimentation. La Galette nous enseigne la nécessité de nourrir notre corps sans l'affamer ni le gaver. Attention aux tendances anorexiques ou boulimiques, soyez à l'écoute de vos besoins et adaptez-vous aux messages que votre corps vous envoie. Si ce que vous signale ainsi la carte ne vous correspond pas sur le plan alimentaire, essayez de voir à quelle dimension de votre vie cela pourrait s'appliquer. Êtes-vous un boulimique de travail ? Dévorant dans vos relations ? Ou bien êtes-vous en train de vous laisser littéralement « bouffer » par quelqu'un ou par une situation ? Peut-être ressentez-vous une perte d'appétit de vivre ? Ou au contraire souffrez-vous du syndrome du consommateur compulsif ? Quelle que soit la phrase qui résonne en vous à cet instant, conscientisez que chaque déséquilibre lié à la Galette provient d'un désir non satisfait qui peut créer de la frustration et entraîner des comportements excessifs et malsains. Posez-vous les bonnes questions : vous sentez-vous insatisfait, brimé, insatiable ? Compensez-vous un manque affectif par une addiction au sucre ? Êtes-vous envieux du succès d'autrui ? Avez-vous peur de manquer ? Est-ce que vous vous imposez des privations ? Sans vous en rendre compte, vous êtes peut-être devenu égoïste et jaloux. Attention à la convoitise ! À force de regarder ce qui se trouve dans l'assiette du voisin, vous ne profitez pas de ce que l'Univers vous offre. Pourtant… si vous vous penchez honnêtement sur votre gamelle, sans avidité ni crainte, vous vous rendrez compte que vous avez largement de quoi vous sustenter et vous contenter. La Galette vous invite à retrouver le goût du partage simple et équitable. Sachez apprécier les moments nourrissants que la Vie vous propose sans les comparer à ceux des autres. Car, soyez-en sûr, il n'y a d'égal que votre propre régal !

La Grande Roue

ÉLÉVATION/AGITATION

Plus on prend de la hauteur
et plus on voit loin.

Proverbe chinois

Histoire, signification et symbolique

La grande roue est un manège qui a une place très particulière dans la fête foraine : souvent centrale, elle peut être aperçue de très loin. Toutes les fêtes foraines possèdent leur grande roue, c'est un emblème phare des foires et fêtes. Et de tous les manèges, c'est celui qui a l'histoire la plus prestigieuse. La première fut construite par l'Américain George Ferris à l'occasion de l'exposition universelle de Chicago de 1893. Elle avait pour but de supplanter la tour Eiffel qui avait enchanté les visiteurs du monde entier en 1889 pour l'exposition universelle de Paris. Il s'attela donc à créer une œuvre en métal qui rivalisât par sa technicité tout en lui conservant la même notion de hauteur. La Ferris Wheel mesurait 82 mètres de haut. Elle pouvait accueillir 2 160 personnes réparties dans seulement 36 nacelles. Ce fut la toute première grande roue de l'histoire.

Cette innovation exalte le progrès industriel et valorise l'accès aux loisirs pour le plus grand nombre. La grande roue, par son imposante présence, témoigne d'une époque audacieuse où la créativité artistique et les découvertes scientifiques contribuaient aux enjeux économiques. C'est également le début d'une ère où le divertissement prend une place de plus en plus importante.

En 1900, c'est au tour de Paris de souhaiter construire sa grande roue, qui se veut encore plus vertigineuse et impressionnante que sa prédécesseuse. C'est donc à l'occasion de la nouvelle exposition universelle qu'elle sera édifiée. Avec ses 106 mètres de hauteur et ses 650 tonnes, elle attira une foule de touristes du monde entier, plus de 50 millions de visiteurs vinrent la voir. Sa réalisation fut un événement sensationnel, et les 1 600 passagers qu'elles pouvaient transporter à chaque tour y expérimentaient le défi de la technologie artistique et de l'inspiration architecturale et culturelle qu'elle incarnait. Elle marquait également le passage au xxe siècle et la volonté de s'affranchir de sa condition. Car s'offrir un tour dans la grande roue était comme s'offrir l'accès au progrès et à une ascension sociale symbolique.

La grande roue représente donc dans l'histoire l'avènement des loisirs, l'expansion culturelle, l'attirance pour la démesure ainsi que la célébration de la modernité. Depuis, les hommes n'ont cessé de construire de grandes roues qui rivalisent de hauteur et de performance les unes avec les autres. Actuellement, la détentrice du record de hauteur est la High Roller de Las Vegas. Elle s'élève à 168 mètres.

La Grande Roue représente l'élévation, la contemplation, les temps de pause, le ralentissement, la mise au point, la distanciation, la prise de hauteur, le tour d'horizon et les nouvelles perspectives.

Mais aussi les dangers de la précipitation et de l'agitation physique et mentale.

Si vous avez tiré la carte à l'endroit

Cette carte indique la nécessité de prendre de la hauteur. Quoi que vous viviez, la Grande Roue vous invite à expérimenter la distanciation. Pour cela, vous devez vous extraire un moment de votre rythme habituel et prendre le temps d'observer les choses sous un angle nouveau, afin d'envisager d'autres points de vue. Monter dans la Grande Roue, c'est avant tout accepter de ralentir sa cadence pour s'élever et voir autrement. Ce n'est qu'à cette condition que vous pourrez changer votre regard. Prenez du recul par rapport à la situation. Un tour d'horizon s'impose avant toute décision. Arrivée en haut, la grande roue fait une pause, et une vue à 360 degrés se déploie sous vos yeux. Ce nouveau panorama vous montre des perspectives que vous n'auriez pas aperçues d'en bas. Pendant cette attente, les nacelles suspendues dans le vide se balancent légèrement. Cela signifie que vos certitudes commencent à vaciller et que des choix sont en balance. C'est une occasion que la Grande Roue vous offre : celle de reconsidérer certaines questions, certaines opinions « arrêtées ». Mais tout va bien, car la roue redémarre en douceur… Son rythme est lent, et, grâce à cette lenteur, les émotions fortes s'apaisent, les idées s'éclaircissent, les envies se précisent et les actions précipitées sont reconsidérées. Cette ascension permet de faire « le tour de la question ».

Prenez votre ticket pour la Grande Roue, allez chercher le calme et la maturité dans votre réflexion. La redescente vous permettra d'ancrer votre nouveau point de vue dans la « vraie vie », sans empressement.

Grâce à la Grande Roue, vivez l'expérience de l'élévation et accédez à une ouverture de votre champ de vision. Comme l'a dit Victor Hugo, « L'horizon souligne l'infini »… et vous fera prendre conscience de l'étendue des possibilités qui s'offrent à vous.

Vous trouverez de nouvelles réponses à vos questions et l'apaisement de vos préoccupations.

Si vous avez tiré la carte à l'envers

À l'envers, la Grande Roue indique que les multiples occupations de votre quotidien ont envahi peu à peu votre vie et votre espace de liberté. Vous avez l'impression que le temps file de manière infernale? Qu'à peine commencée la semaine se termine déjà? Que vous ne savez plus où donner de la tête ? La carte de la Grande Roue vous met en garde : vous êtes en train de vous essouffler et de perdre le sens même de ce que vous faites et des raisons pour lesquelles vous le faites. Vous ne prenez plus le temps de vivre simplement et de profiter des moments de la journée. Vous avez trop de choses en route, trop d'idées en tête, trop de projets... Vous êtes happé dans un rythme effréné, comme sur un manège lancé à toute vitesse! Comme dans une fête foraine où tout autour de vous attirerait votre regard, stimulerait vos sens, vous ferait envie, vous vous perdez dans une excitation qui vous épuise. Vous devez prendre conscience que cette agitation extérieure est le reflet d'une agitation intérieure. En étant hyperactif, vous avez l'impression de remplir votre vie et de lui donner du sens. Mais au milieu de tout ce brouhaha, vous n'entendez plus votre voix intérieure, qui réclame plus de temps et de tranquillité! En vous agitant de la sorte, vous vous empêchez de vous poser et de vous reposer.

Cessez de courir dans tous les sens, d'être ballotté d'une attraction à une autre, de « faire pour faire » sans jamais vous arrêter! Toutes ces occupations ne sont en réalité qu'un divertissement de l'esprit qui vous empêche de vous concentrer sur l'essentiel.

Arrêtez-vous. Suspendez le temps pendant un instant et recentrez-vous. Sortez de la prison de l'activisme et montez dans la Grande Roue. D'en haut, vous verrez défiler votre vie. En prenant une pause, vous reprendrez votre respiration et trouverez un nouveau sens à votre manière d'être et d'agir. Puis, en quittant peu à peu l'agitation, vous accéderez à la contemplation. Alors, vous vous rendrez compte que, finalement, « l'horizon est dans les yeux, et non dans la réalité » (Ángel Ganivet). Tout dépend de quelle manière vous décidez de regarder votre vie maintenant...

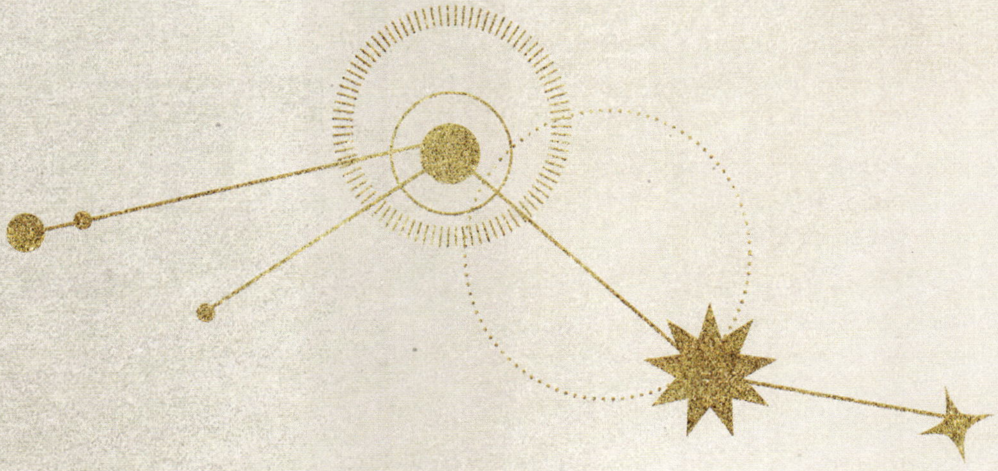

Le Serpencercle

TRANSMUTATION/ ENFERMEMENT

Rien ne se perd, rien ne se crée,
tout se transforme.

Antoine Lavoisier

Histoire, signification et symbolique

Cette carte est liée aux symboliques du serpent et de l'ouroboros.

Comme le serpent, elle représente la fertilité, la procréation, la mutation et la transmutation, le venin, la régénération, la guérison, le désir, les pulsions, la puissance primaire, la kundalini et la sagesse. L'ouroboros quant à lui est l'un des plus anciens symboles ésotériques, et l'on retrouve sa trace dans de nombreuses civilisations du monde entier. Son origine daterait d'environ 6 000 ans. Il est fascinant de constater à quel point ses représentations sont vastes, que ce soit dans les mythologies, les croyances mystiques et de nombreuses traditions de par le monde et à toutes les époques. Ainsi, au Moyen Âge, on le retrouve comme symbole des initiés, autant chez les religieux que dans certaines confréries laïques. Puis à la Renaissance, il est un insigne témoignant des qualités morales des nobles et des seigneurs. Il est également un emblème héraldique et de l'obédience franc-maçonnique du Grand Orient. Dans le culte satanique, il est le démon-dieu Léviathan, serpent du Vide et du Chaos initial ; il devient Abraxas le dieu-démon de l'éternité pour les gnostiques, et pour les alchimistes, il est le gardien de la connaissance et l'Unité — « Un est Tout et Tout est Un ». En astronomie, l'ouroboros représente le cycle de 24 heures du parcours du soleil dans le ciel et encercle l'œuf cosmique, contenant ainsi la totalité de l'univers et la marche des astres. En cela, il incarne le mouvement cosmique. En astrologie, il est l'une des représentations initiales du zodiaque.

Ses premières apparitions auraient eu lieu en Égypte, notamment dans le tombeau de Toutânkhamon. Il est censé englober le monde entier en délimitant l'océan primordial, appelé Noun, du monde ordonné. Sur certaines représentations, il entoure le soleil levant, symbolisant alors la renaissance du Dieu Râ au sortir du Noun, et incarnant le cycle jour/nuit et la mort/renaissance du soleil, d'où sa présence sur les sarcophages, en présage de résurrection.

Dans la mythologie scandinave, il est nommé Jörmungand ou Midgardsorm, serpent géant qui contient le monde dans la Grande Mer. Chez les Aztèques, il est représenté par la divinité Quetzalcóatl, très célèbre serpent à plumes. Dans certaines îles de l'océan Indien, il est « Paradis », dieu serpent père du dieu Kérdik, celui qui encercle le jardin des dieux pour le protéger. En Chine, on le retrouve sous la forme du dragon-cochon chinois, créature mythologique à tête de cochon et corps de serpent enroulé en cercle. Dans la cosmogonie hindoue, il entoure la tortue qui supporte les quatre éléphants soutenant le monde, et chez le peuple Fons, au Bénin, il est le serpent géant Aido-Hwedo, qui encercle la Terre pour la soutenir.

L'ouroboros est donc un mythe universel puissant, talisman de protection, symbole d'éternité, de résurrection, d'autonomie et d'autofécondation, et figure protectrice de délimitation. Il représente la conciliation des contraires, la dualité en toute chose, ce qui s'oppose et ce qui se complète, ce qui se consume et ce qui se renouvelle.

Le Serpencercle représente le début et la fin de toute chose, la vie, la mort, les forces de création et de destruction qui cohabitent en chacun de nous, l'énergie primordiale, la kundalini, la transmutation, l'antidote, la libération, le renouveau, l'évolution et l'éternité.

Mais aussi l'enfermement, l'oppression, la résistance au changement, la répétition de schémas, le cycle infernal, les pulsions destructrices et le poison.

C'est une carte de grand pouvoir.

Si vous avez tiré la carte à l'endroit

La carte du Serpencercle est le signe qu'actuellement une grande énergie vous habite et peut se manifester de différentes manières, vous invitant toutefois à canaliser ce Feu en vous afin de le rendre créateur. Il se peut que votre libido augmente de manière significative, car l'énergie du Serpencercle s'exprime aussi à travers la sexualité et le chakra racine. Il est temps de créer quelque chose de nouveau, laissant aller le passé, tel le serpent qui se libère de son ancienne peau sans question ni regret. Accueillez ce changement comme une évolution naturelle de votre Être. Cette mue est le symbole d'une identité qui ne vous correspond plus, devenue trop étroite pour la personne que vous êtes maintenant. C'est simplement une transition, entre un état et un autre. Prenez conscience des modifications qui sont en cours et adaptez votre attitude à cette nouvelle personnalité. Il vous faut réactualiser votre vie en tenant compte des nouveaux paramètres : les vibrations qui émanent de vous ont changé, ce qui attirera de nouvelles personnes et en repoussera d'autres. Attendez-vous donc à vivre le renouveau dans plusieurs domaines de votre vie. Vos goûts et vos envies sont différents. Soyez à l'écoute de ces nouveaux désirs et attentif à toutes les manifestations de votre corps. N'ayez pas peur, le Serpencercle vous accompagnera et vous protégera durant ce processus de transformation.

Cette carte indique aussi que vous avez un grand pouvoir d'autoguérison. Son message est qu'en se mordant la queue le serpent s'inocule son propre venin pour à la fois se guérir et assagir ses pulsions. Les solutions et la connaissance sont en vous.

Le Serpencercle vous offre ce merveilleux paradoxe : en acceptant de faire peau neuve, vous vivez à la fois un rajeunissement à tous les niveaux, tandis que votre pouvoir personnel s'affirme et que votre sagesse s'accroît.

Si vous avez tiré la carte à l'envers

À l'envers, la carte du Serpencercle représente l'éternel retour, les événements cycliques, un enfermement sur soi-même, un processus d'évolution bloqué, la stérilité, une énergie dévorante et des pulsions autodestructrices. Le Serpencercle vous met en garde contre tout ce qui actuellement vous empoisonne l'existence. Il attire aussi votre attention sur les situations qui tournent en boucle. C'est le fameux « serpent qui se mord la queue ». Observez ce qui, dans votre vie, se répète à votre insu. Cela peut indiquer un processus karmique, une répétition de schémas, des limitations, une vision trop étriquée ou restrictive de la vie et une résistance aux changements. Tant que vous n'en prendrez pas conscience, vous ne pourrez pas sortir de ce cercle infernal dont vous êtes prisonnier et qui rend vos actions stériles. En subissant perpétuellement les mêmes histoires conflictuelles ou bloquantes, vous acceptez de freiner votre évolution. Vous vous débattez avec vous-même dans une lutte épuisante qui vous ramène toujours au même point. Vos tentatives pour changer les choses semblent toutes vouées à l'échec. Ce phénomène est en lien avec des pulsions inconscientes ou symboliques de mort, vous empêchant de renaître à vous-même et d'accueillir la nouveauté dans votre vie… Le Serpent représente une dualité de l'être, car il est à la fois une créature primaire aux bas instincts et l'incarnation de la sagesse. Vous n'êtes pas condamné à vivre dans les vibrations basses et étouffantes du Serpent, vous avez la capacité de transmuter l'animalité et le poison pour en faire un antidote de guérison et de sagesse. Vous devez permettre à votre Être de s'élever à un niveau supérieur de conscience afin de dépasser les comportements qui vous enferment et vous libérer de ce monde clos dans lequel vous tournez en rond. Invoquez le Serpencercle pour vous débarrasser de l'ancien et terminer un cycle qui dure depuis trop longtemps. Utilisez son pouvoir d'anéantissement pour venir à bout de ce qui vous entrave et vous oppresse.

Il est temps de retrouver votre énergie vitale afin de donner naissance à votre nouvelle identité et de créer la réalité que vous désirez.

La Porte céleste

SPIRITUALITÉ/MATÉRIALITÉ

Tous les êtres vivants sont bouddha
et ont en eux sagesse et vertus.

Bouddha

Histoire, signification et symbolique

La carte de La Porte céleste est une évocation. Elle n'existe pas à proprement parler en tant que cercle. Elle est une ouverture symbolique sur les mondes spirituels et des plans plus élevés. Un des symboles de reliance avec cette dimension supérieure à l'homme est le lotus, représenté sur la carte. C'est pourquoi je vous propose de porter votre attention sur la symbolique de cette plante, à la fois fleur et fruit, et dont les graines peuvent rester viables des milliers d'années. Sa fleur en forme de corolle le relie au chakra coronal, et permettrait d'aider à la méditation et à la connexion avec le plan divin, ainsi qu'à se purifier. En effet, l'une des particularités de cette plante fabuleuse est sa capacité à rester immaculée en toutes circonstances grâce au pouvoir hydrophobe et autonettoyant de ses feuilles, qui élimine toutes les salissures. Cette propriété extraordinaire est appelée « effet lotus ».

La signification du lotus varie légèrement selon qu'il soit blanc, rose, rouge, pourpre ou bleuté. Il est vénéré dans toute l'Asie : Chine, Japon, Corée, Vietnam et Inde.

Le lotus est parmi les fleurs les plus anciennes apparues sur Terre et elle a peu évolué depuis son origine. Elle est sans aucun doute la fleur la plus sacrée dans les cultures hindouistes et bouddhistes. Très importante en Orient, elle est un emblème vraiment ancien dont on retrouve la trace chez plusieurs peuples : sous forme d'attribut des déesses indiennes Lakshmi et Sarasvati et du dieu Vishnu dit le « Dieu à l'œil de lotus », dans des hiéroglyphes de l'Égypte ancienne, sur les statues des moines bouddhistes, sur les socles et sièges des divinités, comme c'est le cas pour Guanyin la déesse de la compassion bouddhiste. Cette plante symbolise la possibilité d'évolution et d'élévation de l'être humain, quelle que soit sa condition de départ. En effet, le lotus pousse dans des marécages boueux et il est l'une des très rares plantes aquatiques capables de sortir d'une vase épaisse et noire pour devenir cette fleur sublime et majestueuse, à la blancheur synonyme de pureté. Il montre ainsi que la beauté peut émerger partout dans le monde, et qu'il n'y a pas d'endroit assez sombre sur Terre pour empêcher la lumière de se révéler. Cet épanouissement prenant sa source dans des eaux troubles et visqueuses signifie que chacun peut s'extraire d'un milieu inférieur pour accéder à un milieu supérieur. L'élégance et la grâce ne dépendent pas de nos origines, chacun de nous peut aspirer à dépasser son statut en travaillant une nouvelle posture dans l'existence.

La fleur de lotus cherche la lumière. Le symbole ici n'est pas celui d'un ego qui rechercherait la mise en avant, mais d'une âme dont la quête est l'atteinte de la perfection. D'ailleurs, dans la tradition bouddhiste, le lotus symbolise la possibilité pour l'être humain d'accéder à l'état de bouddha. Pour cela, il faudra traverser des épreuves pour parvenir à cet état d'être éveillé. L'initiation du lotus commence dans les bas-fonds vaseux, parfois saumâtres (ils peuvent pousser dans les mangroves), à l'instar de la croyance tibétaine et de la loi du karma, ses racines sont plongées dans l'obscurité et la bassesse. Il faut d'abord faire l'expérience du samsara, la répétition des cycles de vie et de mort où l'humain est confronté aux mauvais aspects de sa nature, pour espérer évoluer vers le Nirvana, seuil de l'illumination, de la paix et de la béatitude. La représentation de ces cycles est d'autant plus flagrante que le lotus, une fois éclos, continue son mouvement ascendant/descendant.

Lorsqu'il émerge, le lotus se présente sous forme de bouton floral ovale et pointu et ses pétales se développent petit à petit hors de l'eau laissant présumer des prémices de l'éclosion. Sa floraison est une chorégraphie chronologique, à la fois complexe et précise, qui dure envions trois jours. À l'aube du premier jour, les pétales s'ouvrent délicatement créant un tunnel jusqu'à la chambre florale et l'ouverture se poursuit en douceur jusqu'au crépuscule où la fleur se referme totalement, reprenant l'aspect du bouton clos. Le lendemain, avant le lever du jour, la fleur s'ouvre à nouveau en écartant progressivement ses pétales jusqu'à son cœur. Durant ce deuxième jour, elle s'épanouit pleinement et se referme au coucher du soleil. Enfin, le troisième jour, elle s'ouvre une dernière fois et ses pétales commencent à se décrocher un à un laissant apparaître, à la fin du cycle, la caractéristique « pomme d'arrosoir ». Cette partie mise à nue lors de la défloraison est à la fois les fruits et les organes reproducteurs du lotus.

C'est une belle métaphore pour illustrer les passages initiatiques de l'existence dont les régressions font partie, ainsi que les cycles de recommencement. Son message symbolique est un message d'encouragement : le lotus est l'emblème de l'effort renouvelé chaque matin pour s'améliorer, se purifier et s'élever. En nous reliant avec le divin et les énergies célestes, et en acceptant humblement que notre condition humaine nous rabaisse inévitablement, nous nous redressons avec force vers l'essentiel : la sérénité et l'amour.

Ainsi, le Lotus incarne le passage de la substance à l'essence, de la terre à l'Éther, de la matérialité à la spiritualité. Il représente la faculté à transcender sa destinée grâce à la connexion avec des énergies supérieures, mais aussi la longévité et l'immortalité, ramenant l'homme à sa dimension divine.

La Porte céleste représente l'éveil, la spiritualité, la connexion aux autres dimensions, l'élévation de l'être vers son Moi supérieur, l'ascension, la reliance avec les guides, le royaume angélique, la vision, l'essentiel et la protection suprême.

Mais aussi le rabaissement, la matière, la 3D, le substantiel, le plan physique, la lourdeur, le poids des charges concrètes et la peur du manque.

Si vous avez tiré la carte à l'endroit

Cette carte vous envoie un message rassurant et apaisant. Vous êtes actuellement bien connecté au plan de l'Âme, et les messages vous arrivent tout naturellement. Vous êtes protégé par des instances supérieures. Restez à l'écoute de vos guides qui œuvrent pour vous « de l'autre côté ». Tout ce qui arrive désormais dans votre vie suit un plan plus élevé. Poursuivez ce travail de méditation et de recentrage. Dans le silence et la sérénité, vous trouvez votre juste place et vous retrouvez cette harmonie profonde qui vous enveloppe de bien-être. Ainsi placé au « cœur » de vous-même, le pont avec les autres dimensions peut se créer, et sa traversée est facilitée. Ce pont vous emmène vers d'autres réalités, dont la Porte céleste représente l'entrée.

La Porte céleste symbolise le portail de l'Œil céleste, celui qui voit tout. En activant ajna votre « troisième œil », centre de l'intuition et de la clairvoyance, vous vous reliez à une vision supérieure et recevrez les guidances concernant votre vie. Vous entrez dans la cinquième dimension, et votre vision de l'existence en sera modifiée.

Si vous avez tiré la carte de la Porte céleste, c'est que vous traversez une période d'ascension spirituelle où la communication atmique[18] se fait facilement et vous offre des réponses limpides.

Ayez confiance en votre clairvoyance. Les signes qui vous sont envoyés vous accompagnent sur votre chemin afin que le plan de l'Univers se déroule à travers vous de la manière la plus fluide qui soit. En restant connecté à la Porte céleste, vous accédez à tout moment à une dimension de vous-même vibratoirement élevée et purifiée. Gardez ce pont entre la vie terrestre et la vie céleste en le visualisant. En travaillant avec l'énergie à la fois douce et puissante de la Porte céleste, vous êtes en tout instant et en tout lieu protégé.

18. Communication atmique : capacité de communiquer avec le plan de l'âme et la conscience cosmique.

Si vous avez tiré la carte à l'envers

À l'envers, la Porte céleste indique que vous êtes empêtré dans la matière et que vous avez besoin d'en sortir ! Votre âme vous lance un appel : vous devez impérativement réactiver votre connexion à votre Moi supérieur. Il est nécessaire de vous extraire de tout ce qui est trop terre à terre. L'énergie de la matérialité (l'argent, les conditionnements, le pragmatisme, les préoccupations financières et pratiques du quotidien) vous tire vers le bas. Votre corps émet des vibrations basses, de sorte que vous vous sentez éreinté. Peu à peu, vous avez courbé l'échine et rompu le filament invisible qui vous relie aux plans cosmiques. Vous devez réagir avant d'être totalement enseveli sous l'énergie des mondes terrestres et intraterrestres. Redressez-vous et inspirez. Visualisez à présent un fil de lumière depuis la base de votre colonne vertébrale jusqu'au sommet de votre tête. Ce fil symbolise votre énergie spirituelle et la communication avec les mondes « d'en haut ». Une fois la reliance rétablie, entamez un dialogue avec vos guides. Pour y arriver, vous aurez besoin de calme et de silence. Vous pouvez utiliser la méditation et la respiration pour faire circuler dans votre corps le principe vital né du souffle et de la conscientisation du fait que votre corps physique fait partie d'un tout. Vous possédez également des corps subtils dont la fréquence vibratoire est plus élevée. En les réunifiant, vous sentirez que l'énergie circule de manière fluide. Essayez de visualiser la Porte céleste. Vous seul avez la clef pour ouvrir cette porte. En pratiquant ces exercices chaque jour, vous passerez ainsi progressivement de la 3D à la 5D. Il faut créer cette ouverture à l'intérieur de soi pour laisser entrer la lumière et s'élever. Apprenez à transcender vos côtés matérialistes, vous observerez alors des changements dans votre vie de tous les jours. Les priorités évolueront d'elles-mêmes et votre regard, éclairé par l'Œil de la Porte céleste, verra les situations différemment. Vous quitterez peu à peu les peurs liées au charnel, au manque, et vous passerez de la substance à l'essence, du concret au symbolique, du prosaïque au spirituel.

Vous envisagerez votre vie de manière plus légère et libre, avec la sensation que vous êtes accompagné et entouré par des présences puissantes et bienveillantes.

Le Monde

EXPLORATION/ INTÉRIORISATION

L'aventure est dans chaque souffle de vent.

Charles Lindbergh

Histoire, signification et symbolique

Je vous propose à travers la carte du Monde d'aborder l'histoire des mappemondes, représentations « plates » de notre planète. Néanmoins, je vous incite vivement à découvrir le très passionnant article « Le monde en sphères », dans *Le Magazine de Proantic*, écrit en avril 2019 à l'occasion de l'exposition du même nom. Il développe l'évolution de la représentation du monde de l'Antiquité à nos jours, et s'intéresse tout particulièrement au globe et à la représentation sphérique du monde, que je n'aborderai pas dans cette partie.

La mappemonde, dans sa définition, est une carte où sont représentées, à plat et donc sans volume, toutes les parties du globe terrestre en deux hémisphères. Ces derniers sont contenus chacun dans un cercle, ce qui la différencie du planisphère. Du latin *mappa mundi*, littéralement « nappe du monde », les mappemondes apparaissent tôt dans l'histoire de l'humanité et on en distingue plusieurs sortes dont les trois principales sont : les mappemondes hémisphériques, œcuméniques et mixtes.

Si l'on connaît des restes de cartographies datant de l'Antiquité et notamment gravées sur de la terre cuite, peu de représentations antiques de la Terre sous forme de mappemondes ont pu être conservées entièrement. La toute première mappemonde serait attribuée au Grec Anaximandre, six siècles av. J.-C. En revanche, le Moyen Âge regorge de ces représentations, la première datant du VIIe siècle. L'illustration est plane, mais la Terre est pourtant bel et bien considérée ronde comme son appellation « globus » ou « spera » en témoigne. Dès la Grèce antique, la Terre a été appréhendée dans sa dimension sphérique, si bien que cette notion n'a jamais disparu. Il faut donc revenir sur l'idée erronée que tous, au Moyen Âge, croyaient au précepte biblique d'une Terre plate flottant sur l'eau. Parménide d'Élée, philosophe grec du Ve siècle av. J.-C., avait proposé un découpage de la Terre en cinq zones : une torride, deux tempérées et deux glaciales. Cette vision, appuyée et partagée par le célèbre astronome, astrologue et géographe Ptolémée, était parfaitement connue et prise en compte à l'époque médiévale.

En revanche, la majeure partie des mappemondes médiévales est œcuménique, c'est-à-dire qu'elles ne prennent en compte que « la terre habitée ». Elles sont le reflet du regard religieux chrétien sur l'évolution géographique de l'humanité. D'ailleurs, l'orientation des mappemondes est à l'est, là où le soleil se lève, symbole de la lumière christique. Pour signifier qu'elles ne figurent qu'une partie de la surface de la Terre, elles sont quelquefois de forme ovale et non circulaire. Elles divisent le monde en trois parties : l'Europe, l'Asie et l'Afrique. À partir du VIIIe siècle, ce partage est appelé le TO. Le O représente « l'anneau océanique » infranchissable, et le T découpe ce dernier en trois parties : une limite étant la Méditerranée qui fait barrière entre l'Europe et l'Afrique, le Nil étant la frontière entre l'Asie et l'Afrique, et le Tanaïs celle entre l'Europe et l'Asie. Au XIIe siècle, la tradition chrétienne s'accorde sur une cartographie qui attribue des fonctions aux peuples qu'elle représente, à savoir les hommes libres en Asie, les esclaves en Afrique et les guerriers en Europe. Elle place le Paradis et l'Orient en haut de la mappemonde et Jérusalem au centre, comme noyau de la Terre, qu'elle personnifie par la même occasion en représentant son ossature sous forme de montagnes et son système veineux avec les grands fleuves. Peu à peu, la structure de la mappemonde œcuménique s'efface au profit d'ajouts de multiples dessins et écritures, figurant des murailles, des villes et leurs églises. Une des mappemondes les plus célèbres au Moyen Âge est celle d'Ebstorf, mais si le sujet vous intéresse, allez voir sur Terra Antiqua « Cartes du monde connu » où sont présentées une vaste sélection de mappemondes de l'Antiquité à la fin du Moyen Âge.

Au XIVe siècle, les portulans font leur apparition. Ce sont des cartes sur papier parcheminé à usage maritime, quadrillées par des lignes qui ne sont pas les méridiens d'aujourd'hui. Au XVe siècle, l'étude approfondie des textes de Ptolémée permet de révéler une qualité cartographique jusque-là inégalée et des illustrations de toute beauté, les manuscrits étant accompagnés de vingt-sept cartes originales. Grâce à cette base, l'Occident peut, à partir de ce moment-là, réaliser une reproduction du monde connu et des territoires à découvrir.

Le Monde représente les voyages, les échanges, l'étranger, les civilisations, la découverte, l'exploration, l'intérieur/extérieur, le planisphère, le globe terrestre, la géographie, la société, l'humanité, les territoires, la diversité, l'ouverture et la liberté.

Mais aussi l'intimité, l'intériorité, l'introversion, la solitude, la fermeture, l'enfermement, le confinement et les frontières.

Si vous avez tiré la carte à l'endroit

Le Monde vous invite à la découverte. Il est temps d'élargir votre horizon, d'aller explorer plus loin. Sortez du connu, du rassurant, du confortable, ouvrez-vous à la nouveauté. Il se dessine une aspiration au voyage, aux senteurs, aux paysages, aux musiques et aux saveurs qui vous attendent en un lieu, quelque part. C'est l'heure de faire vos bagages et d'aller à la rencontre des merveilles de notre planète, au-delà des frontières ! Osez l'aventure, comme un explorateur en terre inconnue. Pour parfaire votre apprentissage de la vie, vous êtes appelé à rencontrer de nouvelles cultures, de nouveaux territoires. Le monde est vaste, vous ne pouvez vous cantonner à un si petit bout.

Il est tellement immense que même en une vie à faire le tour de la Terre vous n'aurez jamais tout vu, tout goûté, tout entendu. Alors, il est inutile de faire un planning ou de vouloir vous presser, au risque de ne jamais partir. Ne confondez pas hâte et précipitation. Laissez-vous porter par le vent voyageur, une envie de soleil, un besoin d'océan, une excursion ou un long périple, qu'importe ! Ce n'est ni la destination ni la durée qui feront l'intensité de votre expédition. En voyage, chaque jour est un enseignement, chaque moment, un souvenir. En abandonnant vos repères, vous avancez d'un pas incertain, comme un funambule sur son fil, à la recherche d'un équilibre dans cette beauté de l'instant.

Le Monde est une carte spontanée qui nous attire sans même que nous sachions pourquoi. C'est un appel, une impulsion, parfois presque une convocation. Comme si on nous attendait, ailleurs, autre part. Une évidence difficile à expliquer. L'envie de découvrir et l'émerveillement de contempler cette œuvre kaléidoscopique devient plus forte que tout. Si vous ressentez cet élan, suivez votre instinct et partez à la conquête d'un nouvel espace.

D'un point de vue plus symbolique, la carte du Monde indique que vous devez élargir votre vision, sortir des sentiers familiers, gravir votre montagne, traverser votre forêt boréale, appréhender la vie différemment, avec plus d'ouverture sur la diversité. Le Monde vous invite à un grand tour d'horizon, à une vue à 360 degrés qui vous permette d'entrevoir toutes les perspectives qui s'offrent à vous. Il y a tant à découvrir et si peu de temps pour le faire. Ne passez pas à côté de l'étendue de toutes les possibilités !

Le Monde, c'est aussi parfois décider de tout quitter : travail, maison, amis, pour rejoindre votre vrai domicile, la Terre-Mère, votre communauté, proche ou lointaine, votre famille humaine. En acceptant ce défi, vous vivrez de l'enrichissement de l'autre, de son langage, de l'échange. Avec la sensation d'appartenir à une même nation, l'humanité, dont la seule bannière est la liberté.

Si vous avez tiré la carte à l'envers

À l'envers, la carte du Monde indique une période propice au confinement, au retrait et à la solitude nécessaires pour un travail d'introspection. Apprenez à préserver votre intimité et à délimiter votre espace sacré, sans pour autant ériger entre vous et les autres des barbelés. Cette période ne doit pas vous mener à vivre un enfermement, mais plutôt une intériorisation indispensable à une meilleure compréhension de vous-même. Veillez à ne pas refermer toutes vos frontières interpersonnelles et restez un minimum connecté au monde extérieur. Ce sont les allers-retours entre votre moi profond et les autres qui vous donneront les clefs des portes que vous souhaitez ouvrir. Vous devez d'abord apprendre à vous connaître profondément avant de chercher à connaître ce qui se passe autour de vous. Le Monde vous invite sûrement à suivre votre guide intérieur pour qu'il vous accompagne sur les sentiers qui mèneront jusqu'à vos territoires inexplorés. En chacun de nous vivent des mondes, imaginaires, complexes, variés, qui se sont bâtis avec notre histoire, nos histoires et l'Histoire, celle des civilisations qui nous ont précédés. Notre mappemonde intérieure connaît le chemin de ces mémoires, et nous conservons des traces de ces univers disparus. Nous avons tous en nous des bribes de lointaines contrées, des souvenirs sensoriels de lieux pourtant jamais visités. Un jour ou l'autre, nous pouvons ressentir le besoin d'aller les (re)découvrir, pour échanger avec ce passé encore vivant et porteur de messages dans notre présent. Cette carte inversée vous propose un voyage au cœur de vous-même, au centre de votre terroir, de votre cartographie identitaire, pour que vous y retrouviez des informations enfouies, presque ensevelies. Comme un archéologue en quête de découvertes inédites, descendez dans ce temple qui garde les secrets de vos mondes oubliés. Vaste désert qui vous surprendra par ses ressources insoupçonnées ou jungle foisonnante aux dangers primitifs, explorer vos continents intimes sera une véritable aventure !

Aller se rencontrer soi-même demande à la fois du courage et l'envie de se perdre un peu pour mieux se découvrir et se retrouver. Dans ces retrouvailles avec des parties de vous-même que vous ne connaissiez peut-être pas encore, accueillez-vous comme un « étranger familier ». Acceptez de ne pas connaître ce langage qui tente de vous parler du plus profond de vous-même.

Ce travail de connexion à votre intériorité peut se révéler une véritable odyssée ! La découverte des mondes intérieurs est infinie… Vous devrez donc, à un moment, décider que votre escapade est terminée, et vous ouvrir de nouveau aux alentours de votre périmètre de sécurité. Bien sûr, une fois l'itinéraire trouvé, vous pourrez repartir dès que vous en sentirez la nécessité. Point de passeport pour celui qui part en pèlerinage dans son sanctuaire caché.

Le Pentacle

CONSCIENCE/SENSORIALITÉ

Nous ne sommes pas des êtres humains vivant une expérience spirituelle, mais des êtres spirituels vivant une expérience humaine.

Pierre Theilhard de Chardin

Histoire, signification et symbolique

On ne peut aborder la symbolique du Pentacle sans s'intéresser à celle du pentagramme. Les deux termes sont souvent confondus, alors qu'il s'agit bien de deux représentations distinctes, puisque le pentagramme est une étoile à cinq branches et le pentacle une étoile à cinq branches dans un cercle. Le pentacle tirant son origine du pentagramme, il partage avec lui bon nombre de symboles sur lesquels il est fondamental de se pencher pour mieux le comprendre. Le pentagramme désigne notamment une forme d'écriture calligraphiée comportant cinq graphèmes. Ceux-ci désigneraient les cinq éléments qui sont la base du symbolisme du pentagramme et du pentacle.

Le pentagramme est un symbole associé à diverses traditions spirituelles et pratiques ésotériques. Comme il est impossible de les présenter toutes ici, je vous propose de faire un tour d'horizon des significations les plus répandues. Le pentagramme a traversé l'histoire et les cultures, puisqu'on le retrouve dès l'Antiquité. La plus ancienne représentation connue aurait été découverte en Mésopotamie, plus de 3 000 ans av. J.-C. Néanmoins, il est à noter que les origines de cet emblème restent assez mystérieuses et imprécises, et que rien n'est concrètement avéré historiquement. On sait qu'il était utilisé par les Sumériens, les Babyloniens, les Grecs, les Égyptiens, les Indiens, les Chinois et les Mayas. On le retrouve par ailleurs dans l'Ancien Testament aux livres du Pentateuque et dans le manuscrit de Pythagore. Les pythagoriciens utilisaient d'ailleurs ce symbole comme signe de reconnaissance.

Enfin, que ce soit pour les hermétiques, les alchimistes, les philosophes scolastiques, les hindouistes ou les kabbalistes, le pentagramme représente avant tout le cinquième élément, garant de la santé et de la circulation de l'énergie de vie.

Le pentacle quant à lui est plus récent. Il fait son apparition en France au XVIe siècle. Entouré du cercle, il devient amulette ou talisman, souvent objet d'ornement ou bijou doté d'un charme qui protège son porteur. Dans certains tarots de Marseille, il représente les deniers, symbole de richesse matérielle et d'abondance. Récupéré comme symbole satanique lorsqu'il est inversé et parfois utilisé en sorcellerie, il est avant tout un emblème du néopaganisme très largement utilisé notamment dans la Wicca et ses rituels, où il est un symbole de protection et d'invocation. Son onde de forme en fait un puissant réceptacle d'énergies, comme un portail pour les esprits, les forces de la nature et les éléments, créant un égrégore de protection considérable.

Qu'il soit dans un sens ou dans l'autre, sa signification est toujours positive. Il permet simplement d'attirer des énergies différentes en fonction de son orientation. Il permet de se protéger contre le mal et la magie noire, la purification, la guérison, la divination, l'invocation des esprits et des éléments de la nature, il attire la chance et le bonheur.

Lorsque l'étoile du pentacle est tournée vers le haut, sa pointe indique que la matière s'élève vers l'esprit divin. C'est la connexion aux forces spirituelles. Lorsqu'il est tourné vers le bas, la pointe symbolise l'esprit qui descend dans la matière et se connecte aux forces souterraines.

Le Pentacle représente le macrocosme, l'homme cosmique,
la protection magique, la connexion avec l'univers et le divin,
les cinq éléments, les forces cosmiques, la spiritualité, la divination,
la magie blanche, l'invocation et la conscience.

Mais aussi le microcosme, l'homme incarné, les cinq sens, la sensorialité,
la sensualité, les forces terrestres, la vie, la santé, l'incarnation, l'unification,
la matière et la stabilité intérieure.

Si vous avez tiré la carte à l'endroit

Le Pentacle est une carte de haute protection. Cinquantième de cet oracle, elle contient les énergies de la vibration du nombre 50 et de ses propriétés (voir l'avant-propos : « Cinquante, un nombre magique »).

Le Pentacle, c'est l'homme dans le cercle. Il nous interpelle donc sur le sentiment que nous avons, en tant qu'être humain, d'appartenir à un Tout, d'être relié au Cosmos. Rien que par son graphisme, il nous replace « au centre », c'est-à-dire qu'il nous invite en tout premier lieu à prendre notre place au centre de notre vie, de notre famille, de la société et, en activant la reliance avec l'Univers, à prendre notre place dans ce Tout de la Création, en pleine conscience. Prenez le temps de vous plonger dans le Pentacle. Regardez bien l'illustration.

Identifiez-vous à cet homme cosmique entouré du cercle et placez-vous dans la même position que lui. Découvrez la sensation d'être à la fois très ancré et très connecté par le sommet de votre tête. Par les extrémités de votre corps, la paume de vos mains et la plante de vos pieds, vous entrez en contact avec les énergies de la nature, les quatre éléments de base : l'Air, l'Eau, la Terre et le Feu. Par le sommet du crâne, vous vous unissez à l'énergie divine avec l'élément éther. Laissez-vous traverser par les intenses courants d'énergie que le Pentacle vous permet de canaliser.

Si vous avez tiré le Pentacle, soyez assuré que vous êtes protégé quoi qu'il arrive. Cette carte vous propose de vous laisser initier par cet éminent symbole magique. La puissance magnétique qui s'en dégage traverse tout votre corps pour «sortir» par le chakra coronal. Le Pentacle vous aidera à ouvrir ce dernier, permettant à de nouvelles perceptions de se manifester et à de nouvelles informations d'entrer en vous.

Vous êtes l'étoile dans le Cercle qui unit le vivant au grand Tout.

Dans ce sens, le Pentacle vous invite à matérialiser la spiritualité, c'est-à-dire à la faire descendre jusque dans la matière, dans chacun de vos gestes, actes, paroles. La spiritualité n'est pas un concept. Elle se vit, elle se goûte. Elle s'incarne. Ancrez vos croyances, incarnez votre conscience. Donnez vie à la magie!

Si vous avez tiré la carte à l'envers

À l'envers, le Pentacle vous invite à explorer la matière, à rechercher le Sacré dans la vie, à travers vos sens, votre sensorialité. Il vous invite à goûter les plaisirs de l'existence et à célébrer votre humanité à travers ce corps qui vous a été offert. Prenez conscience de la sacralisation de votre «véhicule-corps». Vous êtes venu faire l'expérience de la vie incarnée. Alors, vivez-la intensément! Avec sensualité, envie, force et douceur. En prenant soin de vous et de votre condition physique : vous devez nourrir cette enveloppe charnelle et lui permettre d'être en pleine santé. L'aspect de la matérialité s'exprime de différentes manières : la vibration de l'argent en fait partie, mais aussi les énergies vitales, le magnétisme, la sexualité.

Vous êtes cet *Homme de Vitruve*, idéalement proportionné, parfaitement conçu. Vous êtes l'expression du divin dans la matière. Vous devez à présent repousser toutes les influences néfastes à votre corps. En utilisant le Pentacle comme un sceau de protection, vous vous créerez comme un bouclier magique bannissant toutes les énergies négatives et éloignant ce qui pourrait abaisser votre fréquence vibratoire. En acceptant l'expérimentation de l'incarnation, votre âme a pris le risque de s'affaiblir au contact de situations ou de personnes avilissantes. Mais vivre une vie humaine peut se révéler totalement réjouissant et lumineux. Il vous appartient de ne pas sombrer vers des énergies souterraines qui tireraient votre Être vers le bas. Au contraire, chargez-vous des énergies terrestres et des forces de la nature pour donner de la vigueur à votre corps et de l'élan à votre cœur. Unissez-vous à la nature, trouvez votre unité et votre stabilité intérieure.

Dans ce sens, le Pentacle vous invite à spiritualiser la matière, c'est-à-dire à redonner une dimension sacrée et spirituelle à tout ce qui est du domaine concret. Honorez votre corps physique, la nourriture que vous ingérez, l'argent que vous gagnez, les objets que vous possédez. Permettez aux choses du «monde d'en dessous» d'atteindre des vibrations suffisamment élevées pour permettre aux humains de faire cohabiter leur part animale avec leur part divine. Transcendez la matière, sublimez votre incarnation!

TABLE DES MATIÈRES

AVANT-PROPOS 5
Le Cercle, figure sacrée 5
Le Cercle dans nos vies aujourd'hui 6
Cinquante, un nombre magique 7

PRÉSENTATION DE L'OUVRAGE ET UTILISATION DU JEU 9
Se recentrer, habiter son espace sacré et développer ses potentialités 10
Les cartes : messages, utilisation et interprétation 11
Association de plusieurs cartes *11*
Propositions de tirages 12
Liste des 50 cartes 13

PROPOSITIONS DE TIRAGES 15
La Roue de l'année 16
Le Zodiaque 18
La Table ronde 20
La Roue de l'Âme 23
Le Bouclier 25
Le Cercle de Loi 27
Le Petit Cirque de la vie 29
La Roue celtique de Taranis 31
La Roue de Hudson 33
La Roue de Médecine 35
Le Cercle de prière 36
Le Cercle toltèque 37

LES CARTES : MESSAGES, UTILISATION ET INTERPRÉTATION 39
La Fleur de Vie 40
Cosmos 43
Gaïa 46
Le Soleil 50
La Lune 54
Le Tunnel 59
Le Halo de Lumière 63
La Boucle du Temps 67
Le Cycle karmique 71
L'Horloge 75
La Boussole 79
Le Gouvernail 82
La Roue des Possibles 85
Fortuna 89
L'Écu 93
La Charrue 97
Le Chariot 101
La Couronne 105
Le Tambour 108
Le Bouclier 112
La Cible 115
Le Cercle de Feu 118
Le Labyrinthe 121
Le Puits 125
Le Cratère 128
Le Supplice 132
La Roue de Médecine 136
Le Royaume des Rêves 140
Le Berceau des Ancêtres 143
Le Médaillon 146
Le Miroir 150
L'Iris 154
Le Paon 158
Le Sceau de Salomon 162
Le Cercle de Sorcières et de Fées 166
Yin Yang 170
La Rosace 173
L'Anneau 176
Le Sceau de la Justice 180
La Ronde 184
L'Engrenage 187
La Spirale 190
Le Cerceau 194
Le Yoyo 197
La Galette 201
La Grande Roue 204
Le Serpencercle 207
La Porte céleste 210
Le Monde 214
Le Pentacle 218

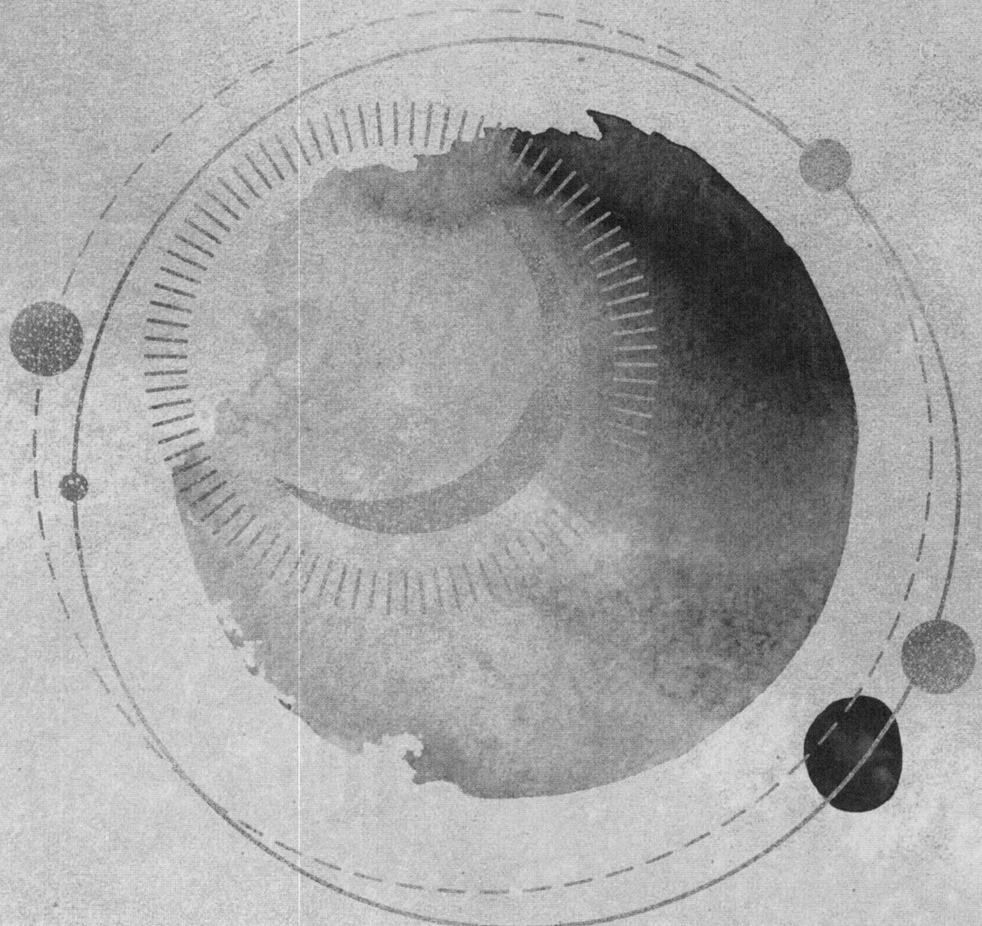

Cet ouvrage a été achevé d'imprimer par la SEPEC en janvier 2023

Dépôt légal : février 2023

Imprimé en France. Numéro d'impression : 04875220930

IMPRIM'VERT®